Ravensburger Handbuch

Nähen

FISKARS
STAINLESS FINLAND

Ravensburger Handbuch

Nähen

Mit Schritt-für-Schritt-
Anleitungen für Kleidung
und Heimtextilien

Maggi McCormick Gordon

Urania-Ravensburger

Die Deutsche Bibliothek - CIP-Einheitsaufnahme

Ravensburger Handbuch Nähen : mit Schritt-für-Schritt-Anleitungen für Kleidung und Heimtextilien / Maggi McCormick Gordon. [Übers.: Regine Felsch. Red.: Berliner Buchwerkstatt Britta Dieterle & Vera Olbricht]. - Berlin : Urania-Ravensburger, 1999
Einheitssacht.: The book of home sewing <dt.>
ISBN 3-332-00718-1

Titel der englischen Originalausgabe:
The Book of Home Sewing,
erschienen bei Collins & Brown Limited, London

Umschlaggestaltung: Behrend und Buchholz, Hamburg
Titelmotiv: Geoff Dann
Fotos: Matthew Ward, Sampson Lloyd
Illustrationen: Amanda Patton, David Ashby
Übersetzung: Regine Felsch, Münstetten
Redaktion: Berliner Buchwerkstatt, Vera Olbricht
Satz und Herstellung: Berliner Buchwerkstatt, Britta Dieterle

Gedruckt auf alterungsbeständigem Papier
mit chlorfrei gebleichtem Zellstoff

Die Schreibweise entspricht den Regeln
der neuen Rechtschreibung.

Inhalt

Über dieses Buch

Das Handbuch Nähen ist ein erfolgreicher Schritt-für-Schritt-Nähkurs sowohl für Anfänger als Einstieg wie auch für Fortgeschrittene, die ihre Kenntnisse und Fertigkeiten verbessern möchten. Zu Beginn werden Werkzeuge, Materialien und wichtiges Zubehör sowie alles Wissenswerte vorgestellt, was Sie für das Nähen benötigen: von Schnittmustern und Stichen bis zu Nähten, Kräuseln und Einfassungen. Das Bekleidungskapitel befasst sich mit Einzelheiten – Säumen, Kragen, Ärmelbündchen usw. – und führt Sie schrittweise durch den Herstellungsprozess. Das Kapitel über das Abändern von

Neu nähen und ändern
Alle Informationen, die Sie zum Herstellen eines typischen Kleidungsstücks benötigen, finden Sie in „Grundwissen", „Grundlagen des Nähens" und „Kleidung".

Dekorative Ausarbeitung
Ein eigenes Design zu entwerfen gehört zu den aufregendsten Aspekten des Nähens. Dieses Buch zeigt facettenreiche, attraktive Möglichkeiten, Ihre Projekte individuell zu gestalten.

Bekleidung
Wenn Sie den Schritt-für-Schritt-Abbildungen folgen, können Sie praktisch jedes unkomplizierte Kleidungsstück zusammennähen und fertig stellen.

Seitenlayout

Jede Doppelseite ist sorgfältig gestaltet, damit Sie umfassende, aber dennoch präzise Informationen über alle Techniken und Methoden erhalten. Die Gliederung der Seiten sowie die farbigen Fotos und Zeichnungen, die jeden Schritt illustrieren, lassen Sie rasch das Wesentliche des Themas erfassen.

Einleitung
Jeder Abschnitt beginnt mit einer aussagekräftigen Überschrift und einer allgemeinen Einführung in die Technik, die im folgenden Schritt-für-Schritt-Text beschrieben ist.

Variationen
Eine violette Linie kennzeichnet Alternativen, wie Techniken abgewandelt oder Methoden variiert werden können.

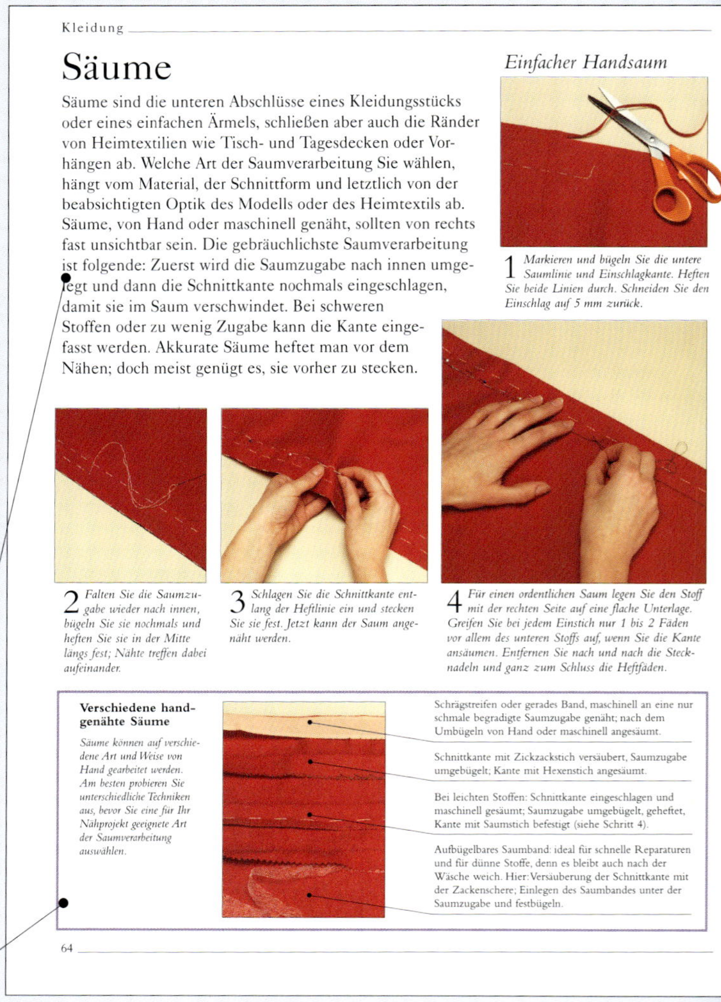

Kleidung

Säume

Säume sind die unteren Abschlüsse eines Kleidungsstücks oder eines einfachen Ärmels, schließen aber auch die Ränder von Heimtextilien wie Tisch- und Tagesdecken oder Vorhängen ab. Welche Art der Saumverarbeitung Sie wählen, hängt vom Material, der Schnittform und letztlich von der beabsichtigten Optik des Modells oder des Heimtextils ab. Säume, von Hand oder maschinell genäht, sollten von rechts fast unsichtbar sein. Die gebräuchlichste Saumverarbeitung ist folgende: Zuerst wird die Saumzugabe nach innen umgelegt und dann die Schnittkante nochmals eingeschlagen, damit sie im Saum verschwindet. Bei schweren Stoffen oder zu wenig Zugabe kann die Kante eingefasst werden. Akkurate Säume heftet man vor dem Nähen; doch meist genügt es, sie vorher zu stecken.

Einfacher Handsaum

1 *Markieren und bügeln Sie die untere Saumlinie und Einschlagkante. Heften Sie beide Linien durch. Schneiden Sie den Einschlag auf 5 mm zurück.*

2 *Falten Sie die Saumzugabe wieder nach innen, bügeln Sie sie nochmals und heften Sie sie in der Mitte längs fest; Nähte treffen dabei aufeinander.*

3 *Schlagen Sie die Schnittkante entlang der Heftlinie ein und stecken Sie sie fest. Jetzt kann der Saum angenäht werden.*

4 *Für einen ordentlichen Saum legen Sie den Stoff mit der rechten Seite auf eine flache Unterlage. Greifen Sie bei jedem Einstich nur 1 bis 2 Fäden vor allem des unteren Stoffs auf, wenn Sie die Kante ansäumen. Entfernen Sie nach und nach die Stecknadeln und ganz zum Schluss die Heftfäden.*

Verschiedene handgenähte Säume

Säume können auf verschiedene Art und Weise von Hand gearbeitet werden. Am besten probieren Sie unterschiedliche Techniken aus, bevor Sie eine für Ihr Nähprojekt geeignete Art der Saumverarbeitung auswählen.

Schrägstreifen oder gerades Band, maschinell an eine nur schmale begradigte Saumzugabe genäht; nach dem Umbügeln von Hand oder maschinell angesäumt.

Schnittkante mit Zickzackstich versäubert, Saumzugabe umgebügelt; Kante mit Hexenstich angesäumt.

Bei leichten Stoffen: Schnittkante eingeschlagen und maschinell gesäumt; Saumzugabe umgebügelt, geheftet, Kante mit Saumstich befestigt (siehe Schritt 4).

Aufbügelbares Saumband: ideal für schnelle Reparaturen und für dünne Stoffe, denn es bleibt auch nach der Wäsche weich. Hier: Versäuberung der Schnittkante mit der Zackenschere; Einlegen des Saumbandes unter der Saumzugabe und festbügeln.

64

Schnittmustern und Kleidungsstücken zeigt, wie Schnitte perfekt angepasst werden können und wie unmoderne oder nicht mehr passende Kleidung erneut belebt und somit wieder tragbar wird.

Das Kapitel über Heimtextilien enthält Anregungen, wie Sie mit selbst geschneiderter Bett- und Tischwäsche, Vorhängen, Kissen und Bezügen Ihrem Zuhause eine persönliche Note geben können.

Das Schlusskapitel befasst sich mit dem Ausbessern und Flicken, mit der Fleckentfernung sowie der Pflege von und den gebräuchlichen Pflegesymbolen für Textilien.

Einfach hergestellte Heimtextilien
Das Kapitel über Heimtextilien führt Sie Schritt für Schritt zum Erfolg: vom Herstellen eigener Steppdecken und Kopfkissenhüllen bis zum Beziehen eines Sofas und dem Nähen passender Sofakissen und Vorhänge.

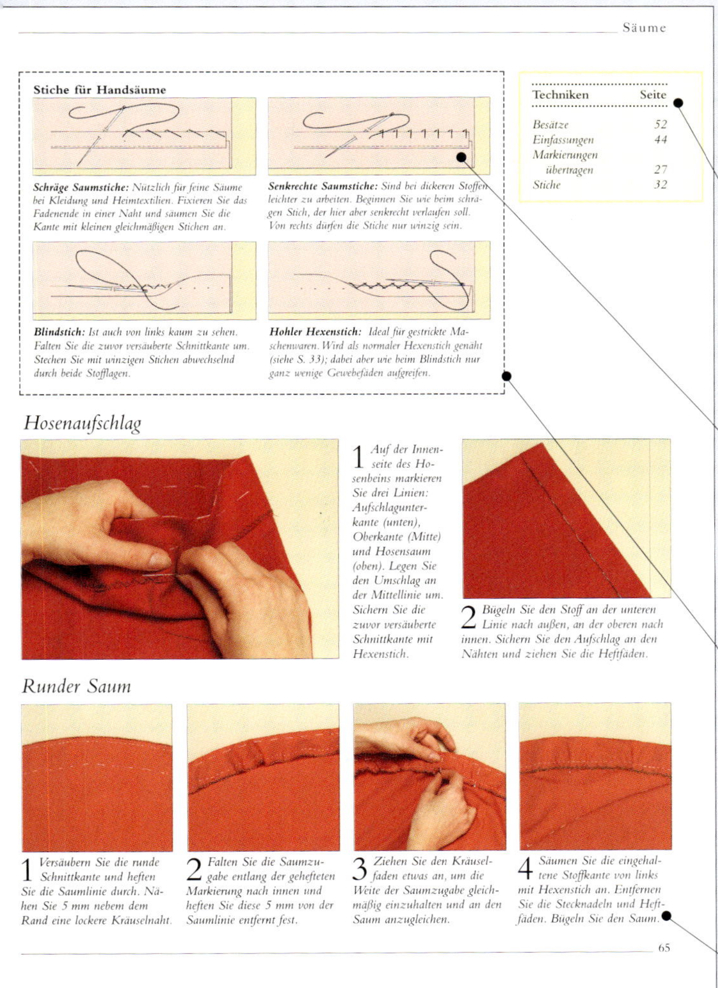

Säume

Stiche für Handsäume

Schräge Saumstiche: *Nützlich für feine Säume bei Kleidung und Heimtextilien. Fixieren Sie das Fadenende in einer Naht und säumen Sie die Kante mit kleinen gleichmäßigen Stichen an.*

Senkrechte Saumstiche: *Sind bei dickeren Stoffen leichter zu arbeiten. Beginnen Sie wie beim schrägen Stich, der hier aber senkrecht verlaufen soll. Von rechts dürfen die Stiche nur winzig sein.*

Blindstich: *Ist auch von links kaum zu sehen. Falten Sie die zuvor versäuberte Schnittkante um. Stechen Sie mit winzigen Stichen abwechselnd durch beide Stofflagen.*

Hohler Hexenstich: *Ideal für gestrickte Maschenwaren. Wird als normaler Hexenstich genäht (siehe S. 33); dabei aber wie beim Blindstich nur ganz wenige Gewebefäden aufgreifen.*

Techniken	Seite
Besätze	*52*
Einfassungen	*44*
Markierungen übertragen	*27*
Stiche	*32*

Hosenaufschlag

1 *Auf der Innenseite des Hosenbeins markieren Sie drei Linien: Aufschlagunterkante (unten), Oberkante (Mitte) und Hosensaum (oben). Legen Sie den Umschlag an der Mittellinie um. Sichern Sie die zuvor versäuberte Schnittkante mit Hexenstich.*

2 *Bügeln Sie den Stoff an der unteren Linie nach außen, an der oberen nach innen. Sichern Sie den Aufschlag an den Nähten und ziehen Sie die Heftfäden.*

Runder Saum

1 *Versäubern Sie die runde Schnittkante und heften Sie die Saumlinie durch. Nähen Sie 5 mm nebem dem Rand eine lockere Kräuselnaht.*

2 *Falten Sie die Saumzugabe entlang der gehefteten Markierung nach innen und heften Sie diese 5 mm von der Saumlinie entfernt fest.*

3 *Ziehen Sie den Kräuselfaden etwas an, um die Weite der Saumzugabe gleichmäßig einzuhalten und an den Saum anzugleichen.*

4 *Säumen Sie die eingehaltene Stoffkante von links mit Hexenstich an. Entfernen Sie die Stecknadeln und Heftfäden. Bügeln Sie den Saum.*

65

Querverweise
Die gelben Infokästen in jedem Kapitel verweisen stichpunktartig auf verwandte oder relevante Techniken innerhalb des Buches.

Zeichnungen
Anspruchsvolle Zeichnungen ergänzen die Fotos, wenn sich eine Technik damit grafisch anschaulicher darstellen lässt.

Nützliche Tipps
Eine gestrichelte Linie zeigt nützliche Hinweise und Tricks an, die eine Technik verdeutlichen oder einfacher ausführen lassen.

Schritt für Schritt
Leicht nachvollziehbare Fotos veranschaulichen die Techniken. Damit die Nähte besser zu sehen sind, werden diese meist in einer Kontrastfarbe gezeigt.

Neue Ideen
Neue Arbeitstechniken für Heimtextilien und Kleidung werden Sie vielfältig inspirieren; es wird Sie in den Fingern jucken, mit dem Nähen zu beginnen.

INCHES
SEWING & KNITTING
GAUGE

Grundwissen

Um neue Fertigkeiten zu erlernen, ist es am besten, sich zunächst mit den Grundlagen vertraut zu machen. In diesem Kapitel finden Sie alle wichtigen Informationen über moderne Werkzeuge, richtiges Zubehör und für die Wahl eines modellgerechten Stoffes, der aus Naturfasern oder synthetischen Fasern bestehen kann. Die Tipps zur Einrichtung eines Arbeitsplatzes helfen Ihnen, Ihre Schneiderprojekte erfolgreich und mit viel Freude umzusetzen.

Werkzeuge und Zubehör

Für einfache Nähprojekte benötigen Sie keineswegs alle hier abgebildeten Dinge; möglicherweise bevorzugen Sie gar andere Werkzeuge. Zur Hand sollten Sie jedoch Folgendes haben: Näh- und Stecknadeln, ein Maßband, ein Lineal, etwas zum Markieren, eine Stoffschere (Schneiderschere) und eine kleine Schere, ein Bügeleisen und ein Bügelbrett.

Stecknadeln, Nähnadeln und Garn

Für die meisten Verwendungszwecke eignen sich rostfreie Stecknadeln aus Stahl. Es gibt auch Spezialstecknadeln, etwa für schwere oder ganz feine Stoffe. Von den Nähnadeln sind spitze für die meisten Stoffarten geeignet, doch gibt es auch hier verschiedene Größen und Ausführungen wie Stopf- und Polsternadeln, Leder-, Matratzen- und Sticknadeln. Achten Sie darauf, dass die Nadel leicht durch den Stoff gleitet, da sonst die Fasern beschädigt werden. Heftfaden ist ein weicher, lockerer Baumwollfaden in Weiß oder Schwarz, der sich später leicht aus dem Stoff herausziehen lässt. Informationen zu weiteren Garnen: Siehe Seite 13.

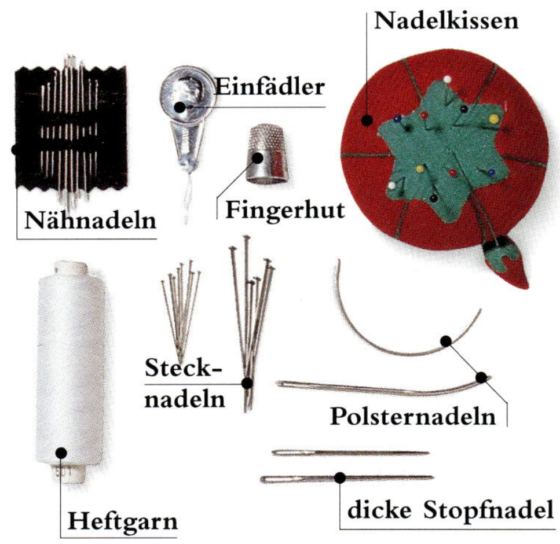

Mess- und Markierwerkzeuge

Ein flexibles Maßband ist zum Maßnehmen der Körpermaße und zum Abmessen von Objekten wie Sofas oder Sesseln unerlässlich. Feste Lineale und Winkellineale dienen zum Messen auf Ihrem Arbeitstisch. Mit Kopierpapier und einem Kopierrädchen werden Markierungen vom Schnittmuster auf den Stoff übertragen. Spezielle farbige Kreiden, Stifte oder Marker sind handlicher für nicht ganz so genaue Kennzeichnungen, wie für Saummarkierungen. Sie können auch an einem Lineal entlang zum Anzeichnen von geraden Kanten dienen. Mehr Informationen zum Markieren: Siehe S. 27.

Hilfsmittel zum Nähen

Nadelkissen, Fingerhut und Einfädler sind nicht unbedingt nötig, aber hilfreich. Mit dicken Stopfnadeln lassen sich dünnes Gummiband einziehen, aber auch spitze Kragenecken ausformen.

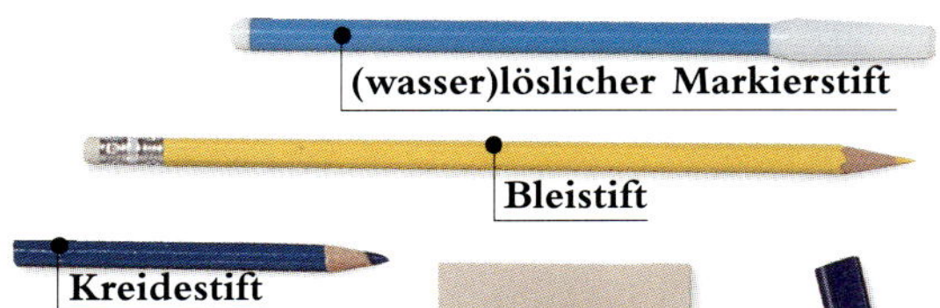

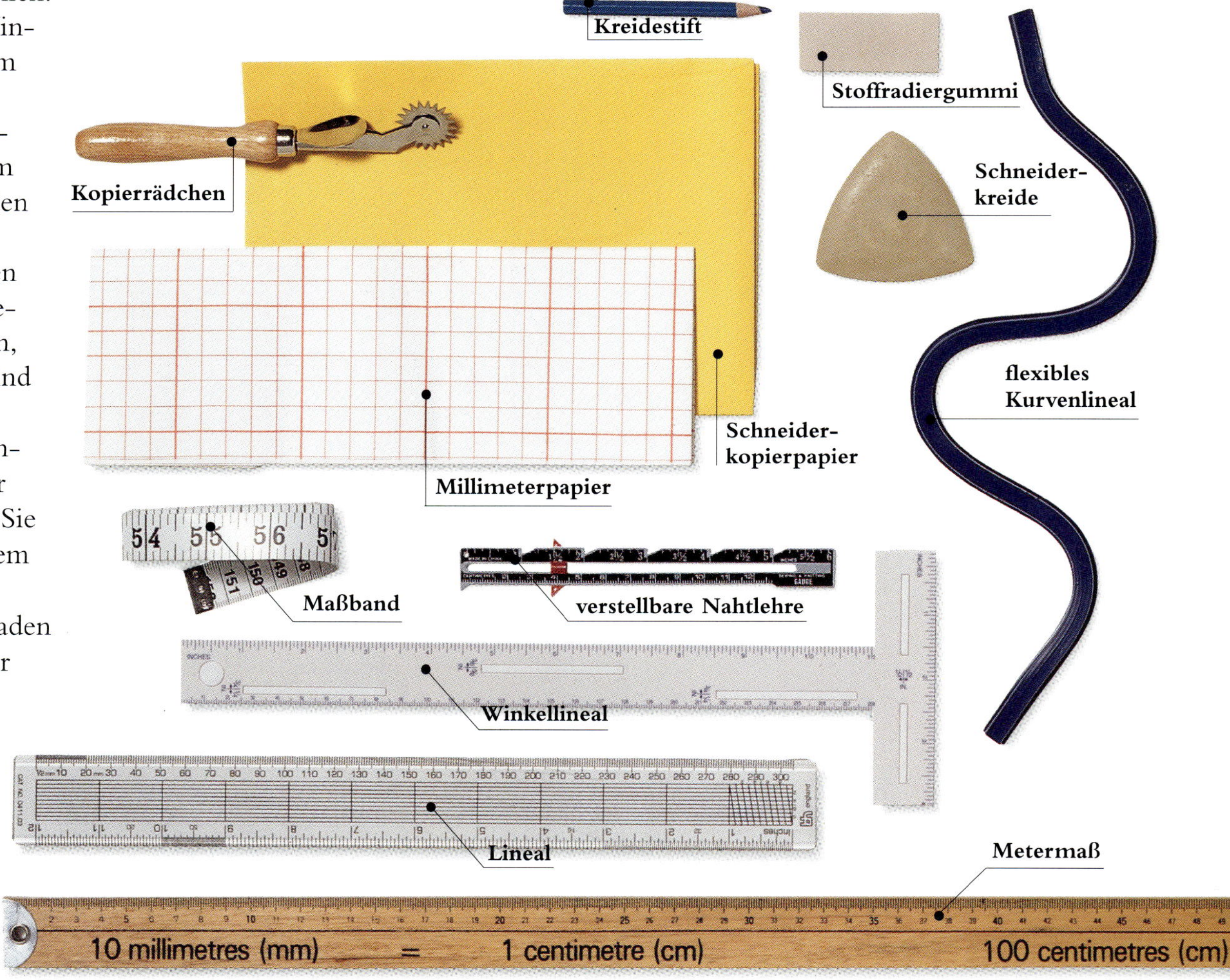

Schneidewerkzeuge

Schneiden Sie mit Stoffscheren niemals Papier oder harte Wattierungen; beides macht die Klingen stumpf und schließlich unbrauchbar.
Eine Schneiderschere, die gut in der Hand liegt, ist zum Zuschneiden des Stoffes ideal. Kleine Stoff- oder Stickscheren braucht man für feinere Arbeiten, etwa zum Einknipsen oder Zurückschneiden von Nahtzugaben. Zackenscheren dagegen dienen zum Versäubern von Nahtzugaben (siehe S. 38). Ein Pfeiltrenner lässt sich zum Auftrennen einer Naht leichter handhaben als eine Schere.

Schneiderschere / Stoffschere

Zackenschere

kleine Nähschere

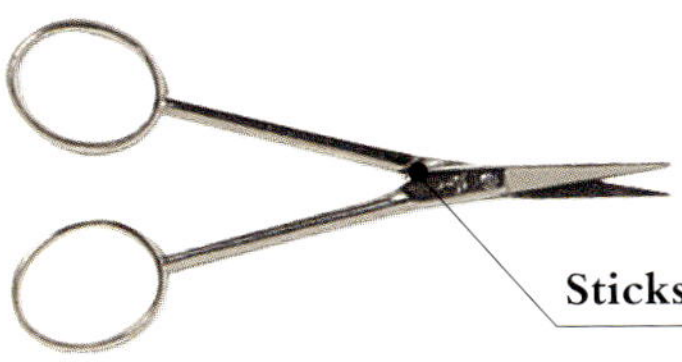

Stickschere

Pfeiltrenner

Bügeln

Ein (Dampf-)Bügeleisen und eine Bügelunterlage dürfen beim Nähen niemals fehlen (siehe S. 40). Für schwer zugängliche Stellen, wie Abnäher oder kurvige Nähte, ist ein Bügelkissen hilfreich. Ein Ärmelbrett im Ärmel verhindert das unerwünschte Hineinbügeln von Falten.

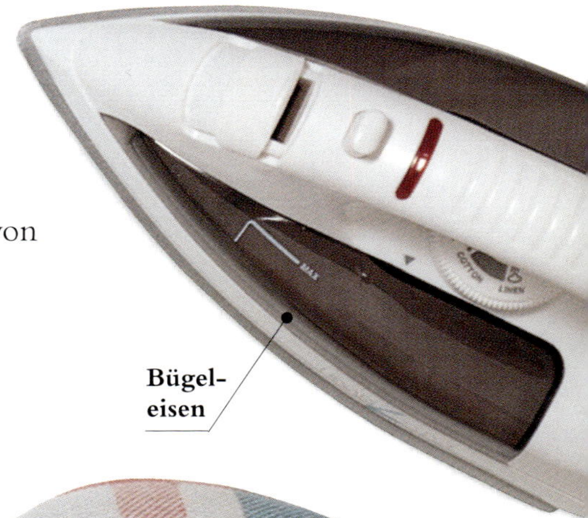

Bügeleisen

Bügelkissen

Ärmelbrett

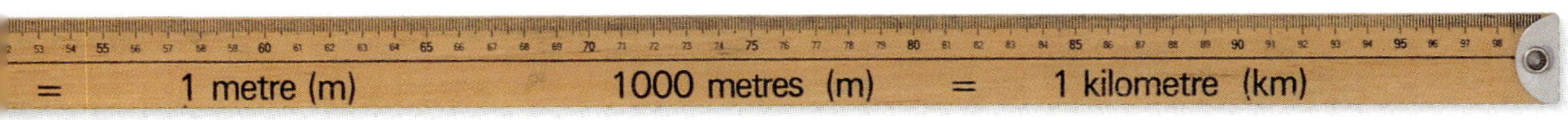

Stoffe aus Naturfasern

Stoffe sind das Material, aus dem die Schneider Neues schaffen. Die überwältigende Auswahl kann jedoch verwirrend sein. Wollen Sie Kleidung und Heimtextilien herstellen, die Ihnen genehm sind, sollten Sie den zu Ihrem Entwurf passenden Stoff aussuchen. Am besten lernen Sie Stoffe kennen, indem Sie damit arbeiten; doch nehmen Sie die Stoffe zuvor prüfend in Augenschein. Besuchen Sie Stoffgeschäfte und -abteilungen großer Kaufhäuser und fassen Sie die Stoffe an, die Ihnen gefallen, um so eine „Hand“ für die Auswahl des richtigen Stoffs zu bekommen. Zu den textilen Naturfasern gehören: Baumwolle, Leinen, Wolle und Seide. All diese Stoffe gibt es im Hinblick auf Festigkeit, Schwere und Drapierbarkeit in unterschiedlichen Varianten, die für unterschiedliche Zwecke geeignet sind.

Seide

Seidenstoff wird aus langen, aus den Kokons der Seidenraupe gewonnenen Fasern gewebt. Im alten China war die Gewinnung von Seide ein streng gehütetes Geheimnis, bis einige Kokons und Samen des Maulbeerbaumes (seine Blätter sind die einzige Nahrung dieser Raupen) in den Mittleren Osten geschmuggelt wurden.

Die sehr reißfesten Seidenfasern können zu vielfältigen Stoffen verarbeitet werden, die von hauchzarten Geweben bis groben Bezugsstoffen reichen. Seide kann von Hand, manchmal auch maschinell gewaschen werden, doch meistens lässt man sie chemisch reinigen.

Wolle

Wollstoff, wärmend und saugfähig, wird in unterschiedlicher Festigkeit und Schwere entweder gewebt oder gestrickt (gewirkt). Zu den Wollstoffen zählen leichtes Mischgewebe (mit Baumwollanteil) bis Gabardine für Kostüme und Jacken. Wollvlies dient oft zum Füttern von Mänteln, langfaseriges Mohair und Angora dagegen für gestrickte oder gewebte edle Kleidung. Einige Wollstoffe lassen sich von Hand waschen, die meisten sollte man chemisch reinigen lassen.

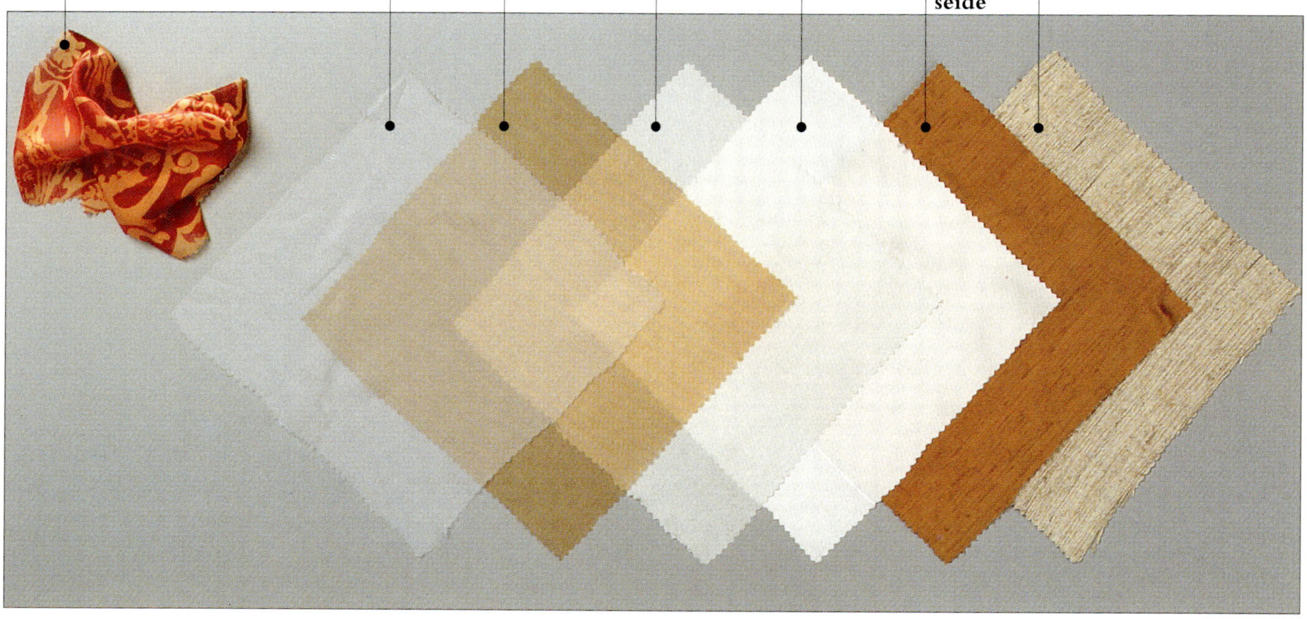

Leinen

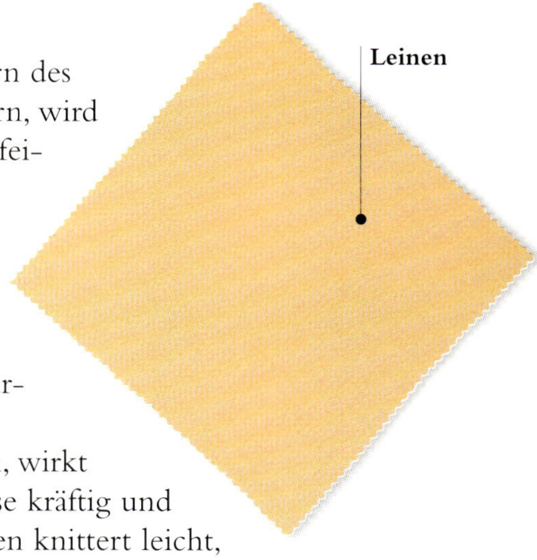

Leinen, ein aus den Fasern des Flachses gewonnenes Garn, wird zu rauen Geweben oder feinen Stoffen wie feine Taschentuchstoffe, saugfähige Handtücher, leichte Bekleidungsstoffe und auch schwerem Segeltuch verarbeitet.
Leinen fühlt sich kühl an, wirkt auf charakteristische Weise kräftig und glänzt matt. Reines Leinen knittert leicht, was modisch sein kann, aber nicht immer erwünscht ist. Darum enthalten viele Leinenstoffe für Kleidung Synthetikfasern, damit sie ihre Form behalten.

Baumwolle

Baumwollfasern gewinnt man aus den Samenkapseln der Baumwollpflanzen. Stoffe daraus können so verschieden sein wie hauchdünne Gaze oder Batist, wie kräftiger Kord oder Jeansstoff. Baumwollstoff lässt sich gut färben und waschen. Er kann schon beim Weben mehrfarbig gemustert werden oder man bedruckt ihn danach. Gestrickt (gewirkt) ist Baumwolle weich, elastisch, fällt gut und ist gut waschbar. Man mischt sie oft mit Synthetikfasern, vor allem für bügelfreie Stoffe (siehe S. 14–15).

Garn auswählen

Garn gibt es in unterschiedlichen Stärken und aus verschiedenen Fasern. Baumwolle und Polyester, oft kombiniert, eignen sich für die meisten Näharbeiten. Nähseide ist teurer und schwieriger zu handhaben, wird aber manchmal für feine Stoffe verwendet.

Von links nach rechts: Baumwolle, Polyester und Nähseide.

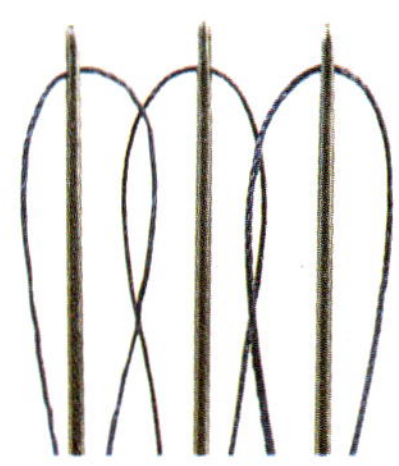

Stoffe aus Chemiefasern

Die Auswahl an Stoffen aus synthetischen Fasern ist so groß, dass nicht alle diese Stoffe hier beschrieben werden können. Dazu gehören auch Acetat, Acryl, Polyester, Polyamid und Kunstseide. Viele Stoffe sind zu 100 % synthetisch, andere mit Naturfasern gemischt (siehe S. 12–13), so dass sich in ihnen die besten Eigenschaften beider verbinden, was zugleich die Stoffe preiswerter macht.

Die meisten Synthetikstoffe, auch solche aus Mischfasern, fransen leicht aus. Schneiden Sie sie deshalb mit einer sehr scharfen Schere und planen Sie großzügige Nahtzugaben, um so das Problem zu umgehen.

Ein wesentliches Kennzeichen vieler Synthetics ist, dass sie nicht einlaufen und knittern; sie sind in der Regel waschbar und brauchen bei sachgerechter Pflege kaum gebügelt zu werden. Stellen Sie dann das Bügeleisen nur sehr niedrig ein, denn Chemiefasern verschmoren leicht.

Synthetics

Die meisten reinen Synthetikstoffe sind von seidiger Qualität. Sie fransen leicht aus, sind aber in der Regel waschbar und behalten ihre Form und Güte. Zwar schwitzt man eher in ihnen, die besseren Qualitäten sind jedoch kaum von Seide zu unterscheiden und zudem preiswerter.

Mischgewebe

Mischgewebe, bestehend aus Synthetikfasern (meistens Polyester) und Naturfasern, gibt es in einer schier endlosen Viefalt. Die Stoffpalette umfasst die gesamte Bandbreite einfarbiger Stoffe, auch mit eingewebten Mustern oder bedruckt mit kleinen, mittleren oder großen Motiven. Die Stoffe können unterschiedlich dicht sein und fransen weniger leicht aus als reine Synthetics. Die meisten pflegeleichten und bügelfreien Stoffe sind Mischgewebe, deshalb sollten sie nur bei niedriger Temperatur gebügelt werden.

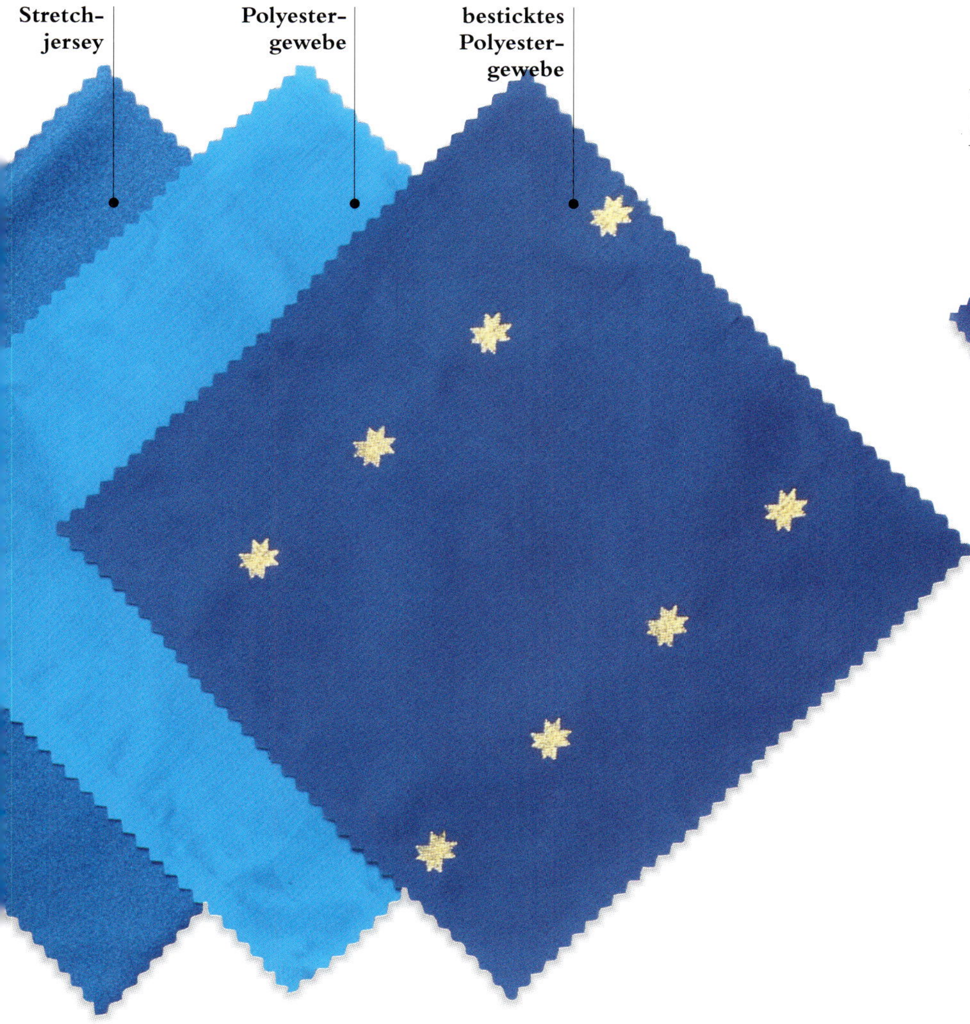

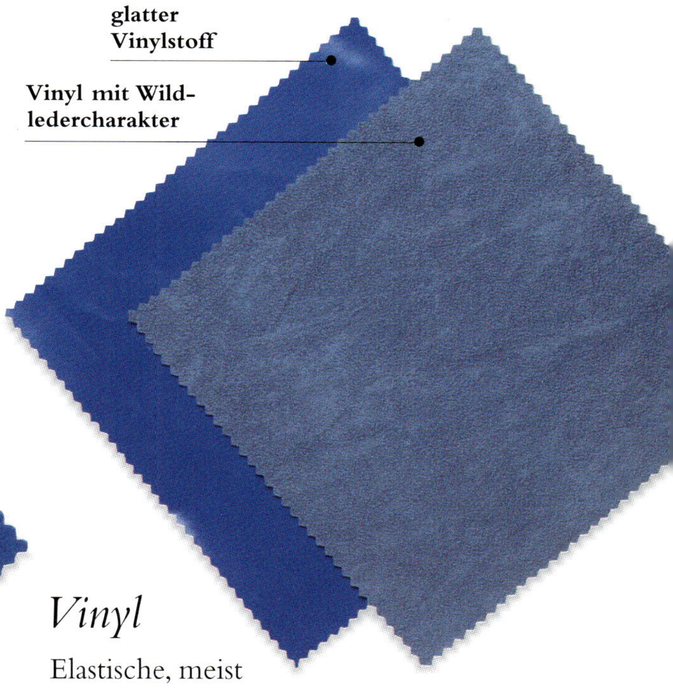

Vinyl

Elastische, meist abwaschbare Vinylstoffe sind in einer reichhaltigen Farb- und Texturskala erhältlich, von glattem, genarbtem bis zu lederartigem Aussehen. Sie fransen kaum aus. Stecken Sie Vinyl nicht mit Nadeln, da die Löcher sichtbar bleiben; „stecken“ und „heften“ Sie statt dessen mit Klebeband oder Büroklammern. Dieser Stoff sollte nur mit speziellen Maschinennadeln verarbeitet werden. Es ist schwierig und nicht empfehlenswert, Vinyl von Hand zu nähen.

Transparente Synthetikstoffe

Das große Aufgebot romantisch wirkender transparenter Stoffe ist hauptsächlich der Entwicklung synthetischer Fasern zu verdanken. Diese rutschigen, leicht ausfransenden Stoffe lassen sich meist nur schwer verarbeiten. Man muss sie vorsichtig handhaben; am besten berechnet man die Nahtzugaben besonders großzügig, heftet sie in allen Stadien und bügelt sie nur mit mäßig warmem Bügeleisen.

Schwierige Stoffe

Die meisten aus Synthetik- oder aus anderen künstlich gewonnenen Fasern hergestellten Stoffe erfordern eine spezielle Handhabung (siehe S. 14–15). Die hier und auf den folgenden Seiten gezeigten Stoffe, auch aus anderen Fasern, sind schwierig und nur mit besonderer Sorgfalt zu verarbeiten. Dies gilt für das Zuschneiden ebenso wie für das Nähen und das Fertigstellen der Kleidung. Dennoch ist die daraus meist für besondere Anlässe entworfene Kleidung den außergewöhnlichen Aufwand bei der Fertigung wert.

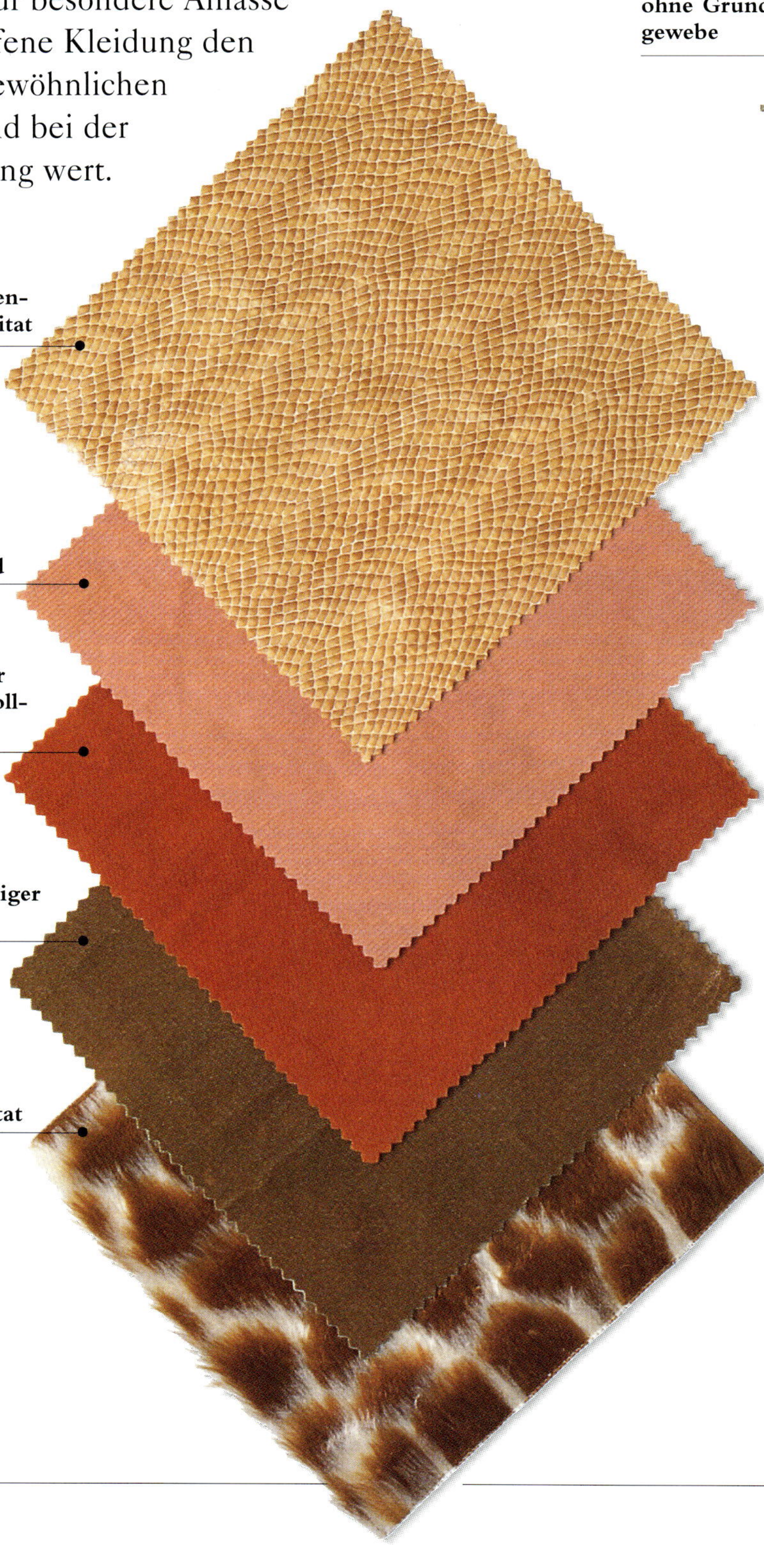

Stoffe mit Metall

Mit Metallfäden wurden die zwei Lamé-Stoffe gewebt; beide fransen sehr leicht aus. Beim Paillettenstoff sind die Pailletten einzeln und in regelmäßigen Abständen auf einem transparenten Stoffuntergrund aufgenäht. Versuchen Sie niemals, die Pailletten durchzuschneiden; nähen Sie daraus keine stark mit Abnähern unterteilte Kleidung.

Stoffe mit Richtung

Stoffe mit Strich, Flor oder einseitigen Mustern müssen so zugeschnitten werden, dass alle Teile gleich ausgerichet sind. Weil solche Stoffe oft dick sind, sollten Sie einfache Schnitte mit wenigen Abnähern, Kräuseln oder Falten bevorzugen. Wählen Sie dünne Steck- und Nähnadeln und heften Sie alles vor dem Nähen.

Seide

Aus der Vielzahl von Seidenstoffen sind einige leicht zu verarbeiten, die meisten jedoch eher schwierig zu handhaben. Viele Seiden und ihre synthetischen Verwandten fransen leicht aus und sind sehr rutschig. Nehmen Sie dünne Steck- und Nähnadeln, planen Sie extrabreite Nahtzugaben ein und heften Sie alles. Bügeln Sie mit mäßig warmem Bügeleisen von der linken Seite und legen Sie eventuell ein Tuch oder Packpapier auf die Seide.

Spitze und Netzstoffe

Spitze und Netzstoffe, maschinell hergestellt, gibt es in vielen Stärken und Mustern. Außer für eine transparente Überkleidung brauchen Sie ein Futter, das die Stoffstruktur stärkt und deren Kratzen auf der Haut verhindert. Schneiden Sie die Stoffteile so zu, dass das Muster in die gleiche Richtung läuft.

Wirkwaren mit Glanz

Maschinengewirkte Stoffe (etwa Jersey) sind geschmeidig und fransen kaum aus, sind aber oft rutschig. Verwenden Sie dünne Stecknadeln und nähen Sie diese Stoffe mit einem feinen Synthetikfaden und einer speziellen Jersey-Nähnadel. Die Nähte sollten mit Zickzackstich und zur Verstärkung doppelt genäht werden. Synthetische Wirkstoffe behalten lange ihre Knicke, deshalb sollten sie nur leicht und vorsichtig gebügelt werden. Hängen Sie das zusammengenähte Kleidungsstück für einen Tag auf einen gepolsterten Bügel, bevor Sie den Saum nähen.

Einlagestoffe

Eine Einlage ist ein separates Stoffstück, das zum Versteifen und Stabilisieren auf der linken Seite zwischen Kleidungsstück und Besatz angebracht wird. Die Art (gewebt oder nicht gewebt, eingenäht oder aufgebügelt) und die zwischen leicht und schwer variierende Stärke werden vom Stoff des Kleidungsstücks bedingt. Das Schnittmuster gibt vor, welche Teile mit einer Einlage verstärkt werden müssen.

Gewirkter Samt (Nickistoff)

Gewirkter Samt ist weicher und elastischer als gewebter, franst weniger aus und wird wie Stoff mit Richtung (siehe S. 16) verarbeitet, d. h. beim Zuschneiden läuft der Flor immer in eine Richtung (möglichst aufwärts). Es ist ratsam, Abnäher in Florrichtung zu nähen und Reißverschlüsse von Hand einzusetzen. Versäubern Sie Nahtzugaben, ohne zu ziehen, von Hand oder maschinell. Setzen Sie Saumband oder Schrägstreifen an die Saumkanten. Vermeiden Sie Knopflöcher; verwenden Sie Schlaufen oder verdeckte Verschlüsse.

Der richtige Arbeitsraum

Ein ordentlicher, übersichtlicher Arbeitsplatz kann ausschlaggebend sein, ob die mit dem Nähen verbrachte Zeit als Genuss oder als Last empfunden wird. Als Aufbewahrungsbox können alltägliche Dinge wie leere Schuhkartons dienen. Mit etwas Planung, Vorausschau und sorgfältigem Arbeiten können Sie Ihre Zeit fürs Nähen optimal nutzen.

Den Raum optimal nutzen

Wer einen separaten Raum zum Nähen hat, kann sich glücklich schätzen. Ansonsten lässt sich auch ein Gäste- oder Arbeitszimmer dafür nutzen, wobei der Schreibtisch dann als Nähtisch dient. Zur wichtigsten Ausrüstung für alle Näharbeiten gehören: ein Nähtisch sowie tiefe Fächer in Schränken, Kommoden und Regalen, um darin Stoffe und Nähutensilien zu verstauen. Zum Zuschneiden braucht man einen großen Tisch, idealerweise einen ausklappbaren Tapeziertisch oder einen Esszimmertisch. Wenn Bügeleisen und Bügelbrett nicht im Nähraum stehen können, sollten sie leicht erreichbar sein. Praktisch ist ein Pinnbrett in der Nähe, ebenso ein langer Spiegel für die Anprobe der Kleidung. Ausreichend Steckdosen und gutes Licht sind wichtig.

Kleinigkeiten aufbewahren

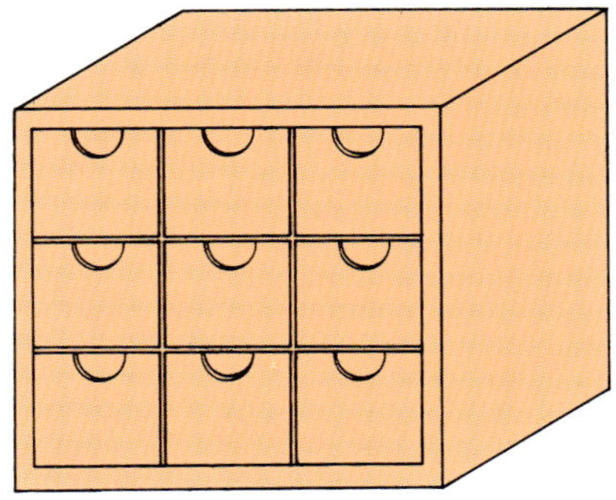

Handelsübliche Aufbewahrungsboxen sind ideal zum Lagern kleiner Dinge wie Garne, Nadeln und Knöpfe. Durchsichtige Schublädchen lassen den Inhalt auf einen Blick erkennen. Ansonsten beschriften Sie jedes Fach.

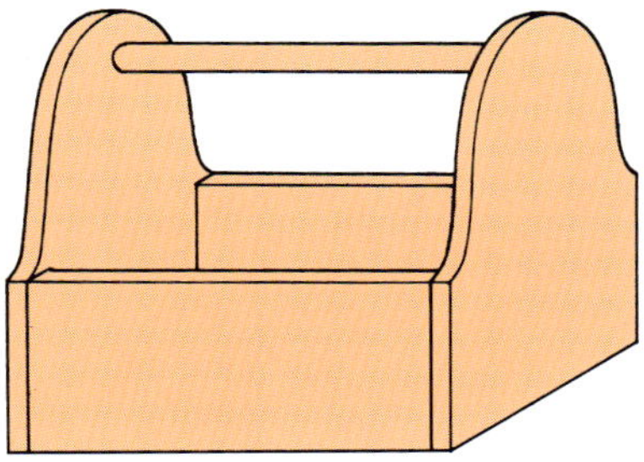

In einer Werkzeugkiste mit Tragegriff können Sie größere Dinge wie Schere, Lineale und anderes transportieren und aufbewahren. Hüllen mit Schnittmustern kann man gut in großen Schuhkartons sammeln.

Mehrfach nutzbarer Nähraum

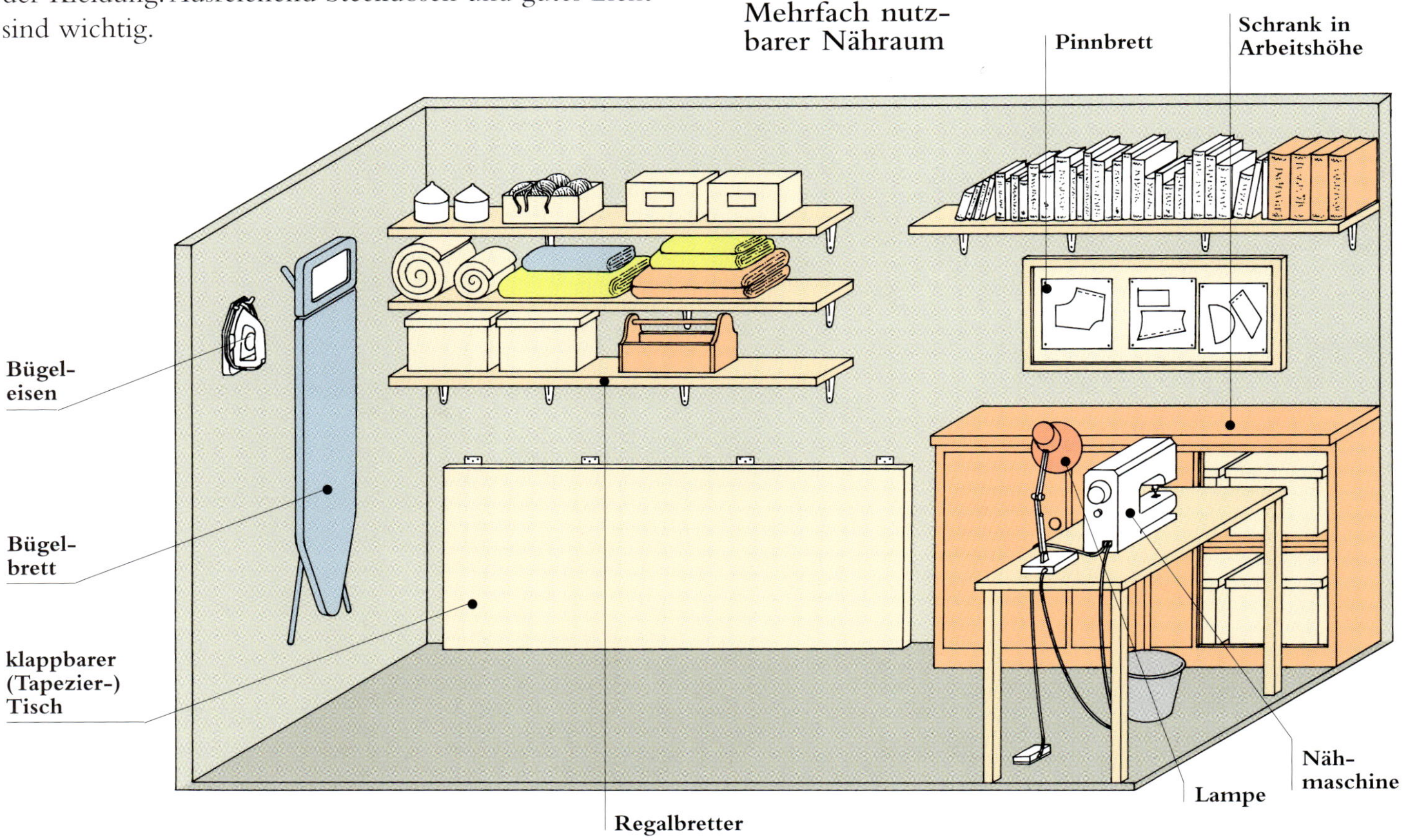

Klein, aber fein

Haben Sie kein separates Nähzimmer, verwandeln Sie eine kleine ungenutzte Ecke in einen Arbeitsplatz, etwa den Bereich unter der Treppe. Der Nähtisch steht an der höchsten Stelle, Aufbewahrungsregale bringen Sie am niedrigen Ende an. Hinter einer Tür bleiben Stoffballen und Werkzeug sauber. Bügeleisen, Bügelbrett und Pinnbrett hängen an Haken an einer Trennwand oder hinter dem Tisch. Zusätzliche Regalbretter können darüber angebracht werden.

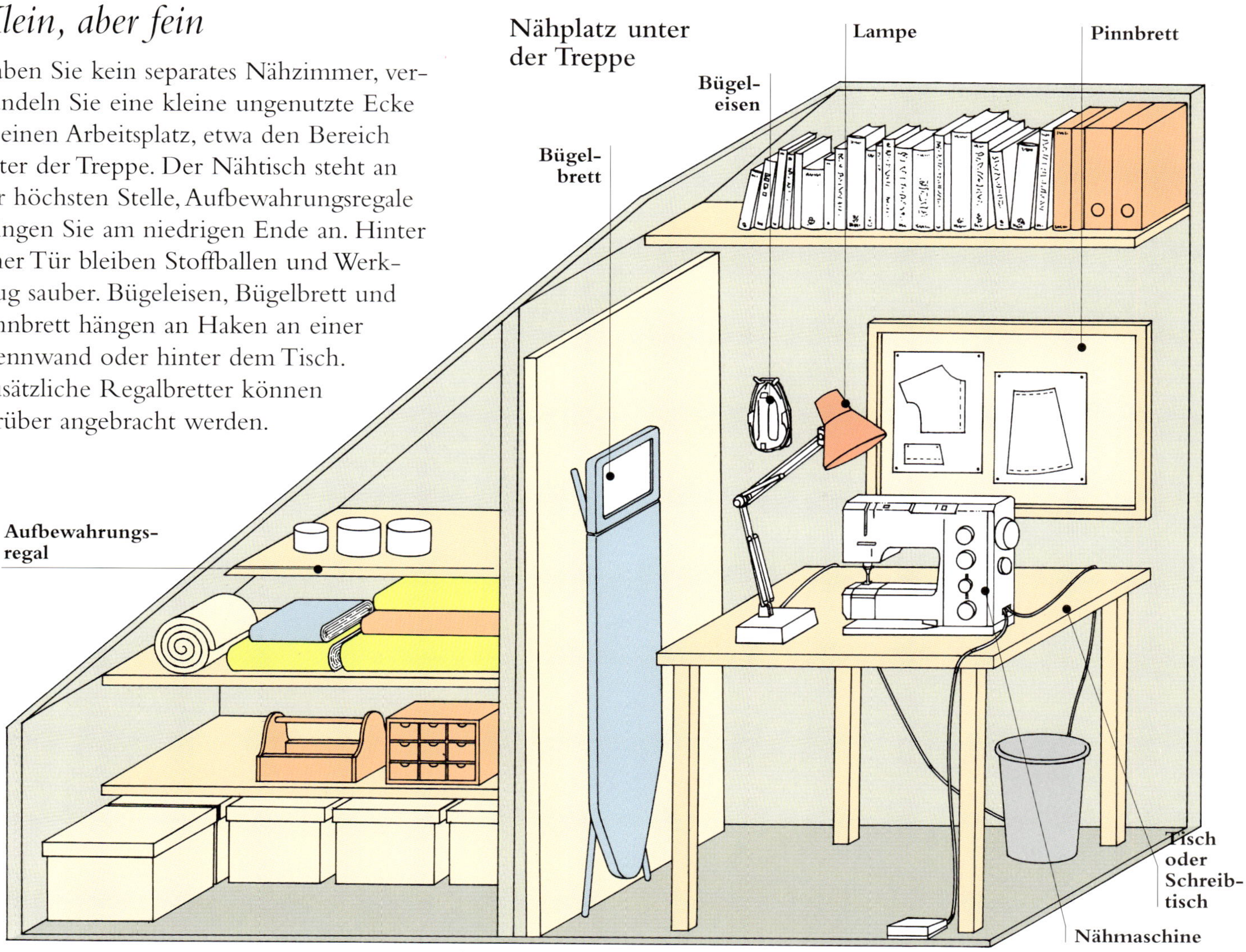

Gutes Arbeiten

Wo immer Sie arbeiten, sorgen Sie für eine bequeme Tisch- und Stuhlhöhe. Elektrokabel dürfen nicht im Weg sein. Schalten Sie die Nähmaschine aus, wenn Sie eine längere Pause machen. Häufig benutztes Werkzeug und Material sollten griffbereit liegen, damit Sie nicht jedes Mal aufstehen müssen. Denken Sie schließlich daran, dass längeres Nähen ermüdet: Gönnen Sie sich regelmäßige Pausen; stehen Sie auf und bewegen Sie sich.

Licht
Gutes Licht ist das Wichtigste für sicheres Nähen: Es vermindert die Verletzungsgefahr und die Überanstrengung der Augen. Die in alle Nähmaschinen integrierte Lampe beleuchtet direkt die Nähebene. Ersetzen Sie eine defekte Birne immer sofort. Sie brauchen zur Ausleuchtung der Umgebung eine Tisch- oder Deckenlampe, außer wenn Sie an einem Sonnentag in Fensternähe arbeiten.

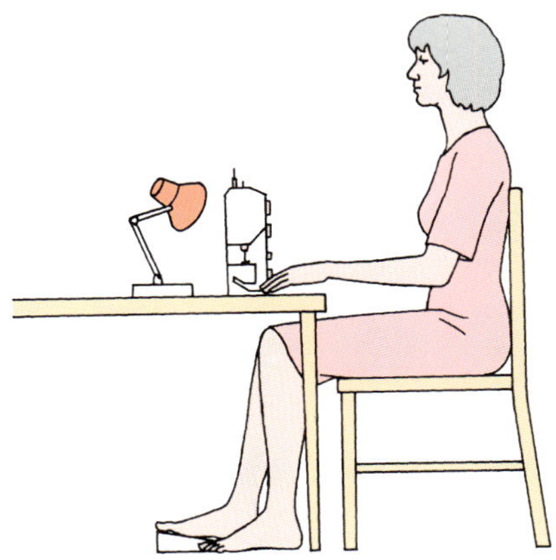

Sitzen
Sorgen Sie für die richtige Höhe des Nähmaschinentisches und des Stuhls. Am bequemsten ist ein Stuhl mit gerader Rückenlehne und ohne Armlehnen. Sie sollten das Nähgut ohne sich zu strecken oder anzustrengen erreichen können – die Handgelenke befinden sich dabei auf mittlerer Höhe zwischen Brust und Taille. Aufrechtes Sitzen verhindert Nacken- oder Rückenbeschwerden.

51
52
53
45
144
145
146
150
151

Grundlagen des Nähens

Dieses Kapitel ist den wesentlichen Kenntnissen des Schneiderns gewidmet: Sie lernen Schnittmuster, Stoffe und Ihre Nähmaschine kennen; Sie erfahren, welche Naht und welcher Saum für welchen Zweck am vorteilhaftesten ist; und Sie werden mit den allgemeinen Techniken für alle Näharbeiten vertraut gemacht, wie mit dem senkrechten Bügeln (im Gegensatz zum schiebenden Bügeln), mit der Eckverarbeitung, mit Falten und Kräuseln sowie mit Einfassungen.

Schnittmuster

Ab und an erfährt man von Menschen, meist berühmten Modedesignern, die ohne Schnittmuster auskommen. Sie drapieren den Stoff hier, stecken ihn dort und nach flinkem Schereneinsatz haben sie ein umwerfendes Outfit geschaffen. Uns fehlt in der Regel das Geschick oder das Zutrauen, auf ein käufliches oder selbst entwickeltes Schnittmuster zu verzichten.
Alle diejenigen, die das Schneidern erst erlernen, sollten gekaufte Schnittmuster verwenden, bis Sie wissen, wie verschiedene Kleidungsstücke zusammengesetzt werden und die Technik des Schneiderns besser verstehen.

Körpermaße

Vor dem Erwerb eines Schnittmusters ermitteln Sie, in welcher Größe Sie es benötigen. Handelsübliche Muster enthalten meist eine Tabelle mit den wichtigsten Körpermaßen, von denen die Größe abhängt. Vermessen Sie Ihren Körper mit einem Maßband anhand der Zeichnungen unten. Notieren Sie die Maße und nehmen Sie sie zum Schnittmusterkauf mit, denn die Standardmaße können je nach Hersteller des Musters variieren.

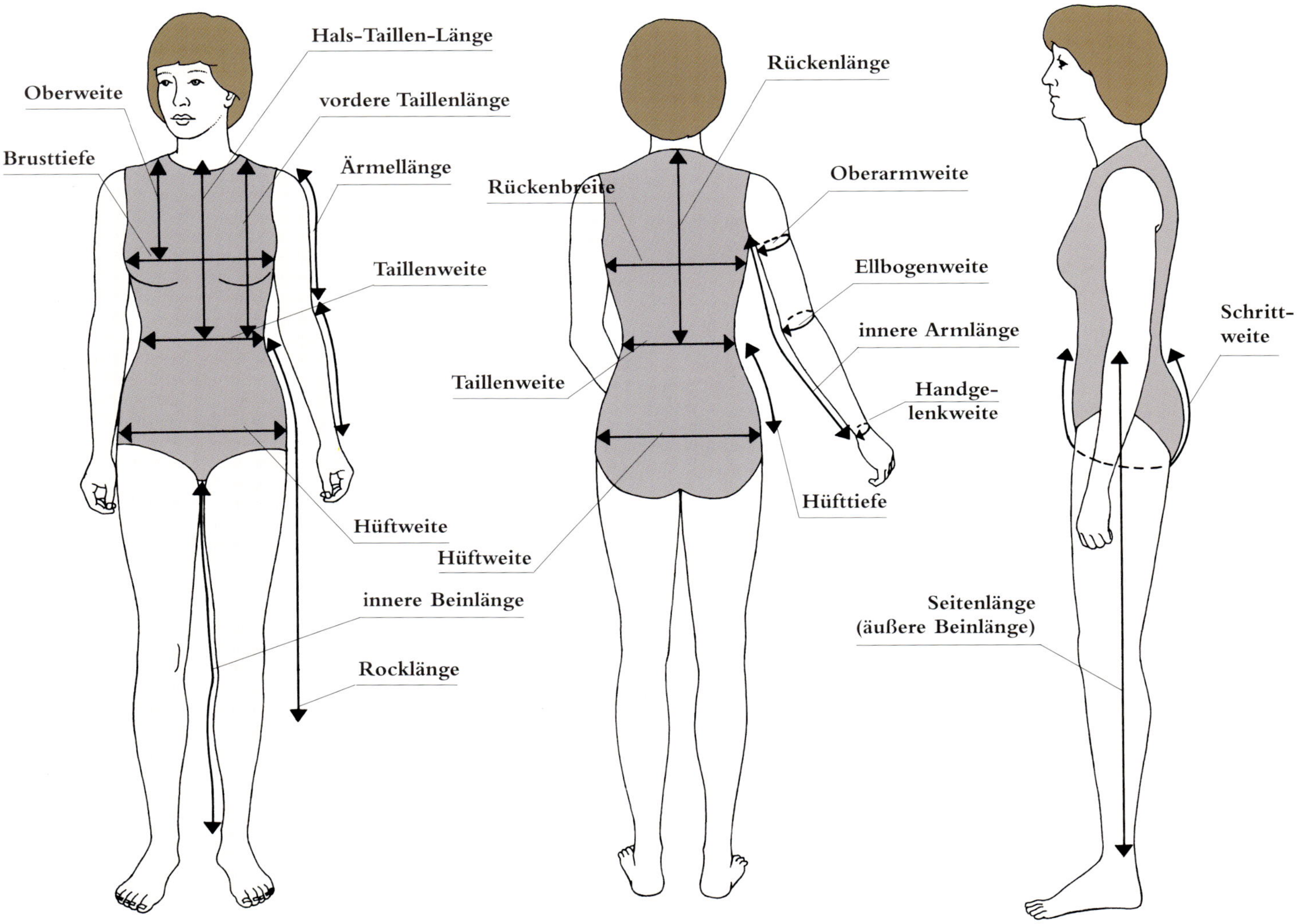

Vorderansicht
Einige Maße, etwa Brusttiefe oder Taillenlänge, können nur vorn gemessen werden. Umfangsmaße wie Taillen- oder Hüftweite lassen sich von vorn oder hinten ermitteln. Die Ärmellänge sollten Sie außen am leicht angewinkelten Arm messen.

Rückenansicht
Die meisten Standardmaße, die am Rücken erfasst werden, betreffen wieder Körperumfänge. Andere wie die Rückenlänge oder Rückenbreite können auch nützlich sein, wenn Sie ein Schnittmuster abändern möchten *(siehe S. 82)**.*

Seitenansicht
Die Seitenlänge (äußere Beinlänge) ist das wichtigste Seitenmaß und sollte von der Taille bis zum unteren Hosensaum ermittelt werden. Die Schrittweite sollte bequem sein: nicht zu eng und nicht zu locker.

Schnittmuster nutzen

Hersteller von Schnittmustern veröffentlichen Kataloge mit Abbildungen von allen angebotenen Modellen, die in Stoffgeschäften oder -abteilungen der Kaufhäuser für die Kunden zur Ansicht bereitliegen. Auch Zeitschriften enthalten Schnittmuster.

Die Größen basieren auf regelmäßig erstellten Statistiken und geben eher einen idealisierten Durchschnitt als eine realistische Figur wieder. Käufliche Schnittmuster beruhen auf Maßtabellen, so dass Sie Änderungen nach Ihren individuellen Maßen durchführen können. Bevor Sie das Muster auslegen und den Stoff zuschneiden, gleichen Sie Ihre Körpermaße mit den Tabellenmaßen ab, um gegebenenfalls gleich Änderungen vorzunehmen (siehe S. 82–85). Überprüfen Sie die Größen jedes Mal, bevor Sie sich einem neuen Kleidungsstück widmen.

Größen und Symbole
Fertigschnittmuster sind oft Mehrgrößenschnitte mit unterschiedlichen Linien für verschiedene Größen. Prüfen Sie, ob Sie wirklich Ihre Größe ausschneiden. Obwohl die Symbole (siehe S. 26) vereinheitlicht sind, sollten Sie immer die Legende beachten.

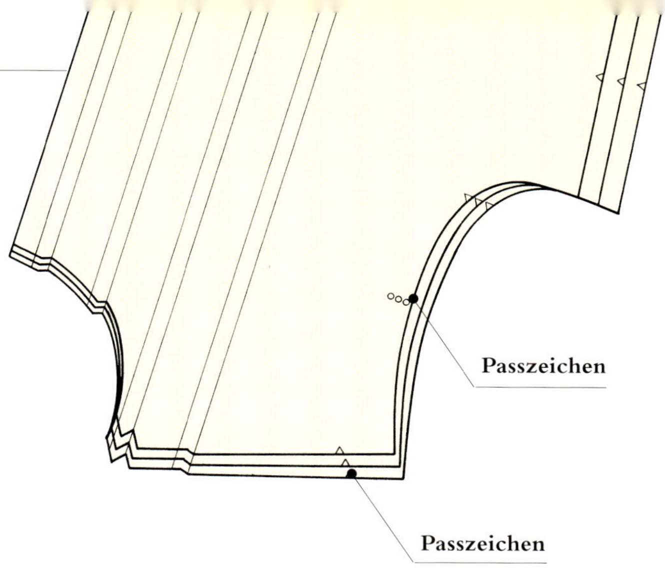

Stoffmuster aneinander anpassen

Stoffmuster, wie Karos und Streifen, sollten an den Nähten aneinander passen, damit ein Kleidungsstück professionell aussieht. Senkrechte Streifen sollten sich korrekt an der Schulternaht treffen, waagerechte Streifen von der Taille aufwärts an der Seitennaht. Brustabnäher können dort das Bild zerstören, doch wird diese Partie von den Armen verdeckt. Kalkulieren Sie bei der Berechnung der Stoffmenge gleich etwas mehr für das Anpassen von Mustern ein.

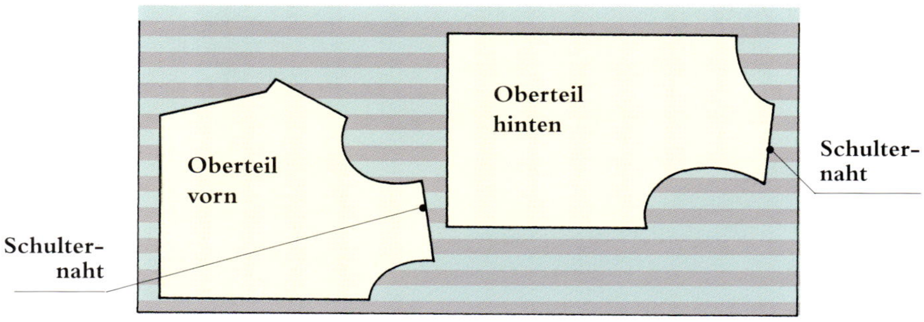

Den Schnitt auflegen

Sehen Sie sich zuerst die Schnittmusteranleitung Ihres Modells genau an, die Ihnen Vorschläge für die günstigste Lage der Schnittteile auf dem Stoff macht. Dieser Zuschneideplan dient dazu, die volle Stoffbreite zu nutzen und die benötigte Menge auch von Stoffen mit Muster- oder Strichrichtung abzulesen (siehe S. 16 und 29). Diverse Schattierungen zeigen Futter und Einlage an und ob die rechte oder linke Stoffseite nach oben zeigen soll. Ist Ihnen die Übersicht klar, legen Sie den Stoff auf den Tisch: falls nicht anders verlangt, längs zur Hälfte gefaltet (rechte Seite innen). Legen Sie die Teile nach Plan auf den Stoff und stecken diese fest, wenn alles passt.

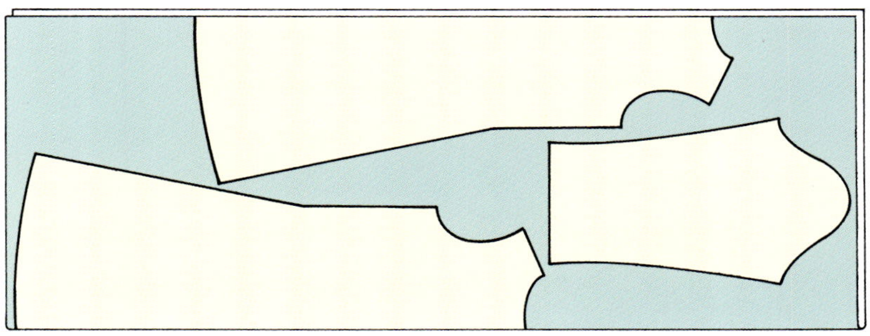

Im Zuschneideplan liegen meist alle Teile in derselben Richtung, so dass Stoffe mit Richtung (Muster, Struktur) im fertigen Kleidungsstück gleich aussehen. Oben ein Lageplan für 115 cm breiten Stoff, unten für eine Breite von 90 cm. Wichtig: Beachten Sie, ob die Nahtzugaben in Ihrem Schnitt enthalten sind oder noch angefügt werden müssen!

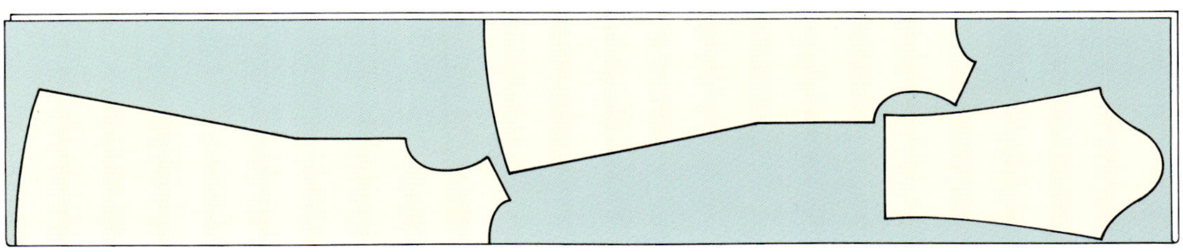

Schnittsymbole

Die Hersteller von Schnittmustern verwenden eine Vielzahl von Symbolen. Die meisten sind allgemein verständlich, werden aber immer in der Schnittmusteranleitung erklärt. Rechts finden Sie einige Beispiele.

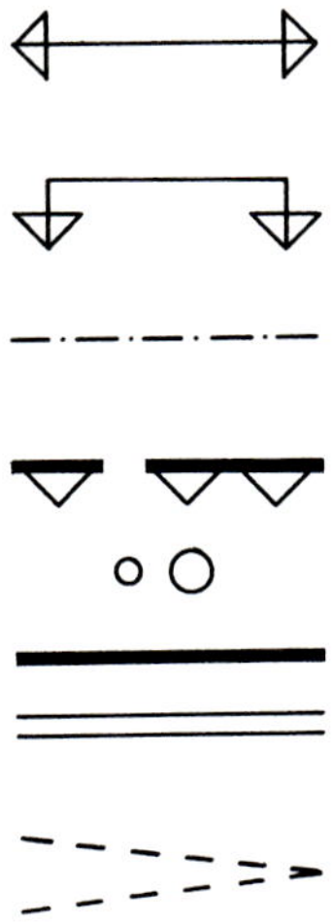

Fadenlauf
Teil in Fadenlaufrichtung legen, parallel zur Webkante

Stoffbruch, Umbruchlinie
Teil an Stoff-Faltlinie legen

Mittellinie
Kennzeichnung der vorderen oder rückwärtigen Mitte

Passzeichen
Zeigen an, wo Stellen aufeinander treffen müssen

Schnittlinie
Änderungslinie
Zum Verlängern oder Kürzen des Kleidungsstücks

Abnäher
An den gestrichelten Linien zusammennähen

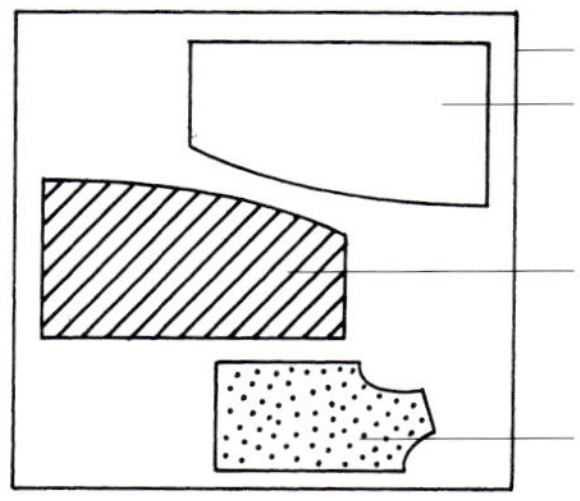

Nahtzugaben beschneiden

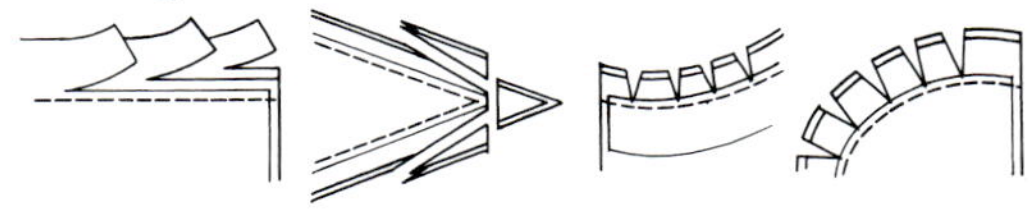

Nahtzugaben stufig zurückschneiden — Ecken zurückschneiden — Innenkurven: Ränder einknipsen — Außenkurven: Spitzen herausschneiden

Stecken und Zuschneiden

Achten Sie beim Umgang mit dem Schnittmuster darauf, dass Sie das dünne Papier nicht zerreißen. Jedes Muster enthält eine Vielzahl an Markierungen, meistens Symbole (siehe oben), die die zugehörige Anleitung verständlicher machen. Einige, etwa kleine Dreiecke als Passzeichen, kann man beim Zuschnitt direkt in die Nahtzugaben schneiden, andere wiederum werden anders übertragen. Wichtig: Bei dem hier gezeigten Schnittmuster ist die Nahtzugabe schon im Schnitt enthalten, was meistens nicht der Fall ist.

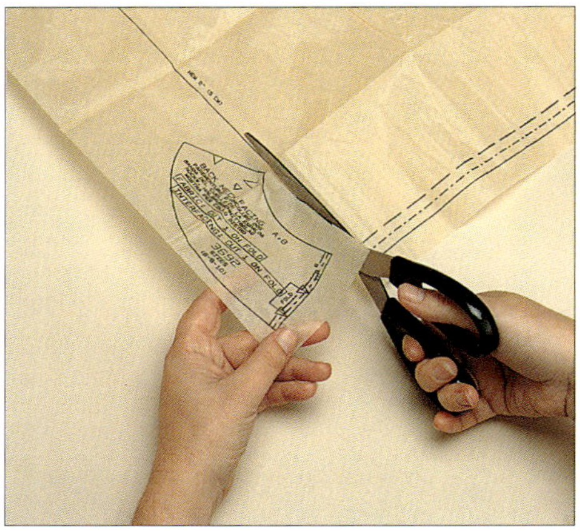

1 *Schneiden Sie jedes Teil des mitgelieferten Schnittes grob aus, also noch nicht bis dicht an die Linien heran. Mit der niedrigsten Temperatur des Bügeleisens glätten Sie vorsichtig Knicke und Falten der Papierteile.*

2 *Stecken Sie alle Teile auf den Stoff, wobei Sie sich am Zuschneideplan für Ihre Kleidergröße, Breite und Art des Stoffes orientieren. Achten Sie ganz genau auf alle Kennzeichnungen der Teile, um kostspielige Fehler zu vermeiden.*

3 *Folgen Sie der Schnittlinie für die ausgewählte Größe, schneiden Sie jedes Teil (mit Nahtzugabe) sorgfältig aus und entfernen Sie überschüssiges Papier. Benutzen Sie nur eine scharfe Stoffschere, denn stumpfe Haushalts- oder Papierscheren beschädigen den Stoff.*

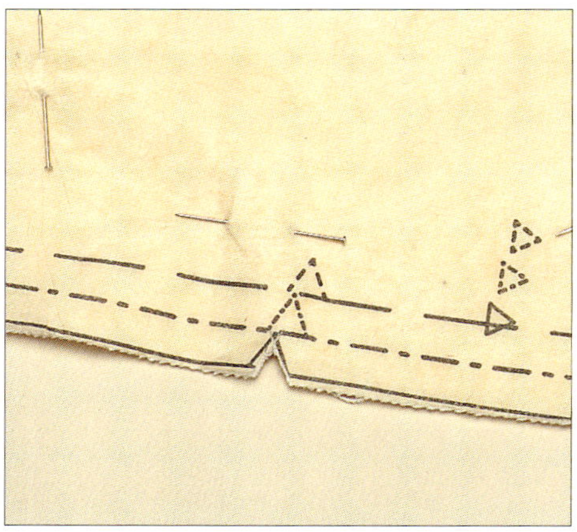

4 *Kleine Dreiecke zur Kennzeichnung von Ansatzstellen in der Nahtlinie treten einzeln oder in Gruppen zu zweit oder dritt auf. Weil sie später in der Nahtzugabe verschwinden, können sie, wie hier gezeigt, direkt in die Stoffkante geschnitten werden.*

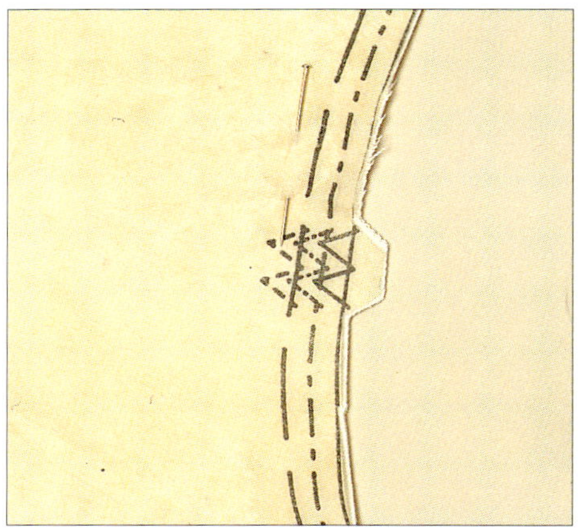

5 *Diese Markierungen wurden außen angeschnitten, was einige Schneider bevorzugen, insbesondere bei Stoffen, die leicht ausfransen. Es ist leichter, die Einzeldreiecke in eine Form zusammenzufassen. Natürlich können auch einzelne Dreiecke außen angeschnitten werden.*

MARKIERUNGEN ÜBERTRAGEN

Viele Markierungen auf dem Schnitt beziehen sich auf das Positionieren und Ausschneiden eines Teils, andere dagegen sind vor dem Entfernen des Papiers auf den Stoff zu übertragen, wie Hilfslinien zum Nähen oder Hinweise zum Zusammenfügen der Teile. Prüfen Sie, bevor Sie den Schnitt vom Stoff lösen, ob wirklich alle Markierungen übertragen sind.

Wasserlösliche Marker

Gerade Hilfslinien, etwa für Falten und Biesen, können mit einem Lineal und wasserlöslichem Marker (Trickmarker) übertragen werden. Falten Sie das Papier an der Linie zurück, legen Sie das Lineal an und ziehen Sie eine gestrichelte oder gepunktete Linie. Sie verschwindet beim Dämpfen oder Befeuchten mit Wasser oder einfach beim Waschen. Diese Methode ist ungeeignet für Stoffe, die nicht gewaschen werden können.

Schneiderkreide

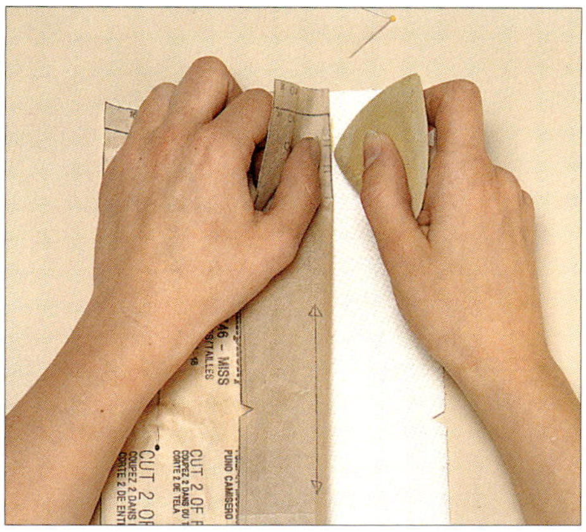

Schneiderkreide ist in vielen Farben erhältlich; wählen Sie eine, die auf Ihrem Stoff gut zu erkennen ist. Entfernen Sie einige Stecknadeln vom Schnitt; falten Sie einen Teil hoch, damit die zu markierende Stelle zugänglich ist. Die Kreide lässt sich von nicht waschbaren Stoffen abbürsten.

Durchschlagen

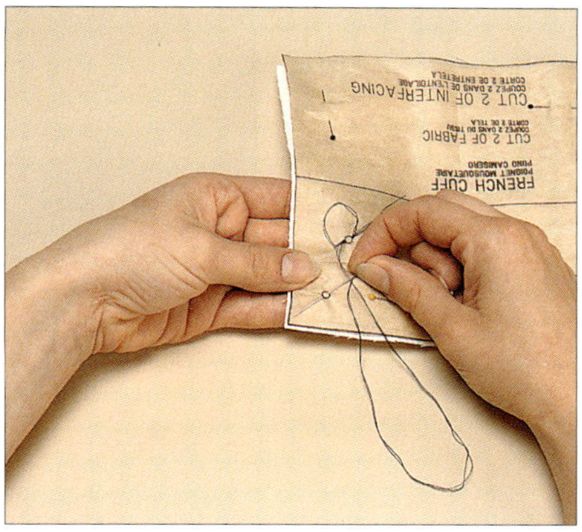

1 *Das Durchschlagen mit Heftfaden ist zum Beispiel für Knopfpositionen nützlich. Mit aufgestecktem Papierschnitt und doppeltem Faden nähen Sie einmal durch alle Lagen, danach noch einmal durch dieselben Einstichstellen. Ziehen Sie den Faden locker zu einer Schlaufe.*

2 *Sind alle Markierungen übertragen, entfernen Sie das Papier. Ziehen Sie die Stofflagen so weit auseinander, wie es die Fadenschlingen zulassen. Schneiden Sie sie zwischen den Lagen vorsichtig auf: Die zurückbleibenden kleinen Fadenbüschel markieren die Punkte.*

Kopierrädchen

1 *Lösen Sie den Papierschnitt dort, wo markiert werden soll. Schieben Sie gefaltetes Schneiderkopierpapier (im Kontrastton) so zwischen die Lagen, dass die Farbe – sie lässt sich schlecht entfernen – auf der linken Stoffseite liegt.*

2 *Führen Sie das gezahnte Kopierrädchen fest über die Nahtline oder eine andere Linie. Diese Methode ist ideal zum Markieren von Abnähern und Kurven, doch durchlöchert und schwächt das Rädchen das Papier an dieser Stelle.*

Nahtlehre oder Handmaß

Die Nahtlehre ist ein Minilineal mit einem Schieber, der auf die Breite der Nahtzugabe oder des Saums eingestellt wird. Mit dem Schieber an der Stoffkante markieren Sie die Nahtlinie mit dem Bleistift. Ein Handmaß gibt die Breiten fest vor.

Stoffe

Heute gibt es eine solche Vielfalt an Stoffen, dass unmöglich alle hier angeführt werden können; viele Gewebe haben jedoch charakteristische Eigenschaften gemein. Gewebte Stoffe, wie die hier gezeigten, sind am häufigsten. Es gibt jedoch auch nicht gewebte Stoffe, hauptsächlich Filz und Vlieseinlagen, Strick- und Wirkwaren sowie Spitze und Netzstoffe, deren Fäden zu raffinierten Mustern verschlungen sind.

Samt | **einfach gewebte bedruckte Baumwolle** | **Brokat**

Kette und Schuss

Alle Webstoffe bestehen aus den Kettfäden (sie liegen in Längsrichtung, gemäß dem Fadenlauf, im Webrahmen) und den Schussfäden (sie sind im rechten Winkel auf und ab durch die Kettfäden gewebt; sie bilden den Fadenlauf in der Breite). Die Webkanten sind die beiden dicht gewebten Stoffränder längs der Stoffbahn. In Fadenlaufrichtung, also längs und quer, gibt der Stoff beim Ziehen kaum nach. Schneidet oder faltet man ihn aber im 45°-Winkel zur Webkante, ist er elastisch. Das ist die Stoffschräge.

bedruckter Chintz | **Streifendruck auf Jersey** | **gewebte Streifen** | **Webmuster, streifig bedruckt** | **gewebter Wollbouclé** | **gewebter Wollkarostoff** | **gewebtes Bauernkaro** | **Schottenkaro, gedruckt**

Farbige Muster

Muster können direkt in den Stoff eingewebt werden, wie das meist bei Karos und Streifen der Fall ist, oder sie werden nach dem Weben auf die rechte Stoffseite gedruckt. Regelmäßige Muster sollten bei all Ihren Nähprojekten an den Nähten richtig aufeinander treffen, um diesen ein professionelles Aussehen zu verleihen.

Gewebebindungen

Zusätzlich zu einfach gewebten Stoffen, in denen der Schussfaden abwechselnd über und unter einem Kettfaden liegt (Leinwandbindung), gibt es zwei weitere wichtige Grundbindungen. Twill und Jeans haben diagonale Rippen auf der Oberseite, weil der Schussfaden in einem anderen Rhythmus gleich über mehrere Kettfäden geführt wird, von Reihe zu Reihe um einen Faden versetzt (Köperbindung). Beim glänzenden Satin (Atlasbindung) liegen die Schussfäden vorwiegend auf der Oberseite, sie werden in größeren Abständen mit den Kettfäden verwebt. Bei all diesen Bindungen sind die Fäden rechtwinkelig gekreuzt. Stoffe mit Flor haben eine erhabene Oberfläche. Bei Samt sind Extrafäden eingewebt, die hoch stehen. Bei Flauschstoffen wird die wollige Oberfläche durch Hochbürsten der Fasern erzeugt.

Die Nähmaschine

Jede Nähmaschine ist anders; am besten machen Sie sich durch den praktischen Gebrauch mit ihrem Modell vertraut. Bedenken Sie beim Kauf den Preis, den unmittelbaren Verwendungszweck sowie langfristige Vorhaben, aber auch, ob Sie mit den Einstellmöglichkeiten zurechtkommen. Probieren Sie die Maschine unbedingt vor dem Kauf aus. Lassen Sie sich das gewählte Modell von jemandem vorführen, der die Maschine und ihre Möglichkeiten kennt; nutzen Sie das große Angebot der Nähmaschinenhersteller aus.

Funktionen der Nähmaschine

Alle Nähmaschinen haben mehr oder weniger vergleichbare Bestandteile und Bedienungselemente. Die Zeichnung unten erläutert die wichtigsten Teile einer Maschine. Dennoch kann durchaus ein Knopf oder Hebel bei Ihrem Modell an einer anderen Stelle sitzen. Beispielsweise haben manche Maschinen einen doppelten Garnrollenhalter oder der Einfädelbereich oder Fadenhebel sehen anders aus oder befinden sich an einer anderen Stelle. Die Bedienungsanleitung Ihrer Maschine informiert Sie ausführlich über alle Einzelheiten.

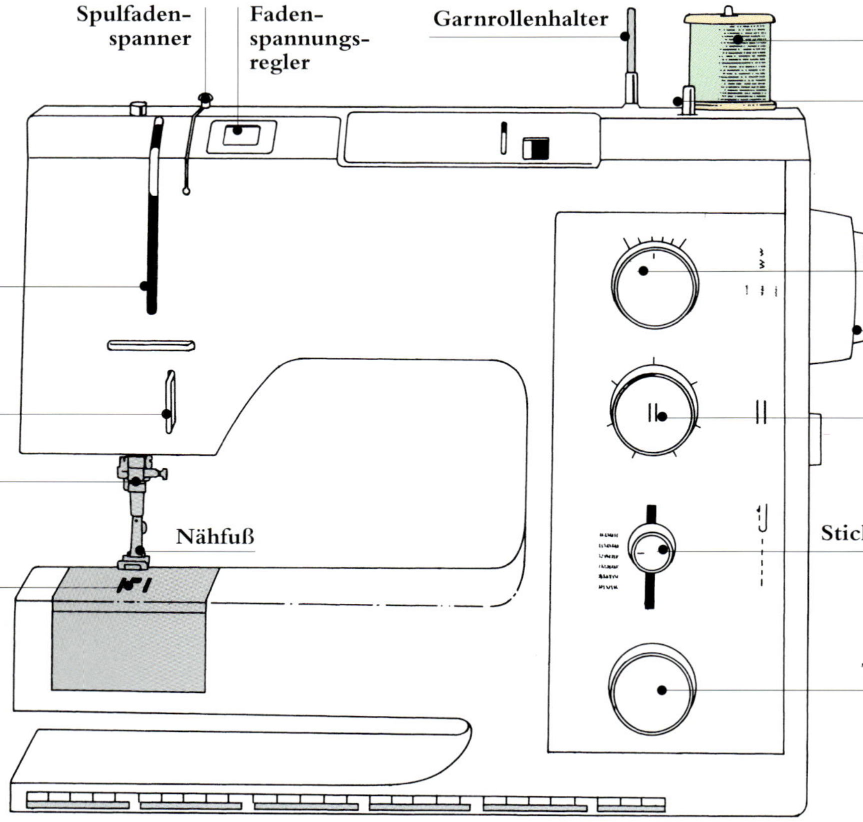

Die Nähfäden einfädeln

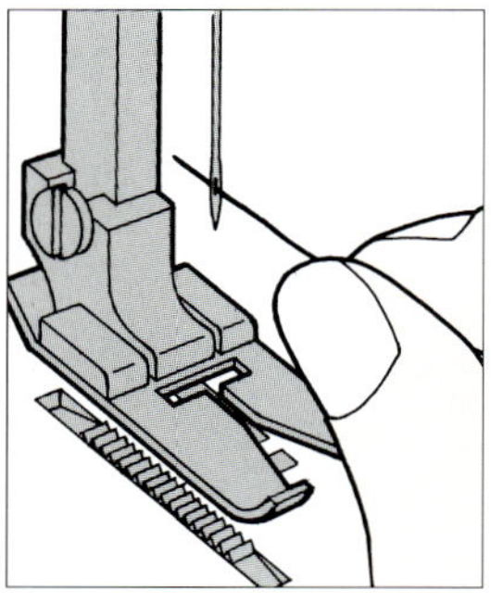

Den Oberfaden einfädeln

Die richtig eingesetzte Nadel darf nicht stumpf und muss für den Stoff geeignet sein. Fädeln Sie den Faden gemäß Ihrer Bedienungsanleitung durch die Fadenführung und dann in vorgeschriebener Richtung durch das Nadelöhr. Ziehen Sie das Fadenende lang genug durch, damit der Nahtanfang glatt und ordentlich wird.

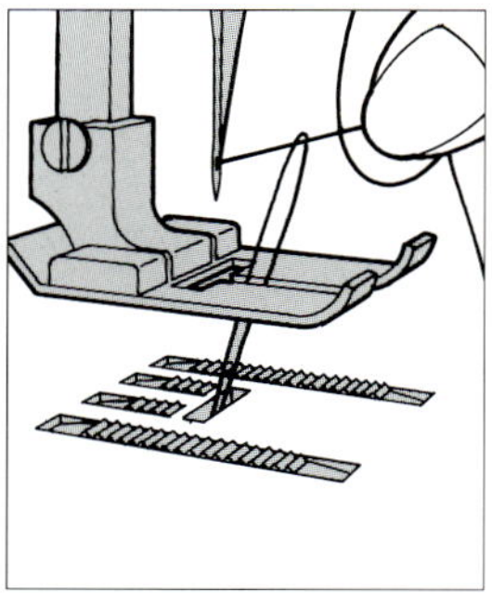

Den Unterfaden einführen

Ist die Nadel eingefädelt, setzen Sie die Spule mit dem Unterfaden gemäß der Bedienungsanleitung ein, das Fadenende hängt nach unten. Drehen Sie das Handrad einmal, bis der festgehaltene Oberfaden den Unterfaden erfasst. Ziehen Sie das Ende des Fadens heraus und mit dem Oberfaden nach hinten.

Fadenspannung

Die Ober- und Unterfadenspannung muss für ein perfektes Stichbild ausgeglichen sein. Neue Maschinen regeln das oft von selbst, ältere dagegen müssen von Hand eingestellt werden, wenn Sie beispielsweise von dünnen zu dicken Stoffen wechseln.

Ausgeglichene Naht
Ober- und Unterfaden treffen sich in der Mitte der Stofflagen; sie sehen beidseitig gleich aus. Testen Sie die Fadenspannung stets zuerst auf einem Rest des Stoffes.

Zu lockerer Oberfaden
Bildet der Unterfaden eine Linie und wird dort der Oberfaden sichtbar, ist die Oberfadenspannung zu locker und muss erhöht werden. (Eventuell auch umgekehrt, so dass die Unterfadenspannung an der Spulenkapsel verringert werden muss, siehe Bedienungsanleitung.)

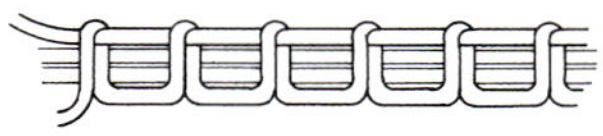

Zu stark gespannter Oberfaden *Bildet der Oberfaden eine Linie und wird dort der Unterfaden sichtbar, ist der Oberfaden zu stark gespannt. Reduzieren Sie die Oberfadenspannung gemäß der Bedienungsanleitung Ihrer Nähmaschine.*

Techniken	Seite
Nähte	*36*
Säume	*64*
Stiche	*32*

Zubehör

Zum Lieferumfang der meisten Nähmaschinen gehört eine Grundausstattung an Zubehör, etwa zwei Extranähfüße, Maschinenöl und ein Staubpinsel. Führt der Hersteller Ihrer Maschinen einen Zubehörkatalog, können Sie Ihr Modell eventuell mit spezielllerem Zubehör nachrüsten.

Schäfte

Viele Nähfüße sind austauschbar, manchmal sogar zwischen den Maschinen verschiedener Marken. Dennoch sollten Sie vor dem Kauf eines neuen Fußes wissen, welche Schaftform Ihr Modell braucht. Ihre Bedienungsanleitung oder der Hersteller geben Auskunft darüber, ob ein niedriger, hoher, superhoher oder schräger Schaft richtig ist.

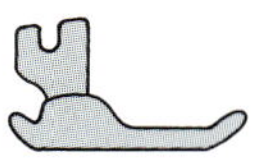

niedriger Schaft

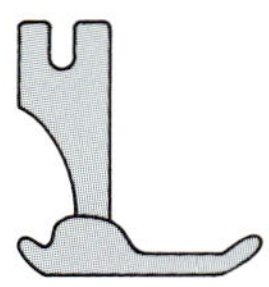

hoher Schaft

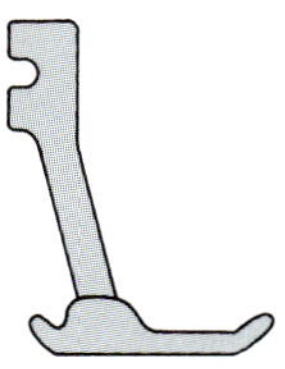

superhoher Schaft

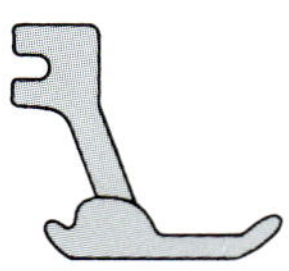

schräger Schaft

Nähfüße

Durch einen Nähfußwechsel sind besondere Näheffekte möglich. Die Auswahl an Füßen für neue Maschinen ist oft überwältigend groß; viele sind sehr speziell und werden selten gebraucht. Dennoch lohnt es sich, den einen oder anderen anzuschaffen, falls diese nicht ohnehin zu Ihrem Modell gehören.

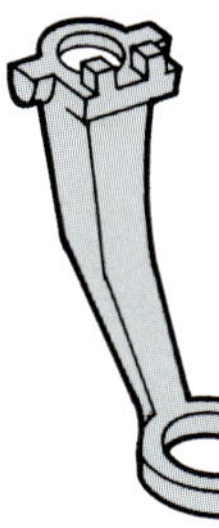

Stopf-, Quilt-, Stickfuß
All diese Füße mit einem offenen Ring werden stets mit abgesenktem Transporteur verwendet: zum Sticken, freien Quilten (Steppen) und Stopfen.

Knopflochfuß
Es gibt verschiedene Arten von Knopflochfüßen. Bei manchen Maschinen ist diese Funktion integriert und auch mit dem Standardnähfuß durchführbar.

Reißverschlussfuß
Mit diesem Fuß setzen Sie Reißverschlüsse am saubersten ein; auch für Paspeln ist er ideal. Die Nadel sticht wahlweise rechts oder links ein, so läuft der Fuß stets nah an den Reißverschlusszähnen entlang.

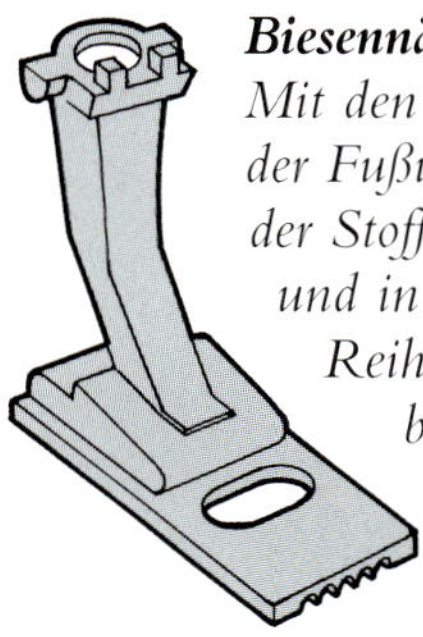

Biesennähfuß
Mit den Wülsten auf der Fußunterseite lässt sich der Stoff zu Fältchen legen und in gleichmäßigen Reihen festnähen. Man braucht die Falten vorher kaum zu markieren.

Saumfuß
Die Windung an der Führungskante dieses Fußes schlägt den Stoff vor dem Nähen zweifach ein: Es entsteht ein Saum ohne Stecken und Heften, allerdings nur bei dünnen und mittelstarken Stoffen.

Stiche

Beim Nähen dreht sich alles um Stiche mit Nadel und Faden; aneinander gereiht bilden sie bei geschneiderten Dingen die Nähte und Säume. Die Stiche können dekorativ oder unsichtbar sein, von Hand oder mit der Maschine genäht. Hier finden Sie Wissenswertes zum Verknoten, Einfädeln, Vernähen sowie Hinweise, wann und wie Hand- oder Maschinenstiche eingesetzt werden.

Einen Einfädler benutzen

Ein Einfädler besteht aus einer feinen Drahtschlinge, die an einer kleiner Metallplatte befestigt ist. Halten Sie die Nähnadel in der linken Hand, den Einfädler in der rechten. Stechen Sie den Draht durch das Nadelöhr und führen Sie den Faden in die Schlinge. Ziehen Sie sie zurück durch das Öhr, wobei der Faden automatisch eingefädelt wird.

Das Fadenende verknoten

1 Ein Knoten am Ende des Fadens sorgt dafür, dass er beim Nähen im Stoff gesichert ist. Halten Sie die Nadel zwischen Daumen und Zeigefinger, die Fingerspitze Richtung Nadelspitze. Wickeln Sie das Fadenende mehrmals um die Nadel und halten Sie es fest.

2 Halten Sie die Wicklung sicher zwischen Daumen und Zeigefinger fest und ziehen Sie diese die ganzen Fadenlänge entlang nach unten. Der Knoten zieht sich fest, wenn das Fadenende erreicht ist.

Schneller Knoten

Halten Sie die Nadel so in der Hand, dass der Faden nicht herausrutscht. Schlingen Sie das freie Fadenende ein- bis zweimal um den Zeigefinger der anderen Hand. Halten Sie die Schlinge fest, rollen Sie sie dabei vom Finger und ziehen Sie den Knoten zu.

Fingerhut

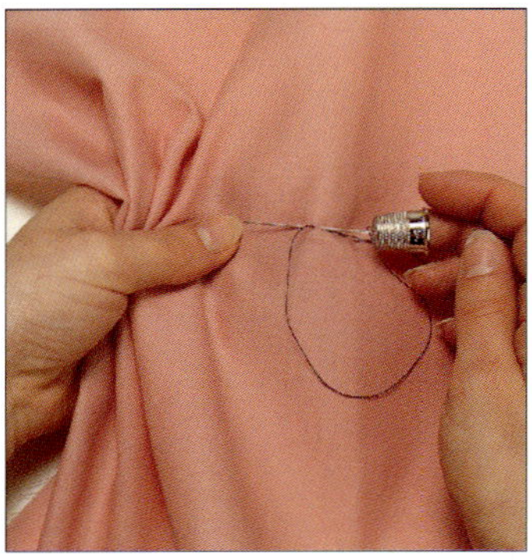

Manche benutzen beim Nähen immer einen Fingerhut, andere dagegen nie. Er schützt den Finger vor allem bei der Verarbeitung dicker Stoffe. Stülpen Sie ihn über die Fingerkuppe des Mittelfingers der nähenden Hand; schieben Sie nun mit dem Fingerhut die Nadel bequem durch den Stoff.

Den Faden vernähen

1 Am Nahtende oder wenn der Faden zum Weiternähen zu kurz wird, setzen Sie einen kleinen Stich auf die Rückseite des Stoffes, dicht neben den letzten; die Nadel bleibt noch stecken.

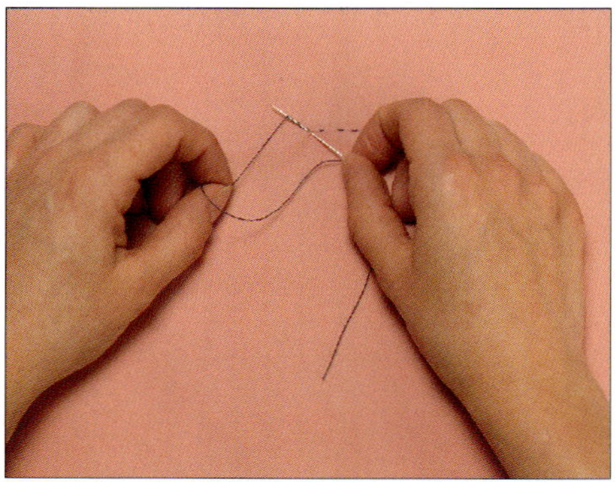

2 Halten Sie die Nadel mit einer Hand fest, mit der anderen wickeln Sie den Faden dicht am Stoff mehrmals um die Nadelspitze.

3 Ziehen Sie die Nadel und dann den Faden vorsichtig durch die Schlingen, um so schließlich einen festen Knoten zu bekommen.

Die wichtigsten Handstiche

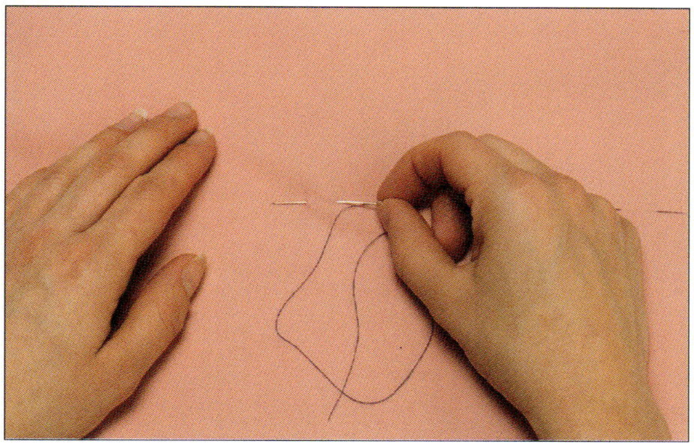

Heftstiche

Heftstiche sind im Grunde lange Vorstiche (siehe unten); sie halten die Stoffteile jedoch nur vorübergehend zusammen, bis die eigentliche, dauerhafte Naht genäht ist. Sind die Teile fest verbunden, zieht man die Heftfäden heraus. Zum Heften verknoten Sie das Ende eines einfachen oder doppelten, möglichst kontrastreichen Fadens und nähen durch alle Stofflagen hindurch.

Techniken	Seite

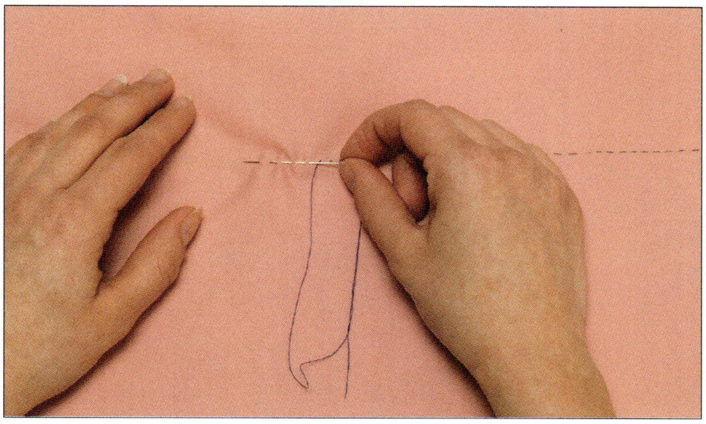

Vorstiche

Vorstiche eignen sich für Nähte, die nicht stark beansprucht werden, aber auch zum Kräuseln von Stoff oder um Falten von Hand zu befestigen. Stechen Sie in gleichmäßigen kleinen Abständen die Nadel mehrmals auf und ab durch die Stofflagen. Ziehen Sie dann die Nadel durch, bis der Faden gespannt ist. Wiederholen Sie diesen Vorgang.

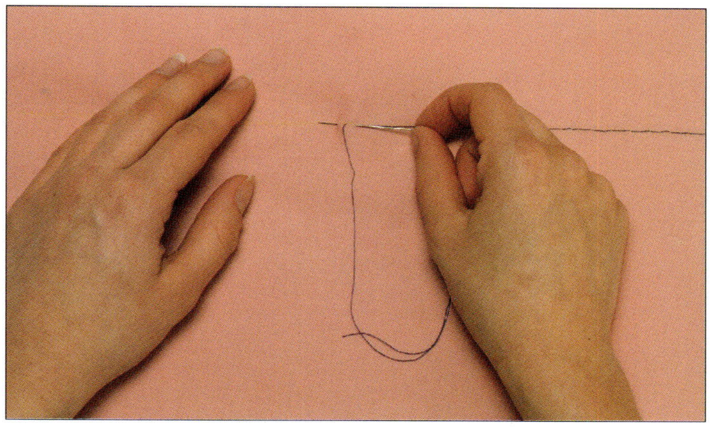

Steppstiche (Rückstiche)

Die Steppstiche sind ideal für stabile Nähte und zum Ausbessern. Führen Sie die Nadel von unten durch beide Stofflagen. Stechen Sie dann ein Stück hinter dieser Stelle wieder ein und im selben Abstand vor diesem Stich wieder nach oben. Ziehen Sie den Faden an. Nähen Sie so Stich an Stich weiter. Mehrere Stiche auf einer Stelle sichern Nahtanfang und -ende.

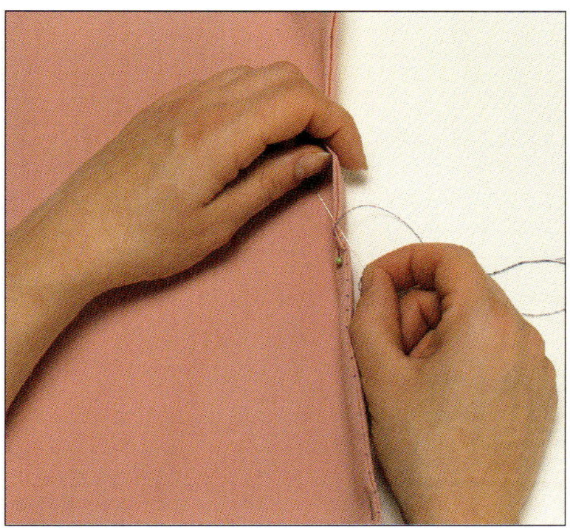

Staffierstiche

Sie verbinden meist gefaltete Stoffkanten „unsichtbar" miteinander. Machen Sie einen Knoten ins Fadenende, verstecken Sie ihn in der Faltkante und stechen Sie dort nach außen. Erfassen Sie mit der Nadel genau an der Kante gegenüber nur ein bis zwei Gewebefäden und stechen Sie dicht neben der ersten Stelle wieder ein. Schieben Sie die Nadel in der Kante etwas vor, bis der nächste Stich folgt.

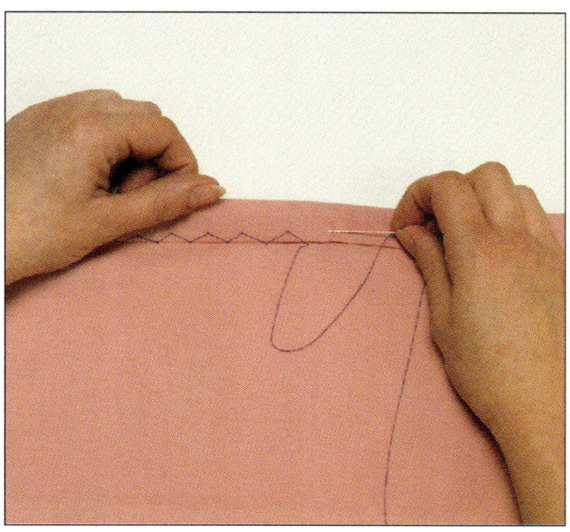

Hexenstiche

Diese Stiche, von links nach rechts genäht, dienen zum Säumen und Dekorieren. Stechen Sie schräg über die zu sichernde Stoffkante hinweg, mit einem Rückstich in den Saum, aber nicht durch die obere Stofflage. Stechen Sie dann schräg nach unten, um dort für einen kleinen Rückstich nur wenige Gewebefäden aufzunehmen. Wiederholen Sie alles. Vorn wird eine Reihe kleiner Stiche sichtbar.

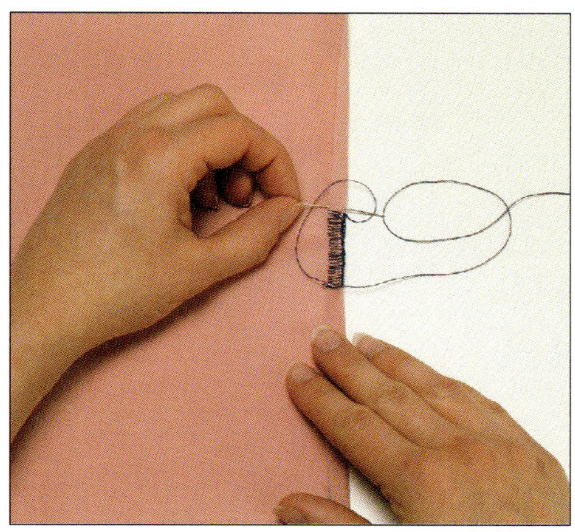

Knopflochstiche (Langettenstiche)

Sie geben Stoffkanten einen stabilen Abschluss, wie bei Knopflöchern oder Wolldecken. Stechen Sie die Nadel etwas vom Rand entfernt von unten durch den Stoff, die Spitze zeigt zum Stoff hin. Legen Sie die Fadenschlinge unter die Nadelspitze und ziehen Sie dann erst die Nadel ganz durch. Nach mehreren Wiederholungen (von links nach rechts) liegt eine Fadenrippe direkt auf der Stoffkante.

Saumstiche
Dieser wichtige Saumstich, von rechts nach links gearbeitet, eignet sich für die meisten Säume. Sichern Sie den Faden in der Einschlagkante, stechen Sie heraus. Erfassen Sie mit der Nadel wenige Fäden der linken Stoffseite, stechen Sie dann schräg in die Einschlagkante. Ziehen Sie den Faden an und wiederholen Sie diese Schritte. Weitere Saumstiche: Siehe S. 65.

Überwendlingsstiche
Mit Überwendlingsstichen versäubert man Schnittkanten, vor allem an den Nähten von leicht ausfransenden Stoffen. Sichern Sie den Faden mit einigen Steppstichen oder einem Knoten und nähen Sie mit gleichmäßigen Abständen über die (gefaltete) Kante.

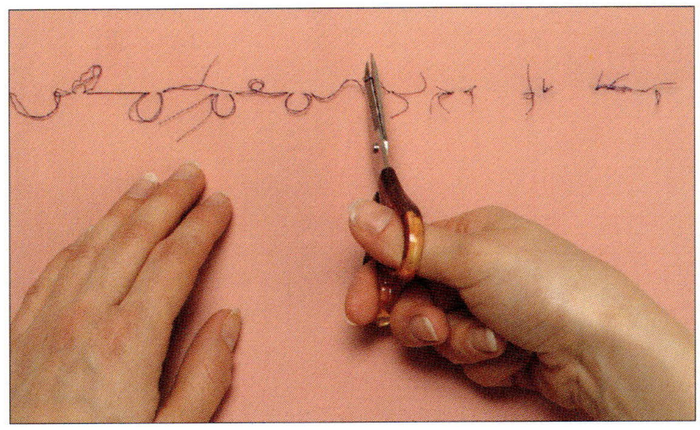

Durchschlagen
Es dient zum Markieren gleich zweier Stofflagen. Nähen Sie auf der Linie (Schnittmuster aufgesteckt) locker mit einem langen, doppelten Heftfaden durch alle Lagen, dann erneut durch diese Einstiche, wobei Sie eine große Fadenschlinge belassen. Wiederholen Sie das in regelmäßigen Abständen. Zerschneiden Sie die Fäden zwischen den Schlingen. Lösen Sie das Papier. Ziehen Sie die Stoffe auseinander, so weit es die Schlingen erlauben. Zerschneiden Sie die Fäden zwischen den Lagen.

Handgenähte Garn-Ösen

Ösen aus Garn eignen sich vor allem bei feinen Stoffen als Gürtelschlaufen. Zusammen mit Verschlusshäkchen ersetzen sie die üblichen Metallösen oder -riegel. Man kann sie auch anstatt eines Knopflochs nähen, wenn man sie an die Kante der Knopflochleiste setzt.

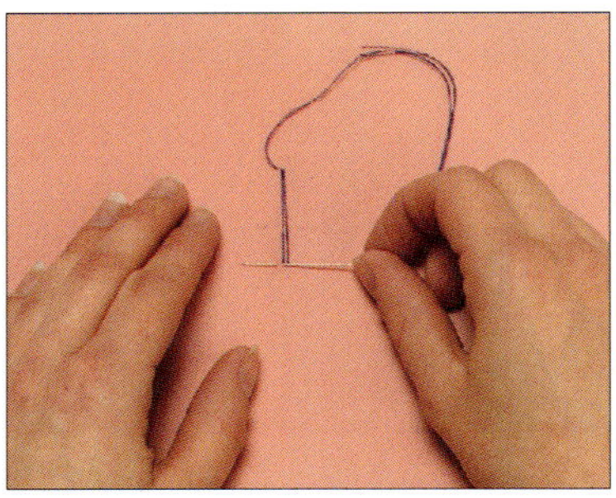

1 *Sichern Sie den Faden dort, wo die Öse beginnen soll (an einem Ende). Nähen Sie zwei bis drei parallele Stiche in der gewünschten Ösenlänge auf die rechte Stoffseite, sichern Sie den Faden erneut.*

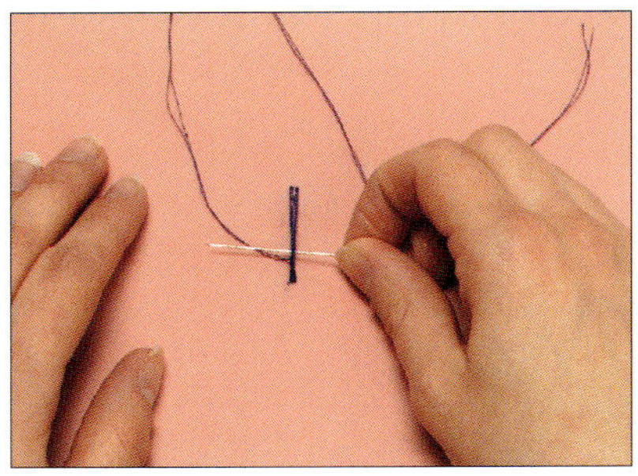

2 *Nähen Sie Knopflochstiche um die Fäden herum, ohne jedoch in den Stoff zu stechen (siehe S. 33), wobei der Nähfaden stets unter die Nadelspitze geführt wird. Schieben Sie die Schlaufen dicht aneinander, bis die ganze Öse umnäht ist.*

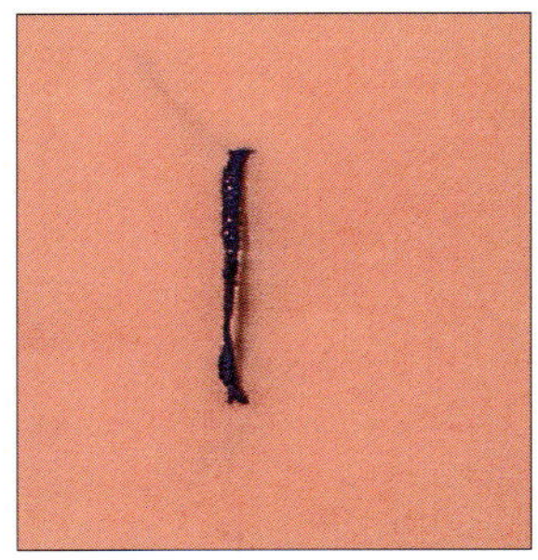

3 *Die fertige Garn-Öse liegt auf der rechten Stoffseite der Kleidung. Für eine dickere Öse nähen Sie zu Beginn noch weitere lange Stiche als „Kern".*

Handgenähte Riegel

Riegel dienen zur Verstärkung kleiner Stoffbereiche, die stark beansprucht werden, wie die Enden handgenähter Knopflöcher oder Nähte. Sie sind besonders zur Sicherung von Schlitzen am Halsausschnitt oder im Saum geeignet.

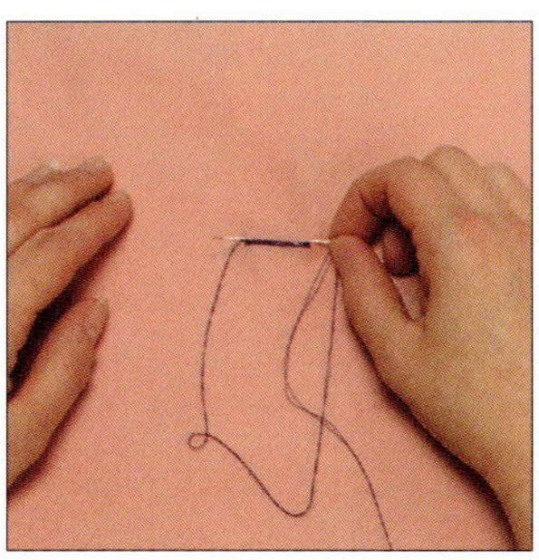

1 *Nähen Sie dort, wo der Riegel sitzen soll, zunächst zwei oder drei gleich lange Spannstiche in dieselben Einstichstellen.*

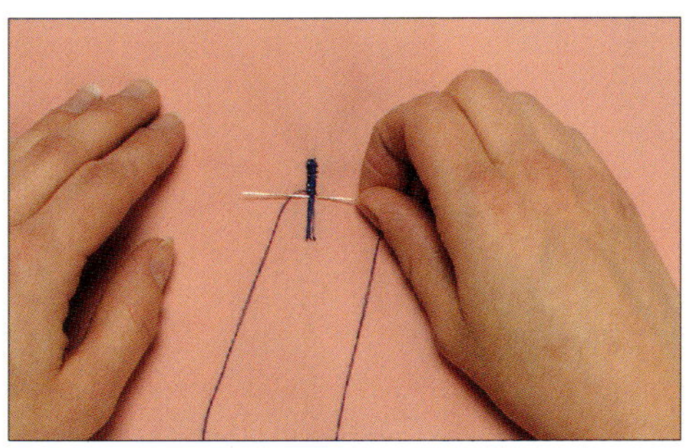

2 *Umstechen Sie diese Fäden sehr dicht mit Knopflochstichen (siehe S. 33), die den darunter liegenden Stoff erfassen müssen. Der Nähfaden wird vor dem Anziehen unter die Nadelspitze geführt.*

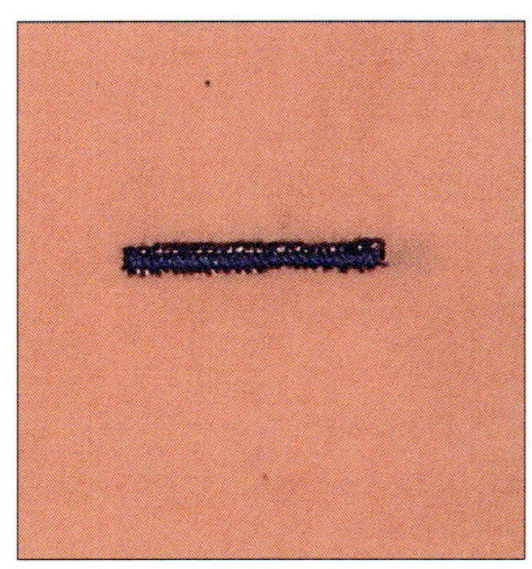

3 *Solch ein Riegel kann in jeder beliebigen Länge hergestellt werden.*

Handgenähte Fliege

Als Fliege bezeichnet man dekorative, dreieckig genähte Riegel, die schwache Stellen an Kleidungsstücken sichern und verstärken sollen.

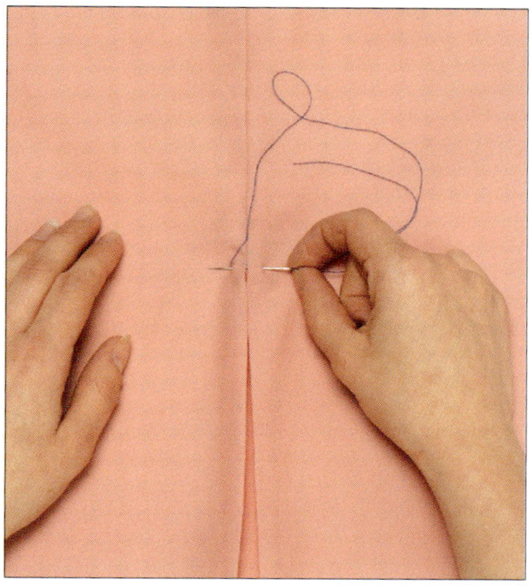

1 Der erste Stich kommt vorn aus dem Stoff heraus, links neben der zu sichernden Stelle. Nähen Sie einen kleinen Stich oben an der Spitze des gedachten Dreiecks. Stechen Sie nun unten rechts ein und auf gleicher Höhe knapp neben der anderen Stelle wieder heraus, im Inneren des Dreiecks.

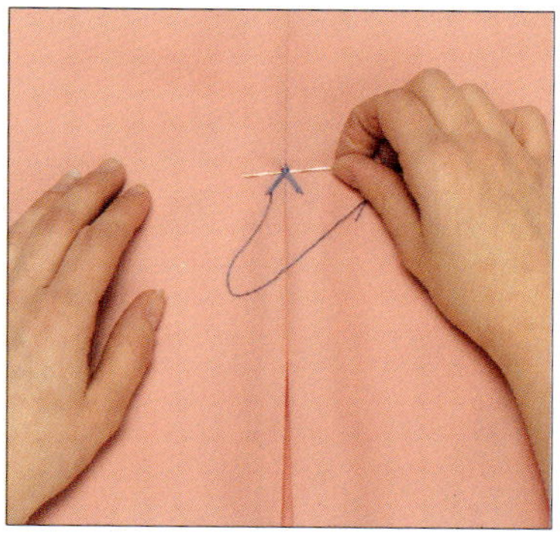

2 Führen Sie die Nadel wieder oben waagerecht durch den Stoff, genau unterhalb des vorigen Stiches und etwas außerhalb des Dreiecks. Nähen Sie jetzt abwechselnd unten und oben (innerhalb und außerhalb des Dreiecks), bis sich die „gespannten" Fäden in der Mitte treffen.

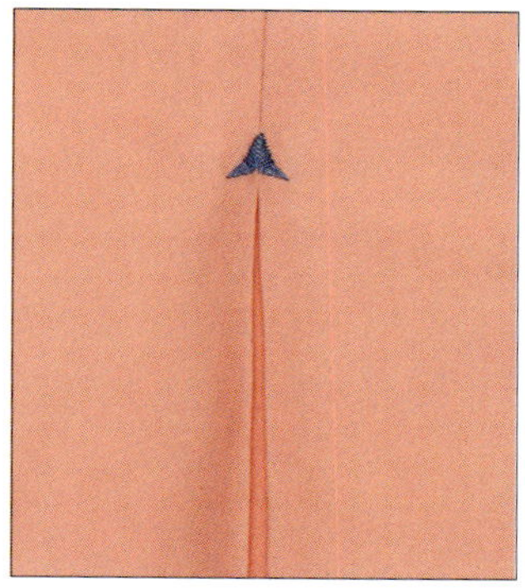

3 Solch eine Fliege ist eine ordentliche und zudem dekorative Verstärkung für eine Kellerfalte, eignet sich aber auch für andere Falten oder als Sicherung für die Enden von Taschen. Schön sieht sie aus, wenn sie aus Sticktwist genäht ist.

Die wichtigsten Maschinenstiche

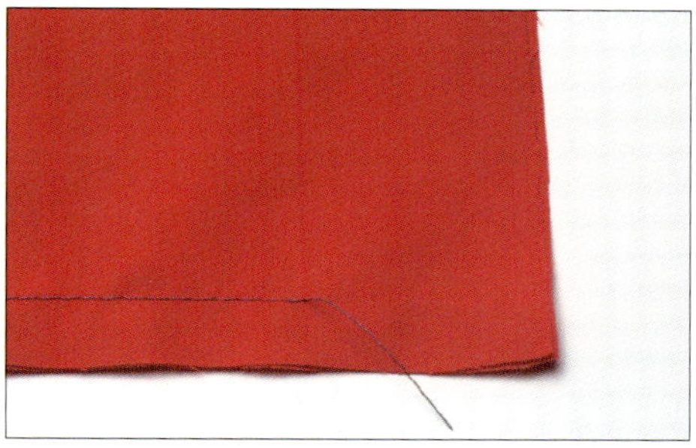

Steppstich (Geradstich)
Er ist der einfachste Stich zum Verbinden von Stoffteilen. Erproben Sie ihn an verschiedenen Stoffen, damit Sie mit Ihrer Maschine vertraut sind, bevor Sie mit einem Kleidungsstück beginnen. Orientieren Sie sich an der markierten Nahtlinie oder an den Führungslinien der Stichplatte.

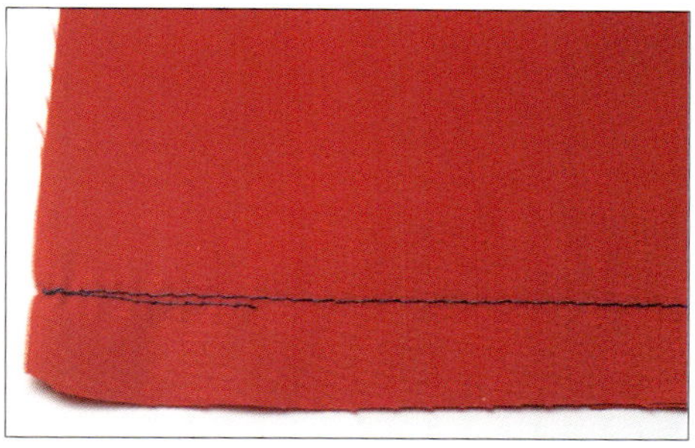

Rückstich
Mit Rückstichen sichert man Nahtanfänge und -enden. Setzen Sie die Nadel 1,5 cm vor den Anfang in den Stoff, wählen Sie den Rückstich Ihrer Maschine und nähen Sie zum Nahtanfang zurück, bevor Sie die ganze Naht vorwärts steppen. Auch das Nahtende sichern Sie mit Rückstichen.

Maschinelles Heften
So heften Sie Stoffteile zur Probe zusammen, um den Kleidungssitz zu prüfen: Steppen Sie mit lockerer Oberfadenspannung und größter Stichlänge, ohne mit Rückstichen zu sichern. Zum Lösen zerschneiden Sie den Oberfaden alle paar Stiche und ziehen den Unterfaden heraus.

Stütznaht
Eine Stütznaht aus Steppstichen stabilisiert Stellen, die einer Dehnung ausgesetzt sind (Halsausschnitte, Schulterpartien). Sie sollte nah an der künftigen Nahtlinie genäht werden, bevor das Stoffteil weiterverarbeitet wird. Auch Schnittkanten an Nahtzugaben können so gesichert werden.

Zickzackstich
Fast alle Nähmaschinen verfügen über den Zickzackstich, der zum Beispiel Stoffkanten gegen Ausfransen versäubert. Er ist ideal, um Stretchstoffe zu nähen. Sehr dicht gestellt wirkt er wie ein Satinstich. Wählen Sie die gewünschte Stichlänge und -breite; nähen Sie wie gewohnt.

Kräuselnähte
Die Maschine hilft, Stoff gleichmäßig zu kräuseln: Steppen Sie beidseitig neben der eigentlichen Nahtlinie zwei Hilfsnähte mit größter Stichlänge und lockerer Oberfadenspannung. Ziehen Sie zum Kräuseln die Unterfäden straff. Nähen Sie zwischen den Hilfsnähten, lösen Sie die Fäden.

Nähte

Nähte sind Stichreihen, die Stoffteile zusammenhalten. Obwohl meistens mit der Maschine genäht, können sie auch von Hand ausgeführt werden. Steppstiche sind für Handnähte am besten geeignet. Die Art der Naht und wie die Schnittkanten versäubert werden, hängt vom Stoff und von Ihrem Nähprojekt ab. Zwischen der Naht und der Schnittkante des Stoffes liegt die Nahtzugabe, die bei fertigen Schnittmustern meist zugegeben werden muss.

Flachnaht

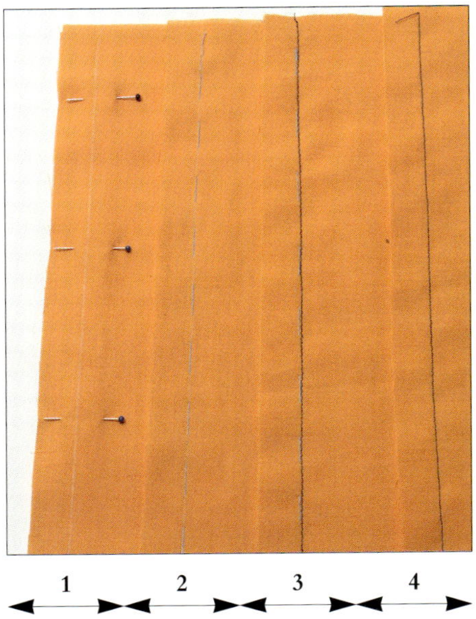

Diese elementare Naht, mit dem Steppstich der Maschine genäht, wird beim Schneidern am meisten gebraucht: von Kleidung über Heimtextilien bis zu Patchwork. Markieren Sie die Nahtlinie auf der linken Stoffseite und stecken Sie beide Teile rechts auf rechts zusammen (1). Heften Sie neben der Nahtlinie und entfernen Sie die Stecknadeln (2). Steppen Sie nah an der Heftlinie entlang (3). Ziehen Sie den Heftfaden heraus (4). Bügeln Sie, wie jeweils angegeben, die Nahtzugaben auseinander oder zu einer Seite hin.

Doppelte Naht

Die doppelte Naht kombiniert das Verbinden zweier Stoffteile mit der Kantenversäuberung, vor allem bei dünnen und leichten Stoffen. Es liegen zwei Stepplinien dicht nebeneinander. Die zweite Naht ist häufig mit Zickzackstich genäht, etwa bei Jerseystoff. Steppen Sie zuerst auf der markierten Nahtlinie entlang, dann etwa 3 mm daneben auf der Nahtzugabe. Schneiden Sie überschüssigen Stoff bis kurz vor diese Stepplinie zurück. Bügeln Sie schließlich die Nahtzugabe zu einer Seite hin.

Richtungswechsel

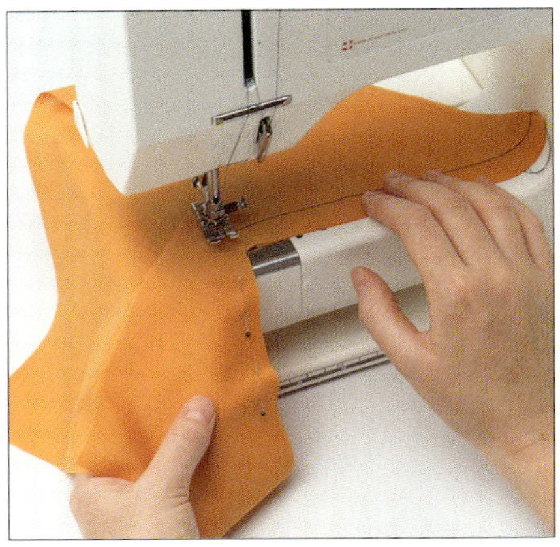

Um eine Ecke mit beliebigem Richtungswechsel zu nähen, stoppen Sie bei Erreichen der Ecke und lassen Sie die Nadel im Stoff stecken. Heben Sie den Nähfuß, um den Stoff in die richtige Richtung zu wenden, und nähen Sie wie gewohnt weiter.

Aufeinander treffende Nähte

1 Sollen sich zwei Nähte exakt rechtwinkelig treffen, nähen Sie beide Teile zuerst mit Flachnähten und bügeln die Nahtzugaben auseinander. Markieren Sie nun die Nahtlinie nur auf einem dieser Teile. Legen Sie sie passgenau rechts auf rechts zusammen, stecken Sie in den Treffpunkt der beiden Nähte eine Nadel.

2 Stecken Sie die Teile an der Kante zusammen und heften Sie diese bei Bedarf. Steppen Sie sie dann mit einer Flachnaht zusammen. Damit die Kreuzungsstelle nicht zu dick wird, schneiden Sie die dort endenden Nahtzugaben beidseitig etwas zurück, so dass kleine Dreiecke entstehen.

3 Bügeln Sie die Nahtzugaben wieder auseinander, wie links zu sehen ist. Die fertigen Nähte sollten auf der rechten Stoffseite ein rechtwinkeliges Kreuz mit exaktem Treffpunkt bilden (im Foto rechts). Diese Technik ist besonders gut für Patchworkarbeiten geeignet.

Französische Naht

Eine französische Naht ist sehr schmal und eignet sich vor allem für feine Stoffe und solche, die leicht ausfransen.

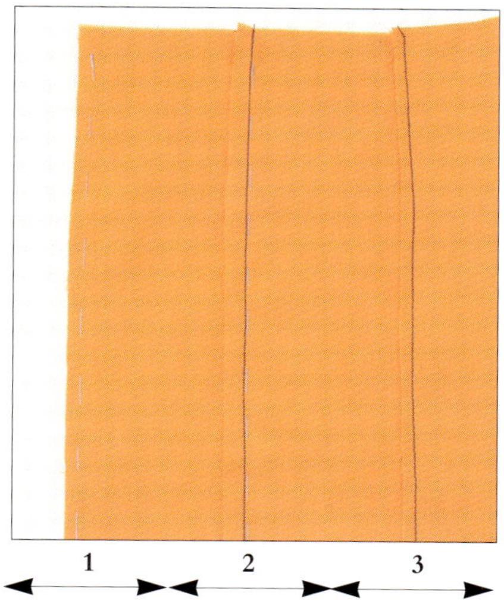

1 Stecken und heften Sie die Stoffteile links auf links zusammen (1). Steppen Sie eine Flachnaht (2). Schneiden Sie die Nahtzugaben auf eine Breite von 3 mm zurück (3). Bügeln Sie die Naht auseinander.

Techniken	Seite
Markierungen übertragen	*27*
Schnittmuster	*24*
Stiche	*32*

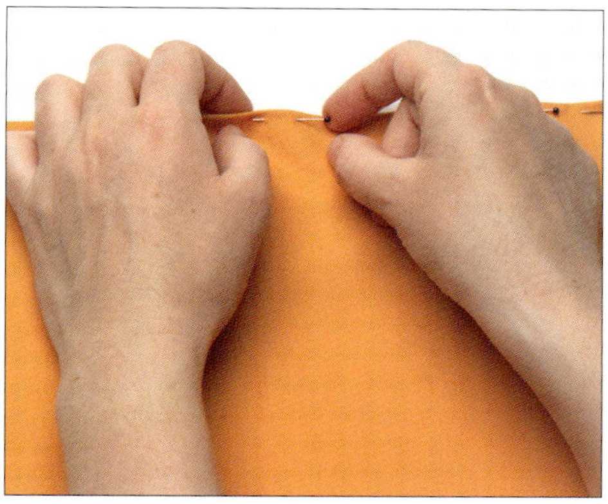

2 Legen Sie den Stoff an der Naht nun rechts auf rechts, bügeln Sie die Kante. Stecken und heften Sie entlang der zweiten Nahtlinie durch den doppelt liegenden Stoff. Die Schnittkanten sind eingefasst.

3 Steppen Sie an der Heftnaht entlang, bügeln Sie die Nahtzugabe zur Seite. Auf der linken Stoffseite sind nun die Schnittkanten eingefasst (links im Foto), auf der rechten sieht die französische Naht wie eine Flachnaht aus (im Foto rechts).

Flache Kappnaht

Wie die französische Naht fasst die Kappnaht Schnittkanten ein, dient aber auch als dekorative Stepplinie (Ziernaht). Sie wird häufig bei strapazierfähiger Kleidung verwendet, wie auch bei Sportbekleidung.

1 Legen Sie die Stoffe links auf links, stecken und heften Sie diese. Steppen Sie eine Flachnaht, bügeln Sie die Nahtzugaben auseinander, dann zu einer Seite. Schneiden Sie die unten liegende Zugabe auf die halbe Breite zurück.

2 Breiten Sie den Stoff flach aus. Klappen Sie die breitere Nahtzugabe ganz um die schmale Zugabe herum und sichern Sie alles mit Stecknadeln. Steppen Sie knappkantig über den Stoffbruch, wobei Sie kurz vorher die Nadeln herausziehen.

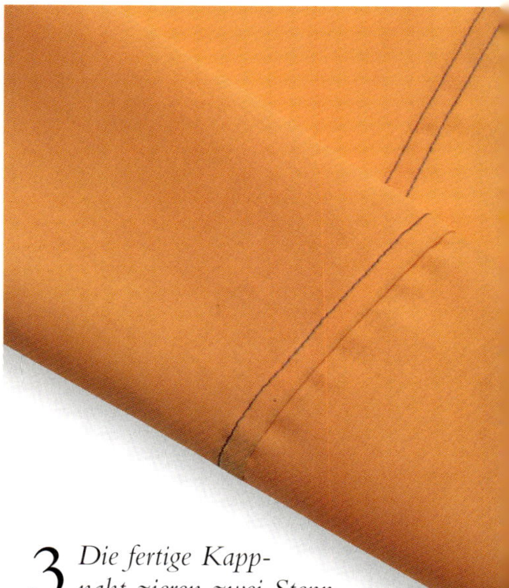

3 Die fertige Kappnaht zieren zwei Stepplinien auf der rechten Stoffseite (im Foto oben). Auf der linken Stoffseite (im Foto unten) sieht sie dagegen wie eine Flachnaht aus, mit einer zusätzlichen Stepplinie daneben. Beide Stoffseiten sehen durchaus dekorativ aus.

Abgesteppte Nähte

Hierbei wird mit dem Steppstich der Maschine (siehe S. 35) neben der fertigen Verbindungsnaht genäht. Einfach oder doppelt abgesteppte Nähte sind nicht nur dekorativ, sondern sichern auch die Schnittkanten der Nahtzugaben gegen das Ausfransen.

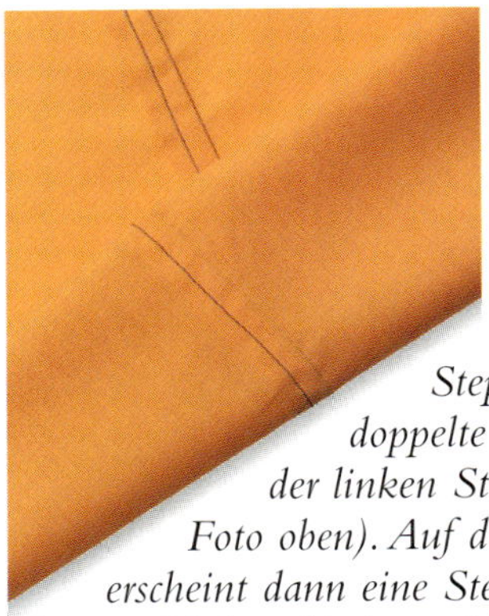

Einfach abgesteppte Naht
Steppen Sie zuerst eine Flachnaht, bügeln Sie die Nahtzugaben zu einer Seite. Steppen Sie dann die doppelte Nahtzugabe von der linken Stoffseite fest (im Foto oben). Auf der rechten Stoffseite erscheint dann eine Stepplinie neben der fertigen Nahtverbindung (im Foto unten).

Doppelt abgesteppte Naht
Bügeln Sie die Nahtzugaben einer Flachnaht auseinander. Nähen Sie dann jeweils rechts und links in gleichem Abstand von der Naht zwei gerade Stepplinien über die Zugaben; diese müssen nicht weiter versäubert werden. Das Foto zeigt die Naht von der linken (oben) und von der rechten Stoffseite (unten).

Nähte versäubern

Das Versäubern von Nähten, also das Sichern der Stoffkanten an den Nahtzugaben, verleiht Ihrer Arbeit nicht nur ein professionelles Aussehen, sondern vermindert das Ausfransen und den Verschleiß.

Einfaches maschinelles Versäubern
Oben: *Die Schnittkanten der auseinander gebügelten Nahtzugaben werden einzeln mit Zickzackstich gesichert, der direkt an der Kante genäht wird. Die Methode eignet sich für alle Stoffe, die leicht ausfransen.*
Mitte: *Bügeln Sie die Nahtzugaben zu einer Seite, nähen Sie eine zweite Stepplinie darüber, dicht neben der ersten Nahtlinie. Dieses Verfahren ist vor allem für Nähte sinnvoll, die strapazierfähig sein müssen.*
Unten: *Bügeln Sie die Nahtzugaben zu einer Seite und schneiden Sie sie mit einer Zackenschere zurück. Diese schnelle Methode eignet sich für fast alle Nähte.*

Aufwendigeres maschinelles Versäubern
Oben: *Fassen Sie beide Schnittkanten mit schmalen Schrägstreifen ein, indem Sie sie feststecken und knappkantig festnähen. Diese Methode eignet sich für alle leicht fransenden, nicht zu dünnen Stoffe.*
Mitte: *Schlagen Sie die Schnittkanten der Nahtzugaben nach unten ein und nähen Sie sie mit Zickzackstich fest. Geeignet für dünne und leicht ausfransende Stoffe.*
Unten: *Schlagen Sie die Schnittkanten nach unten ein und säumen Sie sie diesmal mit geradem Steppstich. Ungeeignet für sehr schwere Stoffe, die Naht wird recht dick.*

Versäubern von Hand
Oben: *Versäubern Sie alle Schnittkanten der Nahtzugaben mit gleichmäßig genähten Überwendlingsstichen. Dieser Abschluss ist vor allem für dicke Stoffe ideal.*
Unten: *Schlagen Sie die Schnittkanten zweimal nach unten um und säumen Sie sie von Hand ein (siehe S. 64–65). Wie bei den maschinell gesäumten Nahtzugaben links ist diese Methode für leichte und feine Stoffe geeignet, aber nicht für schwere.*

Elastische Nähte

Strickstoffe wie Jersey benötigen andere Nähte als Webstoffe. Verwenden Sie immer Jerseynadeln.
Links: *Eine einfache Zickzacknaht mit kurzer Stichlänge und -breite. Diese Naht kann sich dehnen, sieht aber wie eine normal gesteppte Flachnaht aus.*
Mitte: *Ein spezieller Overlockstich, wie ihn viele Maschinen bieten. Er wird an den Schnittkanten entlanggenäht und eignet sich vor allem für Nähte, die nicht zu stark strapaziert werden.*
Rechts: *Hier sind die linken beiden Nähte kombiniert, damit eine stabile und gleichzeitig nicht fransende Naht entsteht.*

Nahtzugaben an Ecken beschneiden

Rechter Winkel
Schneiden Sie mit einer scharfen spitzen Schere im 45°-Winkel die Nahtzugabe bis kurz vor die Nahtecke ein, ohne dabei die Stepplinie zu beschädigen.

Stumpfer Winkel
Mit einer scharfen Stoffschere schneiden Sie die Ecke der Nahtzugabe bis kurz vor der Naht ab, dabei darf der Nähfaden nicht zerschnitten werden.

Spitzer Winkel
Schneiden Sie mit einer scharfen spitzen Schere die Nahtzugabe in der Ecke ein – bis kurz vor, aber nicht in die Naht.

Geschwungene Nähte beschneiden

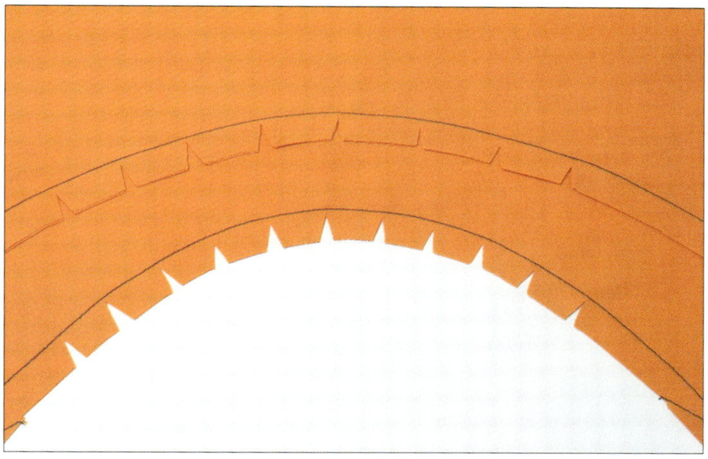

Innenkurven
Die Nahtzugaben (bei flachen und starken) Innenkurven dürfen sich nicht spannen, deshalb schneiden (knipsen) Sie sie mit einer scharfen spitzen Schere rechtwinkelig bis kurz vor der Naht ein, ohne den Nähfaden zu beschädigen. Nach dem Wenden kann die Naht flach liegen, weil sich die Zugaben dehnen können.

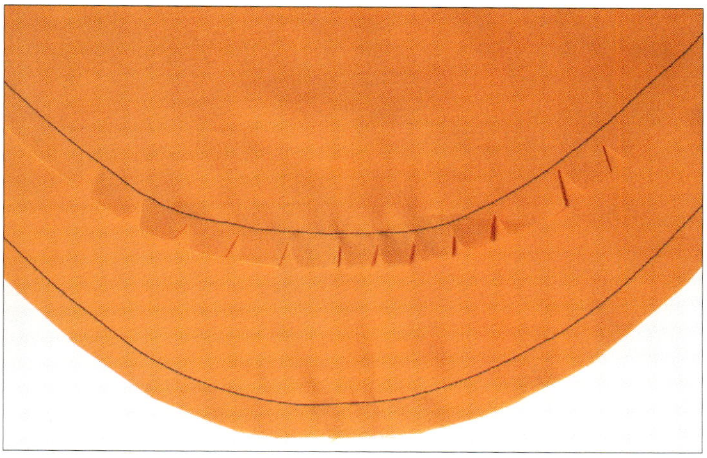

Außenkurven
Damit sich bei Außenkurven die Nahtzugaben nach dem Wenden des genähten Stoffes nicht wellen, schneiden Sie in diese vorher mit einer scharfen spitzen Schere kleine Kerben hinein. So wird Stoff bis kurz vor der Naht weggenommen, ohne dass diese beschädigt wird. Nach dem Wenden liegt die Naht flach.

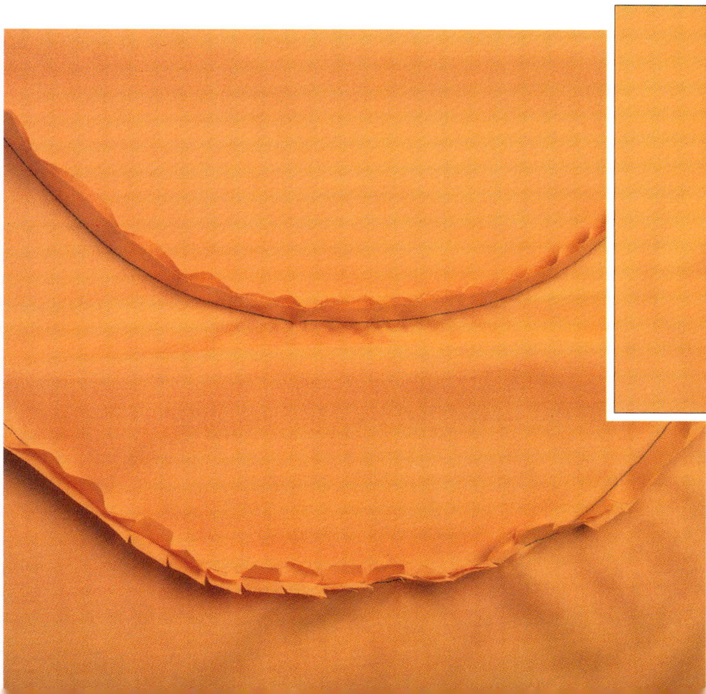

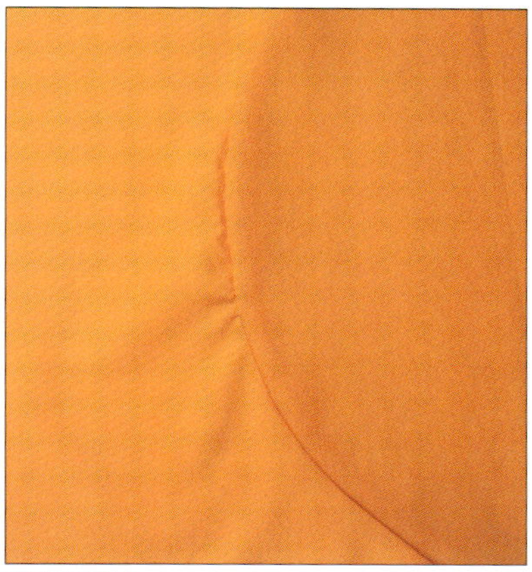

Kombinierte Kurven
Für die Kombination einer Innen- mit einer Außenkurve knipsen Sie die Nahtzugaben einfach rechtwinkelig wie bei Innenkurven ein. Bügeln Sie sie in Richtung Außenkurve, damit die Naht flach liegt.
Im Foto ganz links: *Unbeschnittene und beschnittene Nahtzugaben.*
Rechts: *Von der rechten Stoffseite sieht die Naht ordentlich aus und passt sich der Stoffspannung in der Rundung an.*

Bügeln und Ecken nähen

„Gut gebügelt ist halb genäht", so eine alte Schneiderregel, die auch heute noch gilt, denn richtiges Bügeln ist genauso wichtig wie korrektes Nähen. (Saumeinschläge, Biesen und Falten werden zum Beispiel vor dem Nähen gebügelt.) Gebügelt werden kann, je nach Stoff, mit oder ohne Dampf. Das Bügeln beim Nähen unterscheidet sich jedoch vom Bügeln der Wäsche, denn gebügelt wird hier mit sanftem Druck der Bügeleisenspitze nur an bestimmten Stellen. Bügeln Sie nie über Reißverschlüsse, Taschen oder dicke Nähte, damit nichts auf den Stoff durchdrücken kann. Richtiges Bügeln ist auch für exakte Briefecken entscheidend, die im 45°-Winkel genäht werden, um aparte rechtwinklige Saumecken zu erhalten.

Bügeltabelle

Temperatur	*Stoff*
niedrig	Synthetikstoffe, transparente Stoffe
niedrig bis mittel	Synthetikstoffe, Mischgewebe, Seide, Stoffe mit Flor
mittel	Mischgewebe, Wolle
mittel bis hoch	Baumwolle
hoch	Leinen

Nützliche Tipps

Bügeln mit Papier
Um Nähte ohne unerwünschte Abdrücke auf der rechten Stoffseite auszubügeln, legen Sie vorher Packpapierstreifen beidseitig unter die Nahtzugaben. Solche Papierstreifen sind auch hilfreich, um beispielsweise Falten vor dem Nähen in den Stoff einzubügeln.

Bügeltuch
Mit einem Bügeltuch kann der bei einigen Stoffen auftretende Bügelglanz verhindert werden. Ideal ist ein sauberes Baumwoll- oder Leinentuch. Legen Sie es auf Ihren Stoff und bügeln Sie ihn wie gewohnt. Falls Sie nicht mit Dampf bügeln, befeuchten Sie das Tuch vorher.

Bügeln

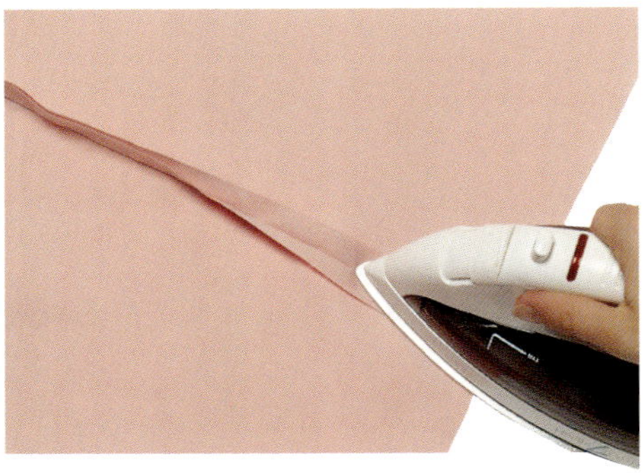

Flachnähte
Entfernen Sie alle Stecknadeln und Heftfäden, damit sie sich nicht im Stoff abdrücken. Öffnen Sie die Nahtzugaben auf der linken Stoffseite mit der Bügeleisenspitze; führen Sie diese sanft, aber bestimmt über die gesamte Naht.

Eingeschnittene Nahtzugaben
Für eingeschnittene Nahtzugaben an kurvigen Nähten legen Sie das Stück flach auf das Bügelbrett, um mit der Bügeleisenspitze die obere Zugabe abschnittweise in Richtung Stoff zu bügeln.

Säume
Säume werden von der Bruchkante zur Saumnaht hin gebügelt; mit Dampf wird, vor allem bei geschwungenen Säumen, die Weite etwas reduziert. Bügeln Sie mit der Spitze zunächst über die Heftfäden, entfernen Sie diese und bügeln Sie erneut, damit die Fadenabdrücke verschwinden.

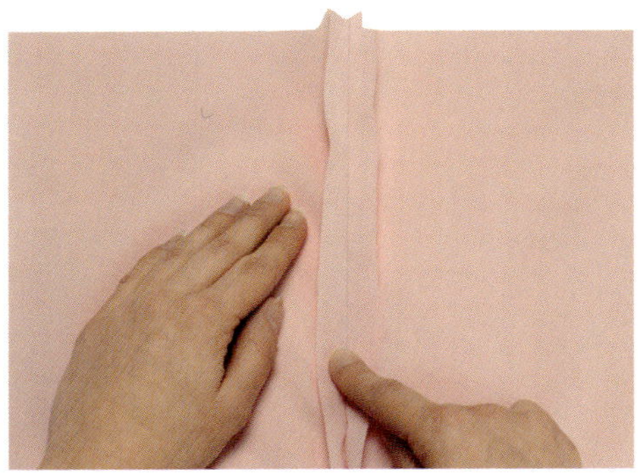

Mit dem Finger ausstreichen
Bei dichten Geweben oder bei Florstoffen können die Nähte auch von Hand ausgestrichen werden: Auf einer harten Unterlage führen Sie die Fingerspitze fest über die Naht. Diese Methode, in der Patchworktechnik üblich, eignet sich nicht für ausfransende oder gestrickte Stoffe.

Saum mit Briefecke

1 *Schlagen Sie die beiden Kanten an der Nahtlinie ein, bügeln Sie sie und öffnen Sie diese wieder. Schlagen Sie die Ecke als rechtwinkeliges Dreieck um, die beiden gebügelten Kanten stoßen genau an die Schräge, die Sie ebenfalls bügeln.*

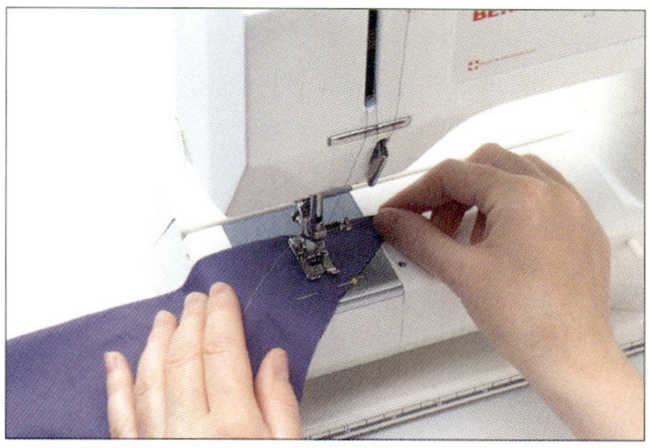

2 *Öffnen Sie die Ecke wieder. Falten Sie den Stoff diagonal (rechts auf rechts): Die Schnittkanten und die eingebügelten Linien liegen aufeinander. Stecken und nähen Sie den Saum entlang der Schräge zusammen, bis kurz vor die Kante.*

3 *Schneiden Sie das dreieckige Reststück der Saumzugabe ab, bügeln Sie dann die Nahtzugaben auseinander. Verfahren Sie so an allen Ecken Ihres Werkstückes.*

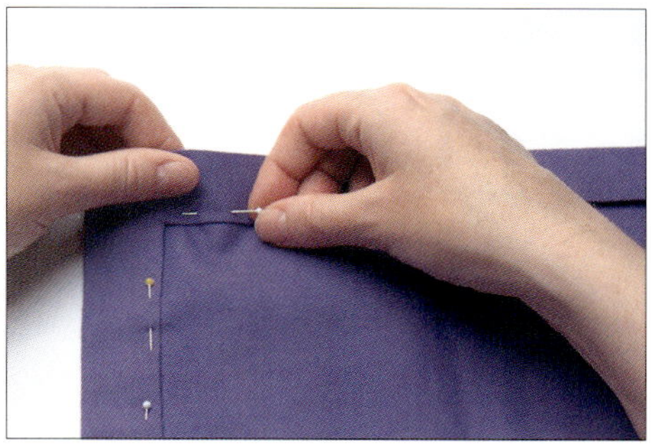

4 *Wenden Sie die Säume und die Ecken (Nahtzugabe innen) auf die linke Stoffseite. Schlagen Sie rundherum die offenen Saumkanten etwas ein; stecken und nähen Sie diese Einschläge fest.*

5 *Die fertige Ecke bildet einen sauberen Abschluss auf der rechten Stoffseite (im Foto rechts). Auf der Unterseite erscheint die Ecknaht (im Foto links), die man auch dekorativ nutzen kann.*

Besatzstreifen mit Briefecke

1 *Mit dieser Methode lassen sich gerade oder schräg geschnittene Besatzstreifen sauber an Ecken verarbeiten. Steppen Sie zuerst einen Stoffstreifen an jede Stoffkante, rechts auf rechts (siehe S. 45), wobei Sie sie nur bis zum Treffpunkt an der Ecke festnähen. Klappen Sie die Streifenenden hoch, stecken Sie sie fest und markieren Sie die Diagonale auf beiden Enden. Wiederholen Sie diesen Schritt bei allen Ecken.*

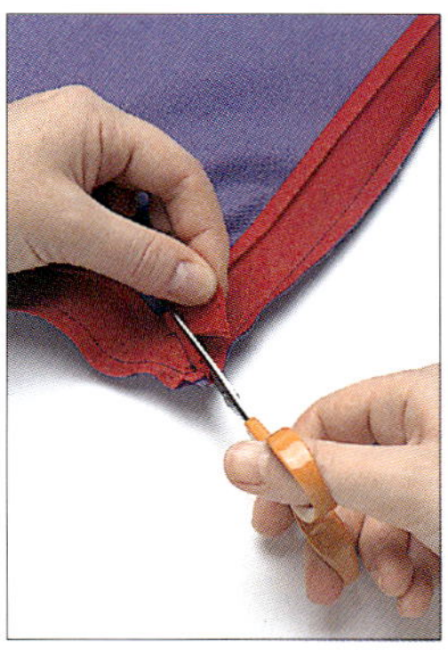

2 *Stecken und nähen Sie die Streifen an der Diagonalen zusammen: vom Treffpunkt an der Spitze bis kurz vor die Schnittkanten. Schneiden Sie die Nahtzugaben zurück, damit die Ecke nicht zu dick wird. Auf diese Weise verarbeiten Sie alle Ecken.*

3 *Wenden Sie die Besatzstreifen zur rechten Stoffseite, die Nahtzugaben liegen innen. Schlagen Sie die eventuell vorher eingebügelten Saumkanten ein; stecken und steppen Sie sie fest, wie in Schritt 4 oben gezeigt (Saum mit Briefecke). Die hier fertig gestellte Ecke ist ordentlich und spitz zulaufend.*

Verzierungen

Briefecken eignen sich auch für Verzierungen. Die Spitze zum Beispiel, schon mit einer Ecke versehen, nähen Sie rechts auf rechts an, klappen die Nahtzugaben nach links und steppen sie von rechts fest. Das farbige Band nähen Sie wie links beschrieben an, diesmal auf der rechten Seite sichtbar, und steppen es von rechts zusätzlich ab.

Kräuseln und Falten

Durch Kräuseln und Faltenlegen kann viel Stoffweite in eine Naht gelegt werden. Mit dieser Technik werden Kleidung, vor allem Röcke und Ärmel, aber auch Heimtextilien wie Sofabezüge oder Tischtuchränder verarbeitet. Zum Kräuseln wird ein von Hand oder maschinell eingenähter Faden angezogen. Mit mehreren Schnur- oder Gummibandreihen wird ein besonderer, an Smoknäherei erinnernder Effekt erzielt. Falten mit ihren senkrechten geraden Bruchkanten im Stoff sind oben befestigt und springen nach unten sauber auf. Dünne Stoffe kann man doppelt legen, um Zweifachrüschen herzustellen; solche Stoffe fallen weich, gekräuselt oder mit Falten. Dicke Stoffe bilden härtere Falten.

Kräuseln

1 Markieren Sie den Stoff, der gekräuselt werden soll, und schneiden Sie ihn zu. Mit größter Stichlänge und lockerer Oberfadenspannung steppen Sie zweimal an der betreffenden Kante entlang: jeweils links und rechts neben der späteren Nahtlinie. Nähen Sie ohne Rückstiche und lassen Sie die Fäden an beiden Enden hängen.

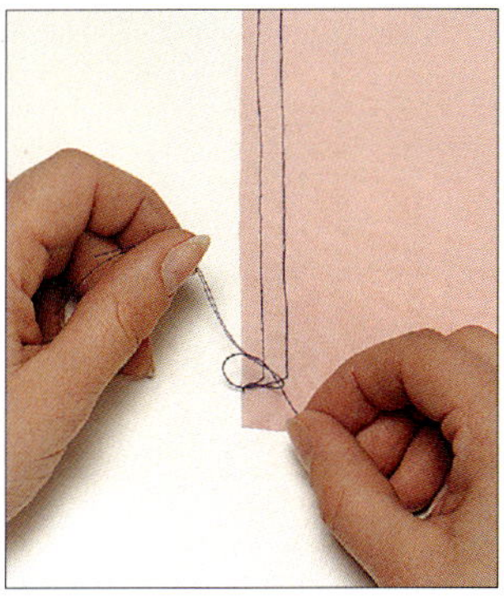

2 Knoten Sie an einem Ende jeweils die beiden Unterfäden zusammen und getrennt davon die beiden Oberfäden.

3 An der Seite mit den unverknoteten Fäden ziehen Sie gleichzeitig an beiden Unterfäden, während Sie mit der anderen Hand den Stoff einkräuseln. Verteilen Sie alles gleichmäßig, bis die gewünschte Länge erreicht ist. Sichern Sie auch hier die beiden Unterfäden mit Knoten.

4 Stellen Sie die Maschine auf die normale Stichlänge und Oberfadenspannung ein, um die Schnittteile zusammenzufügen. Meist wird Gekräuseltes auf ungekräuselten Stoff gesteckt, geheftet und genäht. Steppen Sie dabei auf der Nahtlinie zwischen den beiden Kräuselnähten entlang, mit gleichmäßiger Nahtzugabe, und entfernen Sie alle Heft- und Kräuselfäden.

Smok-Kräuseln

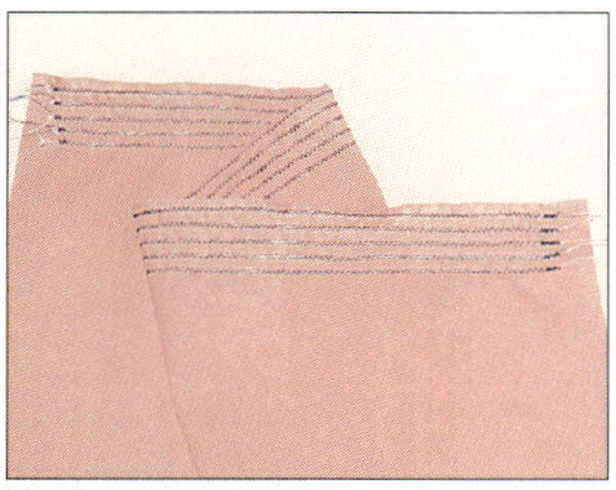

1 Markieren Sie die Kräusellinien auf dem Stoff. Schneiden Sie feine Schnüre zu, etwa 15 cm länger als die Stoffbreite. Legen Sie eine Schnur auf eine der Linien, beide Enden hängen über den Stoff hinaus. Übernähen Sie sie mit einem weit eingestellten Zickzackstich, mit Rückstichen an beiden Enden, wobei die Schnur nicht durchstochen werden darf. Befestigen Sie so auch die anderen Schnüre. Sichern Sie diese an einer Seite einzeln mit Knoten.

2 Ziehen Sie die unverknoteten Schnüre stramm und schieben Sie den Stoff in der anderen Richtung so weit zusammen, bis die smokartige Kräuselung die richtige Länge hat und gleichmäßig ist. Verknoten Sie nun die anderen Schnurenden, bevor Sie weiterarbeiten.

Einseitige Falten

1 *Bei einseitigen Falten weisen alle oberen Bruchkanten in dieselbe Richtung. Zeichnen Sie mit Lineal und Stoffmarker auf der linken Stoffseite die Brüche, die Anstoßlinien (an denen die Brüche aufliegen) und eventuell die inneren Brüche an. Es ist übersichtlicher, wenn Brüche und Anstoßlinien verschiedenfarbig gekennzeichnet sind.*

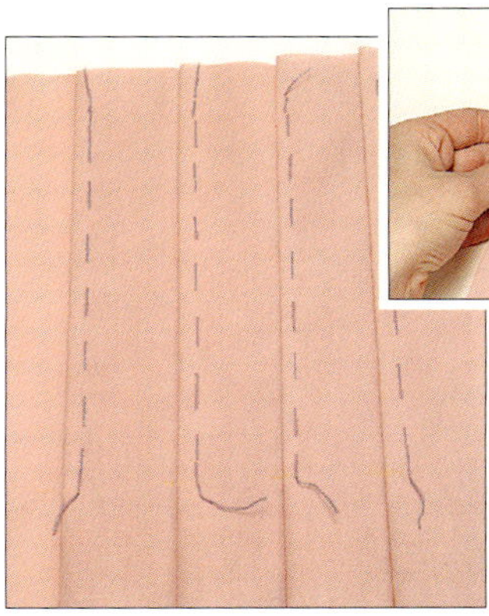

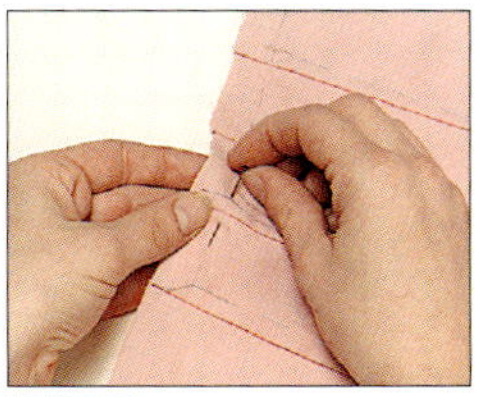

2 *Anhand des Schnittmusters arrangieren Sie die Falten entlang den Markierungen. Stecken und heften Sie sie von oben nach unten. Sichern Sie auch den waagerechten Rand oben. Hinweis: Sie können alle Brüche knappkantig absteppen, um die Falten zu stabilisieren.*

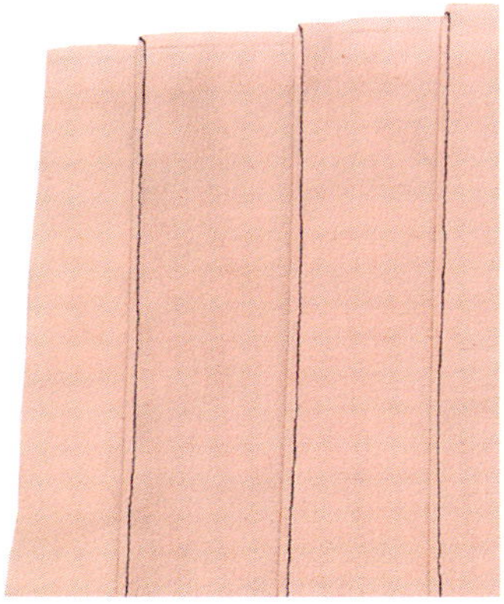

3 *Nähen Sie die (knappkantig abgesteppten) Brüche im oberen Bereich an die Anstoßlinie, je nach Schnittmuster, denn Falten können oben über eine mehr oder weniger weite Strecke geschlossen sein. Die (nicht abgesteppten) Brüche werden scharf, wenn man die Heftfäden erst nach dem Bügeln herauszieht; sonst sind sie weicher. Bei scharfen Falten wird unten zuerst gesäumt, dann gebügelt.*

Kellerfalten

1 *Bei Kellerfalten sind je zwei Brüche auf der Vorderseite gegeneinander gerichtet, bei Quetschfalten (siehe rechts) zeigen sie hingegen nach außen. Markieren Sie die Brüche und Anstoßlinien, wie oben bei den einseitigen Falten erklärt.*

2 *Legen Sie je zwei Falten probeweise, so dass sie in der Mitte zusammenstoßen; stecken Sie sie von rechts fest. Damit die Brüche oben zusammengenäht werden können, stecken Sie sie, nun von links, aneinander; dabei entfernen Sie die ersten Nadeln.*

3 *Steppen Sie die markierten Brüche von links zusammen, mit Rückstichen am Ende.*

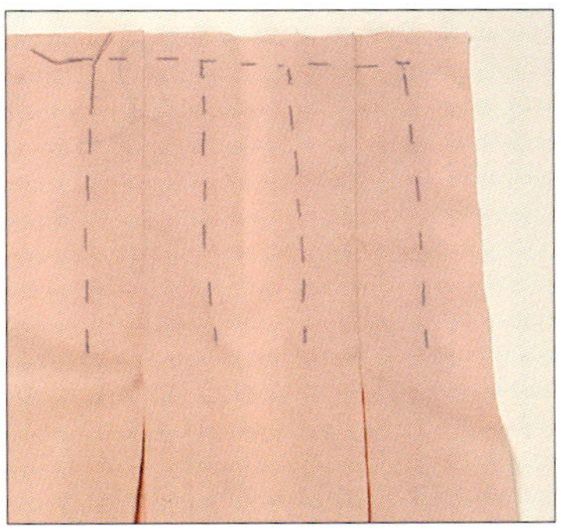

4 *Bügeln Sie die Falten flach, die Brüche liegen mittig an der Anstoßlinie. Heften Sie die Falten entlang den unteren Brüchen und am oberen Rand fest.*

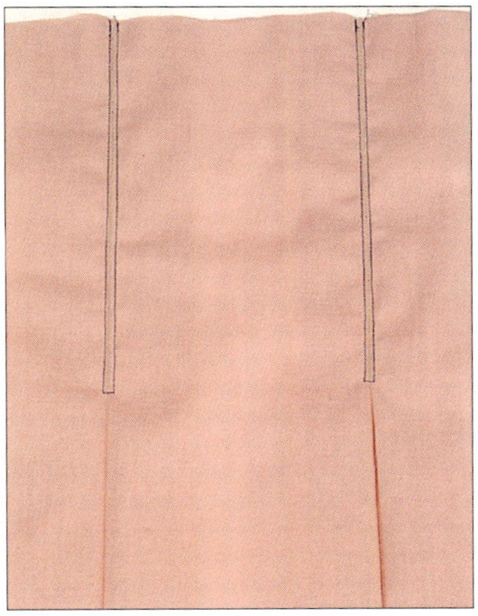

5 *Zum Abschluss steppen Sie, falls gewünscht, die Naht doppelt ab (siehe S. 38): von oben nach unten bis zum Ende der Verbindungsnaht. Entfernen Sie danach die Heftfäden und bügeln Sie die Kellerfalten.*

Quetschfalten

Im Gegensatz zur Kellerfalte zeigen bei Quetschfalten die oberen Brüche in entgegengesetzte Richtungen. Dazu steppt man jeweils den rechten und linken Bruch (rechts auf rechts) auf die Anstoßlinien. Hier kann zusätzlich knapp abgesteppt werden (im Foto rechts).

Einfassungen

Die Schnittkanten an Kleidungsstücken und Heimtextilien müssen, damit sie nicht ausfransen, versäubert werden, was zugleich dekorativ aussehen kann. Obwohl das Säumen (siehe S. 64) am gebräuchlichsten ist, empfiehlt sich auch das Einfassen mit geraden oder schrägen Stoffstreifen. Außerdem eignen sich Bordüren, Spitzenband, Biesen und Rüschen als einfache und wirkungsvolle Abschlüsse an Schnittkanten und Nähten.

Schrägstreifen herstellen

1 Selbst gemachte Schrägstreifen lassen sich auf den Stoff des Nähprojektes abstimmen, was bei käuflichem Schrägband schwierig ist. Schneiden Sie zuerst alle Stoffkanten gemäß dem Fadenlauf gerade. Falten Sie den Stoff an einer Ecke kantenbündig schräg zusammen, so liegt der Stoffbruch im 45°-Winkel.

2 Schneiden Sie den Stoff am Bruch auseinander. Markieren Sie die Streifenbreite links an der Schräge auf einem der Teile. Nummerieren Sie mit löslichem Stift die Enden in versetzter Folge: linkes Ende des ersten Streifens = 1, rechtes Ende = 2, linkes Ende des zweiten Streifens = 2, rechtes Ende = 3 usw.

3 Stecken Sie das Teil rechts auf rechts zu einem Schlauch zusammen, so dass gleiche Ziffern aufeinander treffen (2 auf 2, 3 auf 3 usw.). Wichtig: Die erste und die letzte Ziffer haben kein Gegenüber. Steppen Sie die Kanten zusammen.

4 Bügeln Sie die Nahtzugaben auseinander. Schneiden Sie dann den Stoff entlang den eingezeichneten Linien auseinander (nur durch eine Lage!); so entsteht eine Spirale von einem Schlauchende zum anderen.

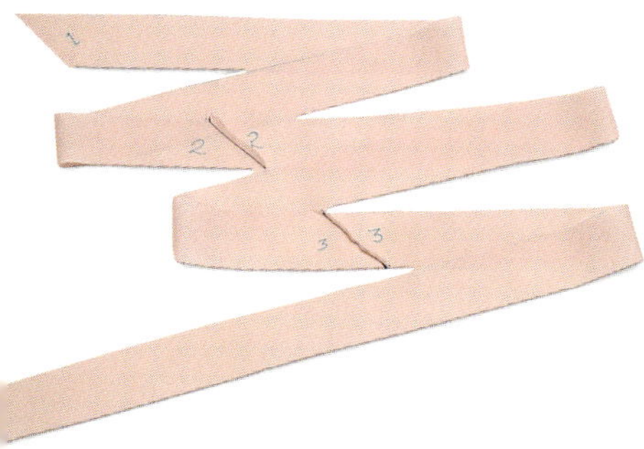

5 An den Nähten des fertigen Schrägstreifens treffen die gleichen Ziffern aufeinander. Entfernen Sie die Markierungen und bügeln Sie die Nähte nochmals aus.

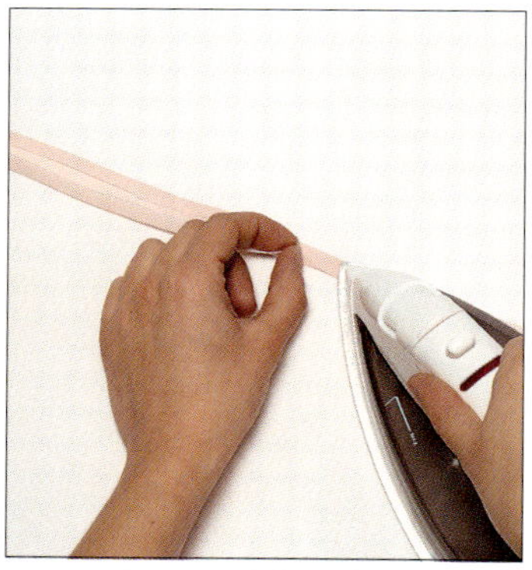

6 Falten und bügeln Sie beide Schnittkanten zur Mitte, ohne den Streifen zu dehnen. Falten und bügeln Sie ihn dann längs zusammen; so ist er beim Nähen gut zu verarbeiten.

Einzelne Schrägstreifen anfügen

1 Um einen Schrägstreifen aus Einzelstreifen zusammenzufügen, legen Sie zwei kurze Enden im Fadenlauf rechts auf rechts wie abgebildet aufeinander.

2 Steppen Sie die Naht und bügeln Sie sie aus. Schneiden Sie Überstehendes zurück. Fügen Sie so viele Teile an, bis der Streifen lang genug ist.

Eine gerade Kante einfassen

1 *Stecken Sie einen Schrägstreifen rechts auf rechts und flach aufgeklappt auf die zu versäubernde Kante, ohne ihn dabei zu dehnen.*

2 *Steppen Sie durch die Faltlinie des Streifens, entfernen Sie dabei die Stecknadeln. Bügeln Sie nun die Naht in Richtung Schrägstreifen aus.*

3 *Falten Sie den Streifen zur linken Seite und stecken Sie ihn mit eingeklappter Kante fest. Von Hand oder mit der Maschine festsäumen. Tipp: Steppen Sie maschinell von rechts durch die Nahtlinie, sind die Stiche fast unsichtbar.*

Techniken	**Seite**
Briefecken nähen	*41*
Kräuseln und Falten	*42*
Nähte	*36*
Säume	*64*
Stiche	*32*

Eine Einfassung mit Briefecke

1 *Markieren Sie die Eckposition durch Bügeln: Falten Sie den Streifen (mit eingeklappten Kanten) im Fadenlauf und bügeln Sie diese Ecke. Wiederholen Sie das in die andere Fadenlaufrichtung; die beiden eingebügelten Kanten treffen in der Streifenmitte aufeinander.*

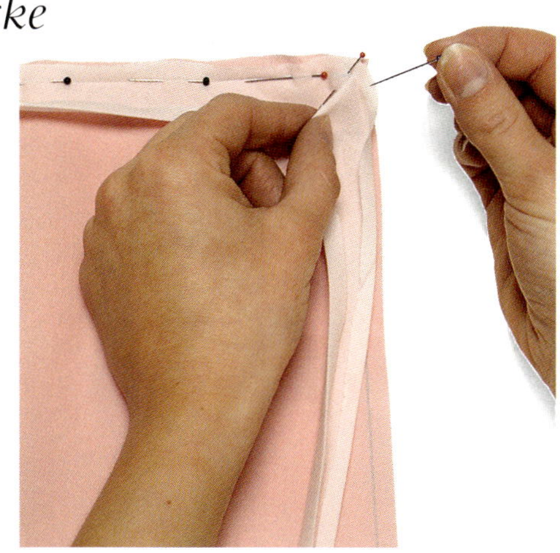

2 *Stecken Sie, rechts auf rechts, die durch Bügeln markierte Mitte des Schrägstreifens auf die Ecke des einzufassenden Stoffes. Stecken Sie den Streifen, der äußeren Faltlinie folgend, kantenbündig am Stoff fest. Verarbeiten Sie alle Ecken und Kanten rundherum auf diese Weise.*

3 *Steppen Sie den Streifen auf der Faltlinie fest, dabei ziehen Sie die Stecknadeln heraus. Steckt die Maschinennadel an der Ecke im Stoff, heben Sie den Nähfuß an, um die Arbeit zu drehen (siehe S. 36). Nähen Sie die Eckfalte nicht fest! Arbeiten Sie rundherum auf diese Weise.*

4 *Falten Sie den Streifen mit eingeklappter Kante auf die linke Seite; stecken Sie ihn fest, wie oben bei der geraden Kante (Schritt 3) beschrieben. Die Ecken sollen sorgfältig gefaltet und gesteckt sein.*

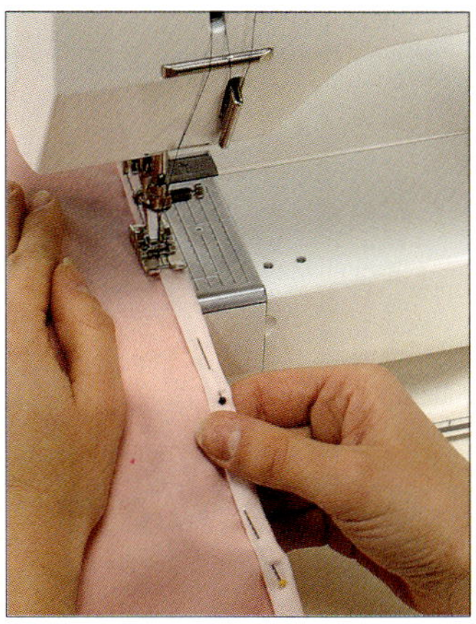

5 *Säumen Sie die Einfassung an, siehe dazu die Hinweise in Schritt 3, oben bei der geraden Kante.*

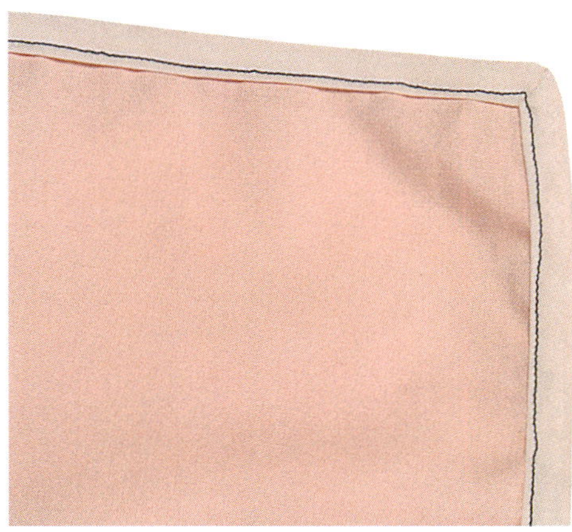

6 *Die fertige Ecke ist ordentlich im 45°-Winkel verarbeitet. Diese Methode eignet sich am besten für Einfassungen mit schmalen Schrägstreifen.*

PASPELN

Paspeln sind attraktive Randabschlüsse; sie bestehen meist aus gefalteten Schrägstreifen, die in eine Naht eingefasst sind. Sie können flach aufliegen oder eine Schnur (Schnurpaspel) enthalten. Beide Paspelarten eignen sich als Akzente an Kleidungsstücken. Mit einer Paspel lassen sich auch besonders gut Kissen und andere Heimtextilien verzieren, dann werden sie meist Keder genannt.

Einfache Paspeln

Schneiden Sie einen Schrägstreifen in gewünschter Länge (siehe S. 44) und doppelter Paspelbreite plus 2,5 cm. Falten Sie ihn längs zusammen, die rechte Seite außen, und bügeln Sie ihn, ohne ihn zu verziehen. Steppen Sie ihn etwa 1,25 cm von den Schnittkanten entfernt zusammen; so hat er die richtige, rechts und links gleichmäßige Breite.

Paspel mit Schnur

1 *Für solch eine Paspel mit Wulst bereiten Sie einen Schrägstreifen wie für eine einfache Paspel vor (siehe oben). Legen Sie beim Falten jedoch von links eine Schnur ein, die Sie an einem Ende mit einer Stecknadel sichern.*

2 *Mit dem Reißverschlussfuß Ihrer Nähmaschine steppen Sie nun ganz dicht neben der Schnur durch den Schrägstreifen, ohne die Schnur dabei festzunähen. Führen Sie dabei die Ränder exakt kantenbündig zusammen.*

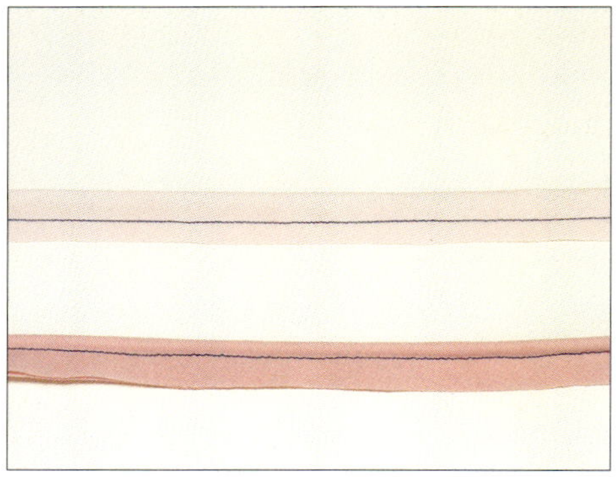

Einfache Paspel und Schnurpaspel
Eine einfache Paspel (oben) ist flach und ideal für dickere Stoffe, bei denen auf eine eingearbeitete Schnur verzichtet werden kann. Eine wulstige Schnurpaspel hingegen (unten) eignet sich besonders gut zum Verzieren von Kissen und Polstern (Keder). Sie ist stabiler und lässt sich besser in gleichmäßiger Breite annähen.

Paspeln ansetzen

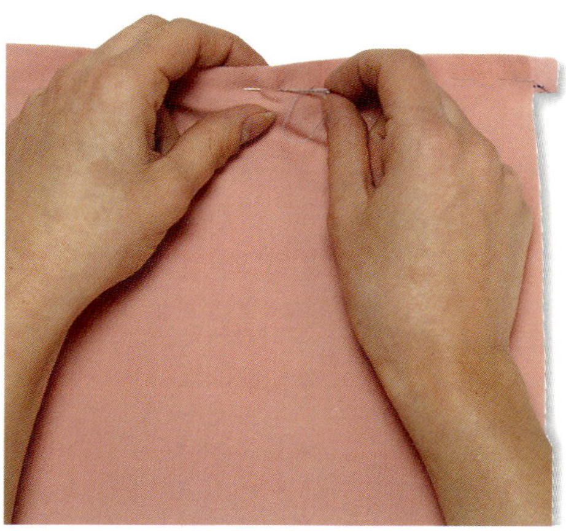

1 *Stecken und heften Sie die Stoffteile rechts auf rechts zusammen, mit der Paspel dazwischen. Alle vier Schnittkanten liegen bündig übereinander. Man kann die Paspel auch zuvor an eines der Teile annähen, bevor man das zweite anfügt.*

2 *Zum Zusammensteppen entlang der Heftnaht verwenden Sie den Reißverschlussfuß, wenn die Paspel eine Kordel enthält; ansonsten reicht bei der einfachen Paspel der normale Standardfuß Ihrer Nähmaschine.*

Nähte mit verschiedenen Paspeln
Die einfache Paspel (im Foto oben) wirkt in der Naht dezenter als eine Schnurpaspel. Diese sieht kräftiger aus und bildet eine interessante plastische Kante (im Foto unten).

RÜSCHEN

Rüschen oder Volants sind gekräuselte Stoffstreifen, die entweder aus dem gleichen oder dazu passendem Material gemacht sind wie die Kleidung oder Heimtextilien, an deren Kanten sie angesteppt werden. Solch ein weich und feminin wirkender Abschluss kann manch selbst genähtes Stück in Ihrer Wohnung verzieren, zum Beispiel Bettdecken und Kissenbezüge. Auch Kleidungsstücke, vom Nachthemd bis zum Ballkleid, können durch wohlüberlegt platzierte Rüschen aufgewertet werden.

Einfache Rüschen

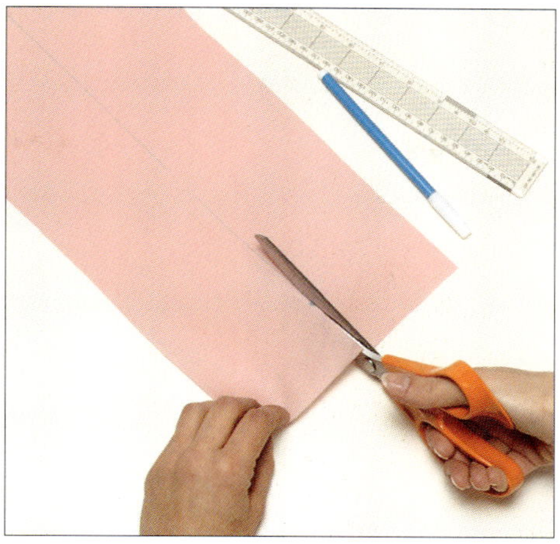

1 *Schneiden Sie einen Stoffstreifen in der gewünschten Breite plus Naht- und Saumzugaben zu. Er sollte zwei- bis dreimal so lang sein wie die fertige Länge. Setzen Sie bei Bedarf an einer kurzen Seite Stoff zum Verlängern an.*

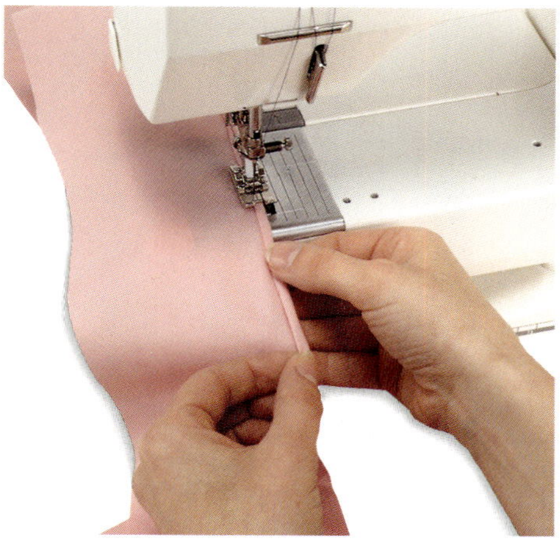

2 *Säumen Sie dann eine Längsseite mit einem Saum mit doppeltem Einschlag (siehe S. 66), den Sie bei Bedarf vorher stecken und heften. Sie können auch den speziellen Saumfuß der Nähmaschine verwenden (siehe S. 31).*

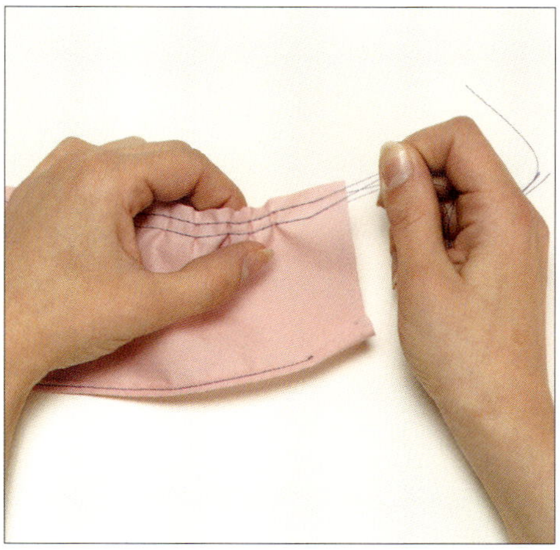

3 *Nähen Sie zwei Kräuselnähte, etwa 0,5 cm von der noch offenen Schnittkante entfernt; ziehen Sie die Unterfäden zum Kräuseln an (siehe S. 35 und 42).*

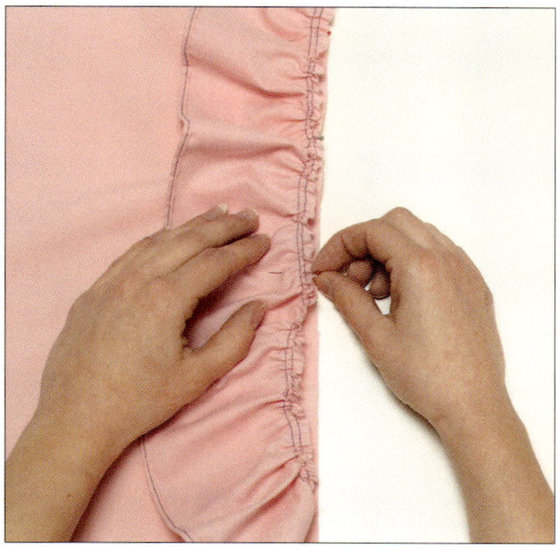

4 *Ist der Stoff gleichmäßig auf die gewünschte Länge gekräuselt, stecken Sie ihn rechts auf rechts an die glatte Stoffkante. Steppen Sie die Rüsche an.*

5 *Bügeln Sie die Nahtzugaben danach in Richtung des glatten Stoffes. Entfernen Sie zum Schluss vorsichtig die Kräuselfäden der ersten beiden Nähte.*

Rüschen an eine Kissenhülle nähen

1 *Stecken und heften Sie die Rüsche, rechts auf rechts, auf die Vorderseite der Kissenhülle, die Schnittkanten liegen rundherum bündig. Stecken Sie die Rückseite der Hülle (rechte Stoffseite unten) darüber, die Rüsche ist eingefasst. Lassen Sie beim Steppen 10 cm zum Wenden offen; schneiden Sie die Ecken zurück.*

2 *Wenden Sie die Kissenhülle durch die Öffnung und legen Sie das Kissen ein. Schließen Sie die Öffnung mit Staffierstichen. Bügeln Sie die Naht. Die Rüsche verleiht dem Kissen eine weiche Kontur. Mit dieser Methode können alle Arten von Verzierungen an Kissenhüllen und ähnliche Projekte angenäht werden.*

Kleidung

Kleidungsstücke, selbst die unterschiedlichsten, haben bestimmte Dinge gemein, die hier in diesem Kapitel anhand typischer Modelle in ihren einzelnen Verarbeitungsstadien vorgestellt werden. Den Anfang machen inwendige Elemente wie Abnäher und Besätze, bevor Schritt für Schritt Ärmel, Kragen, Bündchen, Säume, Taschen, Verschlüsse und das Füttern ausgeführt werden. Das Verändern von Schnittmustern und das Variieren vorhandener Kleidung runden das Kapitel ab.

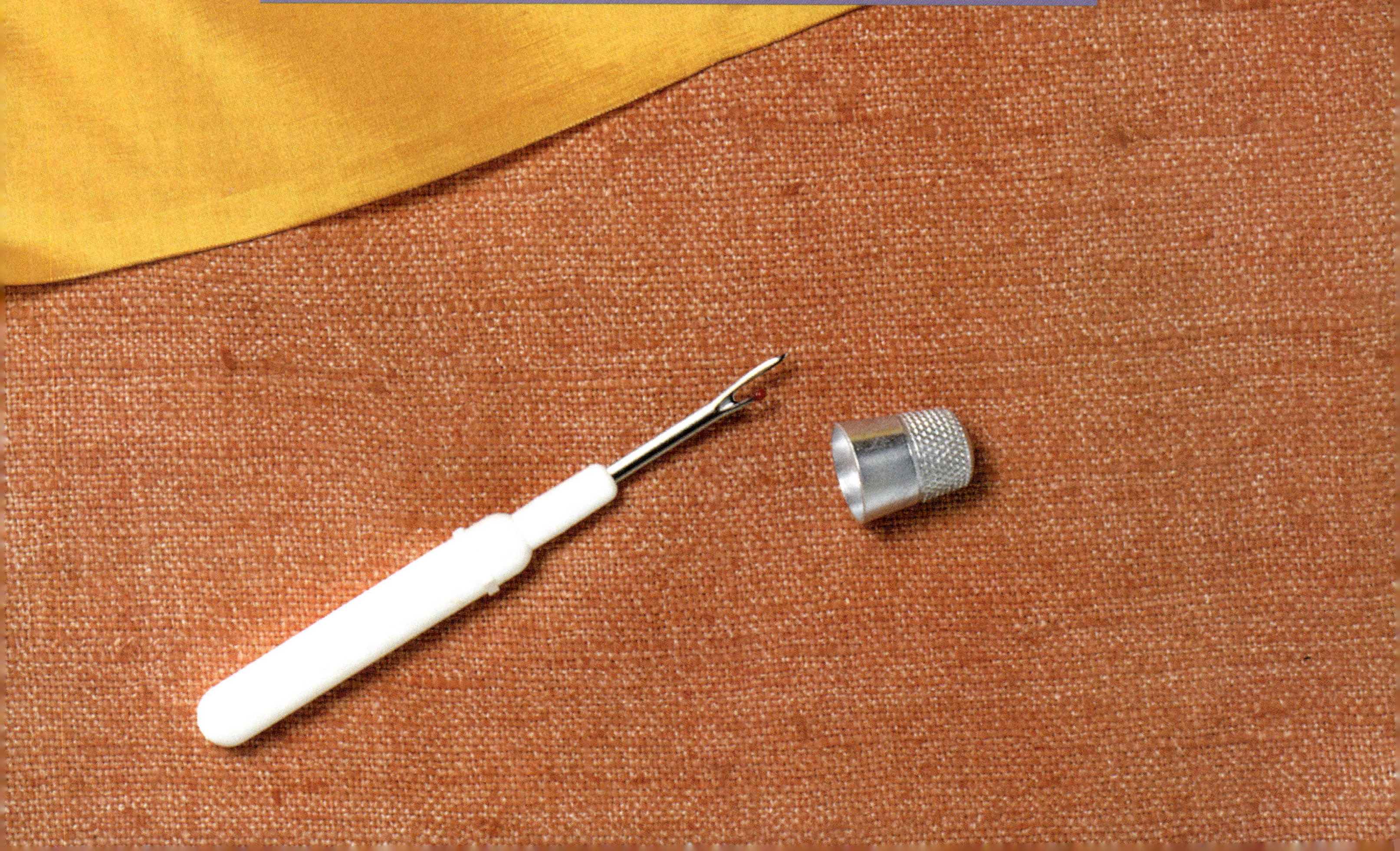

Abnäher und Biesen

Abnäher passen Kleidungstücke den natürlichen Rundungen Ihres Körper an, vor allem an Brust, Taille, Schulter und Ellbogen. Die spitz zulaufenden, in den Stoff genähten Falten werden speziell gebügelt: bei waagerechten Abnähern meist nach unten in Richtung Saum, bei senkrechten Abnähern zur Körpermitte hin. Biesen sind gerade festgesteppte, meist senkrechte Falten, die dekorativ und formgebend zugleich sein können.

Abnäher

1 Markieren Sie die Nahtlinien des Abnähers auf dem betreffenden Schnittteil und heften Sie diesen.

2 Steppen Sie den Abnäher entlang der Markierung in Richtung Spitze. Nähen Sie dort ein paar Stiche über den Stoff hinaus und lassen Sie die Nähfäden etwa 10 cm frei hängen.

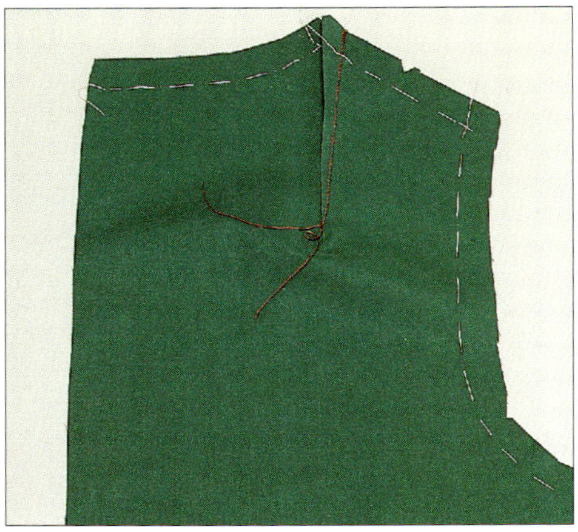

3 Bügeln Sie den Abnäher zuerst von links, dann von rechts, so dass er flach zu einer Seite zeigt. Um das Nahtende zu sichern, verknoten Sie die beiden Fäden an der Spitze und schneiden sie ab.

4 Abnäher mit zwei Spitzen bereiten Sie genauso vor. Steppen Sie von Spitze zu Spitze, am besten aber von der Breitseite zu den Spitzen hin. Bügeln Sie diese dann zur Seite.

Nützlicher Tipp

Abnäher in schweren oder ganz locker gewebten Stoffen steppen Sie sicherheitshalber zweimal. Verknoten Sie dann die beiden Fadenenden an der Spitze jeder Stepplinie separat.

5 Abnäher mit zwei Spitzen werden meistens zurückgeschnitten. Schneiden Sie, wie hier gezeigt, an der breitesten Stelle ein Stoffdreieck ab, etwa 1 cm bleibt jedoch als Nahtzugabe stehen. Die Spitzen werden nicht zurückgeschnitten.

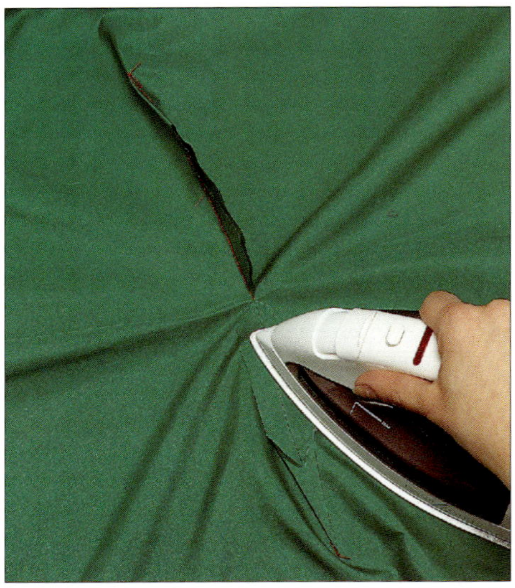

6 Bügeln Sie an beiden Seiten den aufgeschnittenen Abnäher vorsichtig flach auseinander und die geschlossenen Enden bis zur Spitze zu flachen „Tüten".

Biesen

1 *Biesen können – im Gegensatz zu offenen Falten – nicht nur senkrecht, sondern auch waagerecht und diagonal verlaufen. Übertragen Sie zuerst die Hilfslinien für die Biesen auf die linke Stoffseite, zum Beispiel mit Hilfe von Kopierrädchen und Kopierpapier. Heften Sie diese Linien.*

2 *Nähen Sie jede Biese einzeln. Dazu falten Sie den Stoff mit den Heftlinien genau übereinander. Stecken Sie die Biese fest und steppen Sie entlang der Heftlinie. Wiederholen Sie das bei jeder Biese. Zum Schluss entfernen Sie die Heftfäden und bügeln die Biesen. Alternativ können Sie anstatt der Heftlinien die Kante des Nähmaschinenfußes als Führungshilfe verwenden. Oder Sie orientieren sich an den Hilfslinien auf der Stichplatte Ihrer Nähmaschine.*

Nützlicher Tipp

1 *Biesen in gestreiften oder karierten Stoffen können sehr effektvoll wirken. Hier sind sie gleich breit wie die Streifen und so gefaltet, dass an jeder Biesenkante nur ein schmaler farbiger Streifen sichtbar wird.*

2 *Hierfür wurden die Biesen vor dem Zuschneiden des Teils genäht, und zwar so, dass sich eine einfarbig grüne Fläche ergibt. Sie steht mit den waagerechten Biesen im Kontrast zu den auffälligen, senkrechten Musterstreifen.*

Werkzeug zum Messen und Markieren sollte stets zur Hand sein

Besätze

Der Besatz ist ein Stoffstück, das sichtbare Kanten der Kleidung von links verstärkt und sauber abschließt. Er kann separat zugeschnitten, angenäht und nach innen geklappt werden oder ist bereits an das Teil angeschnitten, da beide meist aus demselben Stoff bestehen. Auch dünneres Material ist denkbar, damit die gesamte Partie nicht zu dick wird. Zur Verstärkung kann dünne Einlage auf den Besatz gebügelt oder genäht werden. Einlagen sind in mehreren Stärken und Farben erhältlich (siehe S. 19).

Halsausschnitt
Der Besatz schließt Schnittkanten der Kleidung ein, zum Beispiel den Halsausschnitt.

Angeschnittener Besatz

1 *Schneiden Sie die benötigten Schnittteile aus dem Stoff und der Bügeleinlage zu. Markieren Sie die Partien, die mit Besatz belegt werden sollen.*

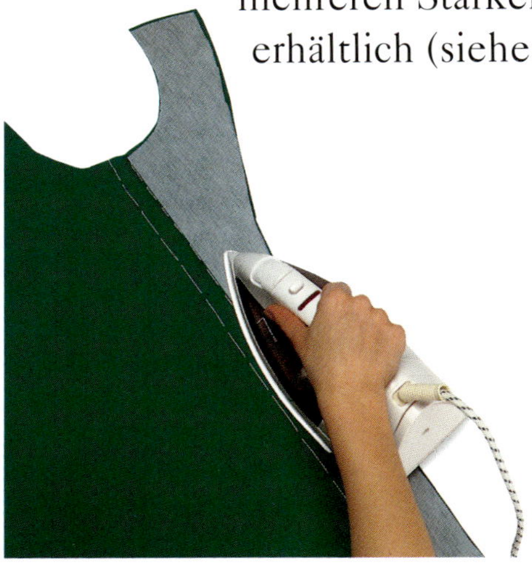

2 *Folgen Sie weiter der Nähanleitung für Ihr Kleidungsstück; bügeln Sie die Einlage auf alle angegebenen Teile auf.*

3 *Stecken und steppen Sie die verstärkten Besatzteile gegebenenfalls zusammen, bügeln Sie die Nähte aus.*

4 *Klappen Sie den vorn angeschnittenen Besatz an der Bruchlinie nach hinten. Am Halsausschnitt stecken und heften Sie den Besatz passgenau auf die runde Kante. Steppen Sie ihn fest und entfernen Sie die Heftfäden.*

5 *Schlagen Sie die Schnittkanten des Besatzes um und steppen Sie sie ab (siehe Tipps). Schneiden Sie die Ecken vorsichtig zurück; knipsen Sie die Nahtzugabe der Halsnaht mehrfach ein.*

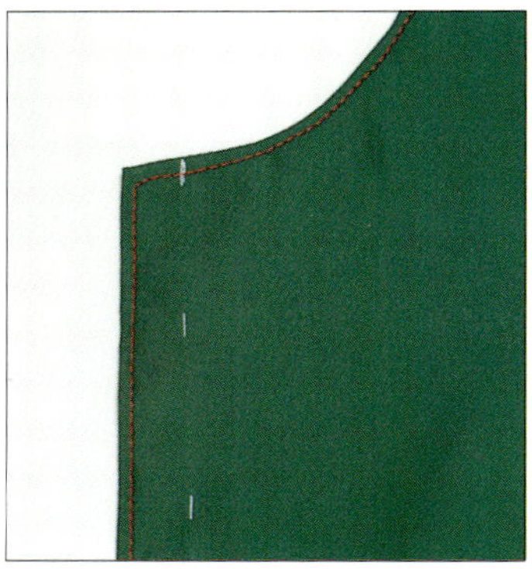

6 *Klappen Sie alle verstärkten und angenähten Besatzteile zur linken Seite (man spricht auch vom Verstürzen). Bügeln Sie die Kanten. Zusätzlich können Sie sie knappkantig absteppen.*

Nützliche Tipps

Damit die Nahtzugabe nicht spannt, schneiden Sie sie vor dem Absteppen der Kante mehrfach etwa 3 mm tief ein. Ob bei feinen oder schweren Stoffen: Das Ansäumen mit Hexenstichen entlang den abgesteppten Schnittkanten hilft, sie zu fixieren und gegen Ausfransen zu sichern.

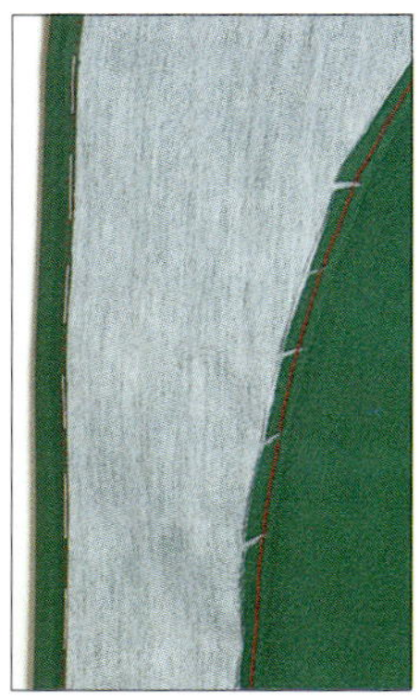

eingeschnittene Nahtzugaben an Kurven

Ansäumen mit Hexenstich

Angenähter Besatz

1 *Für einen angenähten Besatz schneiden Sie diesen separat zu (hier zur Verdeutlichung andersfarbig) und verstärken ihn bei Bedarf mit einer Einlage.*

2 *Nähen Sie den Besatz rechts auf rechts an die gerade Kante des Kleidungsstücks. Fahren Sie dann wie in Schritt 3–6 (S. 52) beschrieben fort.*

V-Ausschnitt-Blende

1 *Schneiden Sie das Oberteil und einen Schrägstreifen zu. Markieren Sie die Nahtlinie für den V-Ausschnitt. Steppen Sie unten an der Spitze eine etwa 2 cm lange v-fömige Stütznaht.*

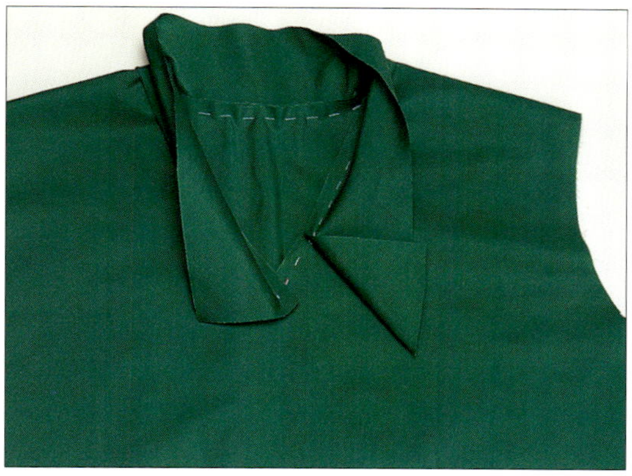

2 *Steppen Sie die Schulternähte. Heften Sie das Schrägband an den Halsauschnitt, 5 cm vorn am Ende bleiben lose. Damit das Band oben flach liegt, halten Sie die Partie zwischen den Schulternähten etwas ein.*

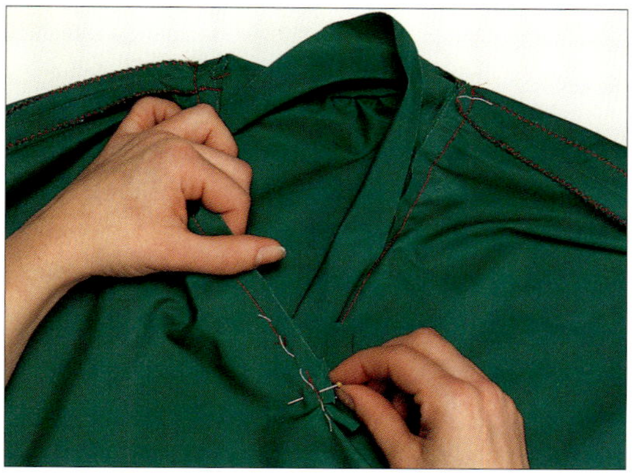

3 *Steppen Sie das Band an den Ausschnitt, bis auf das freie Ende. Von der linken Stoffseite aus schlagen Sie das angenähte Bandende zu einem Saum ein und steppen es etwa 7,5 cm fest.*

4 *Legen Sie das freie Bandende passend über die Ausschnittspitze mit dem angenähten Ende. Klappen Sie das freie Ende ein. Stecken und heften Sie entlang der Stütznaht, dann steppen Sie maschinell genau bis zur Spitze.*

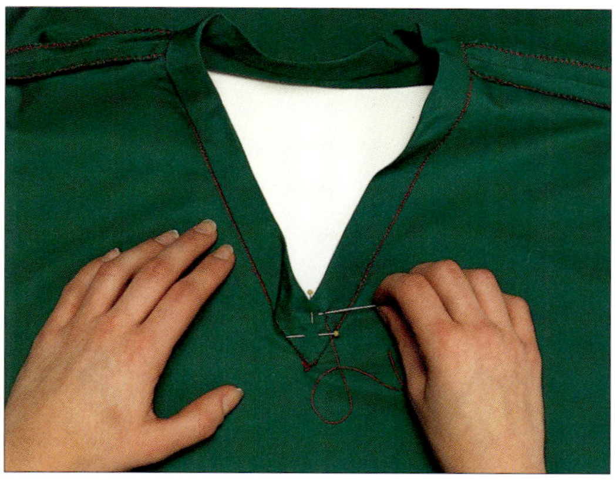

5 *Säumen Sie jetzt von der linken Seite die umgeschlagene Kante des Bandes von Hand genau an die Naht. Stecken Sie die noch nicht genähten Faltkanten an der Spitze fest und säumen Sie sie an, damit sie sich nicht rollen.*

6 *Die fertige Blende hat eine scharfe, überlappende Spitze.*

Ärmel einsetzen

Die unterschiedlichen Ärmelformen lassen sich auf einige Grundtypen zurückführen. Zum eingesetzten Ärmel, der getrennt vom Vorder- und Rückenteil zugeschnitten wird, gehört die Armkugel, die glatt, gekräuselt oder mit Falten gearbeitet ist. Auch der Raglanärmel wird separat zugeschnitten, jedoch ohne Armkugel. Er geht glatt über die Schulter zum Halsausschnitt und ins Oberteil des Kleidungsstücks über. Angeschnittene Ärmel, etwa an Kimonos, werden nicht extra zugeschnitten, sondern gehören zum Vorder- und Rückenteil. Wichtig: Beachten Sie für einen guten Sitz die in den Schnittmustern eingezeichnten Passzeichen.

Gekräuselte Armkugel

1 Versäubern Sie die senkrechten Kanten der zugeschnittenen und markierten Teile mit Zickzackstich. Steppen Sie zwei Hilfsnähte (große Stiche, lockere Oberfadenspannung) an den Armkugelrand.

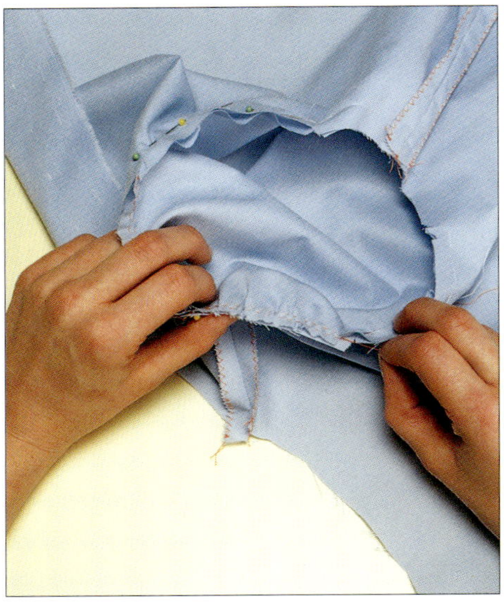

2 Steppen Sie die Unterarmnaht, um den Ärmel zu schließen. Wenden Sie das Oberteil auf links, den Ärmel auf rechts. Stecken Sie ihn in den Ärmelausschnitt, wobei die Passzeichen und die Nähte aufeinander treffen müssen. Ziehen Sie die Unterfäden der Hilfsnähte an, bis die richtige Weite erreicht und gleichmäßig über der Schulter verteilt ist.

3 Heften Sie die Armkugel nach dem Stecken sorgfältig ans Oberteil. Machen Sie zur Sicherheit eine Anprobe.

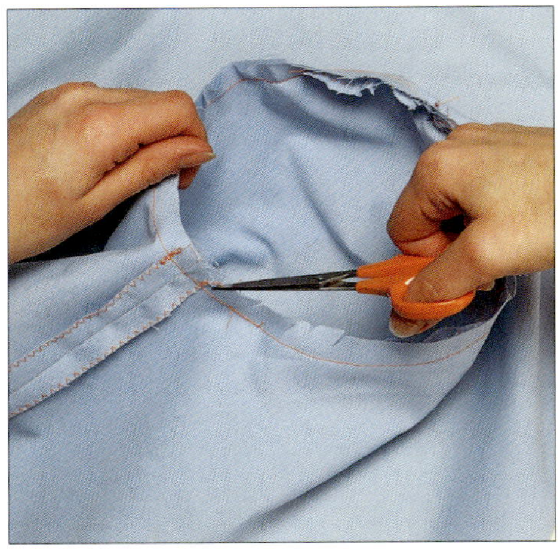

4 Steppen Sie die Naht. Schneiden Sie die Nahtzugaben oben etwas zurück und knipsen Sie sie unten ein. Versäubern Sie sie zusammen mit Zickzackstich.

Nützlicher Tipp

Die Nahtzugaben von leicht fransenden Stoffen, wie hier beim Frotté, können rundherum mit Schrägstreifen sauber eingefasst werden (siehe S. 45). Das verhindert nicht nur, dass sich die Naht auflöst, sondern macht auch das Tragen bequemer. Nähen Sie zuerst eine doppelte Naht um die Armkugel und schneiden Sie die Zugaben auf etwa 5 mm zurück. Bringen Sie dann die Einfassung an.

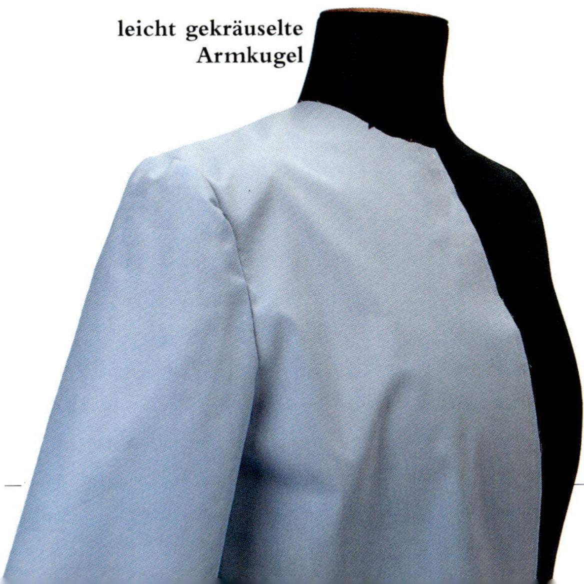

Armkugel mit Falten

1 *Schneiden Sie die Teile zu, markieren Sie diese und bereiten Sie den Ärmel so vor, wie gegenüber in Schritt 1 bei der gekräuselten Armkugel beschrieben.*

2 *Beim Einsetzen des Ärmels müssen Nähte und Passzeichen aufeinander treffen. Legen und stecken Sie die Falten je nach Vorgabe. Beenden Sie die Naht, wie auf S. 54 (Schritt 4) beschrieben.*

Raglanärmel

1 *Schneiden Sie Vorder- und Rückenteil sowie die Ärmelteile zu, übertragen Sie alle Markierungen und versäubern Sie die senkrechten Schnittkanten mit Zickzackstich.*

2 *Versehen Sie die Ärmel, falls vorgesehen, mit Schulterabnähern (siehe S. 50, Schritt 5 und 6), die Sie nach dem Zurückschneiden flach bügeln.*

3 *Stecken, heften und steppen Sie die Ärmelteile an die Vorder- und Rückenteile, wobei Sie die Passzeichen genau beachten. Knipsen Sie die Nahtzugaben in den Rundungen ein, versäubern Sie diese einzeln mit Zickzackstich und bügeln Sie sie auseinander.*

4 *Stecken, heften und steppen Sie die Seiten-, dann die Unterarmnähte, die Seitennähte treffen aufeinander. Fassen Sie zur Verstärkung ein etwa 10 cm langes Nahtband mit. Bügeln Sie die Naht aus.*

Armkugel mit Falten

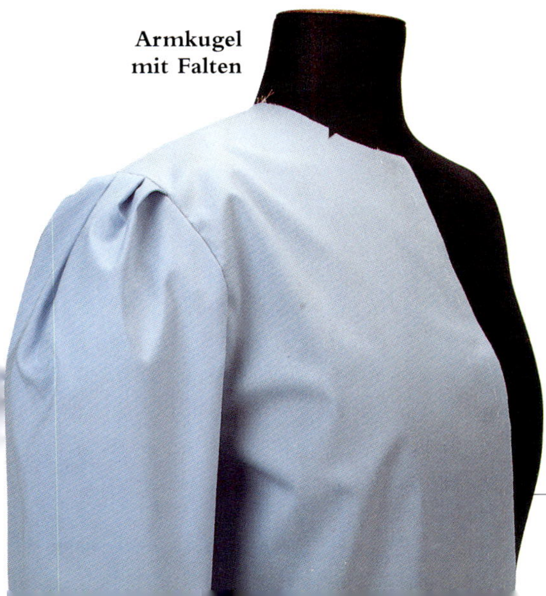

Raglanärmel

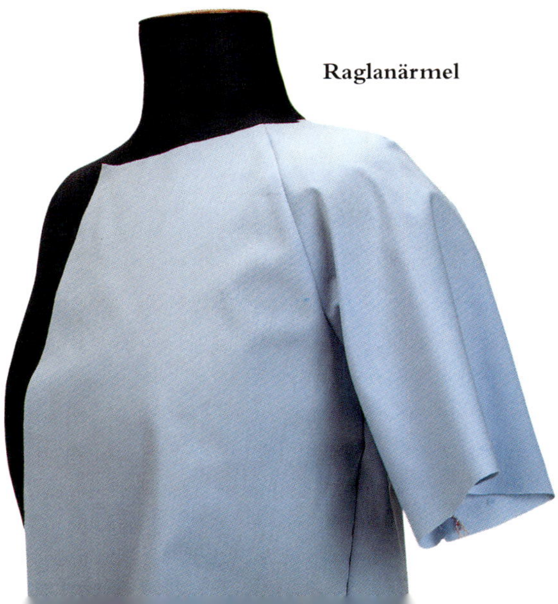

Ärmelabschlüsse

Die unteren Abschlüsse von Ärmeln können so unterschiedlich wie ein einfacher Saum oder eine kunstvolle Spitzenrüsche gearbeitet sein. Zu den einfacheren Abschlüssen gehört das Elastikbündchen mit einem Tunneldurchzug für ein Gummiband, entweder mit oder ohne Rüschenabschluss. Unelastische Ärmelabschlüsse, die eng am Handgelenk anliegen, brauchen einen Schlitz, damit die Hand hindurchpasst. Schlitze müssen sauber genäht sein, denn sie sind ein häufiger Blickfang. Sie können mit nur einem Stoffstreifen, oft schräg geschnitten, eingefasst oder wie ein richtiger Hemdärmelschlitz mit zwei Streifen gearbeitet sein.
Der Ärmelabschluss kann, ähnlich wie ein Kragen, bereits fertiggestellt werden, wenn der Ärmel noch nicht ans Oberteil genäht ist, vorausgesetzt dieser hat die richtige Länge.

Ärmel mit Rüsche

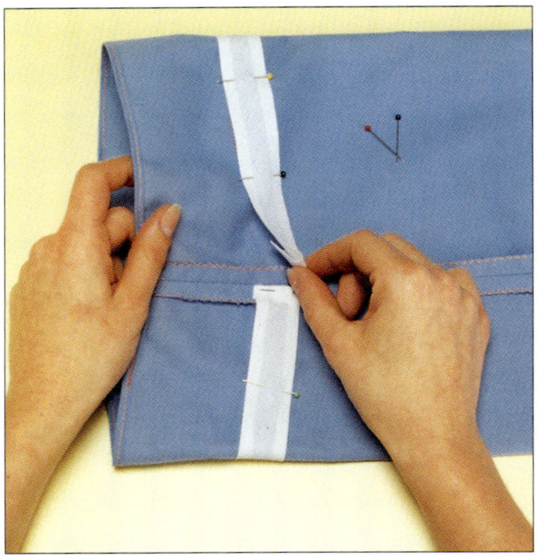

1 *Säumen Sie den Ärmel, messen Sie dann die gewünschte Rüschenbreite ab. Stecken Sie Nahtband oder Schrägstreifen von links dort auf, wo der Stoff gerafft werden soll. Schlagen Sie die Bandenden am Treffpunkt ein und stecken Sie sie fest.*

2 *Steppen Sie das Band entlang den Längskanten an. Ziehen Sie mit Hilfe einer Sicherheitsnadel ein Gummiband, etwas länger als der Handgelenksumfang, durch den Tunnel.*

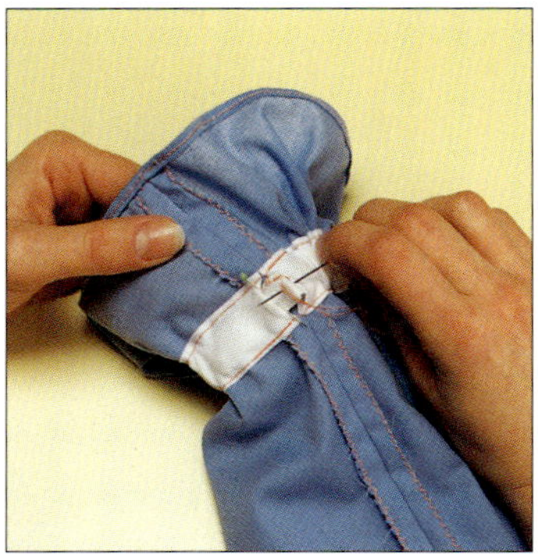

3 *Ziehen Sie die Gummibandenden heraus, legen Sie sie etwas übereinander und nähen Sie sie zusammen. Schließen Sie den Tunnel mit Staffierstichen.*

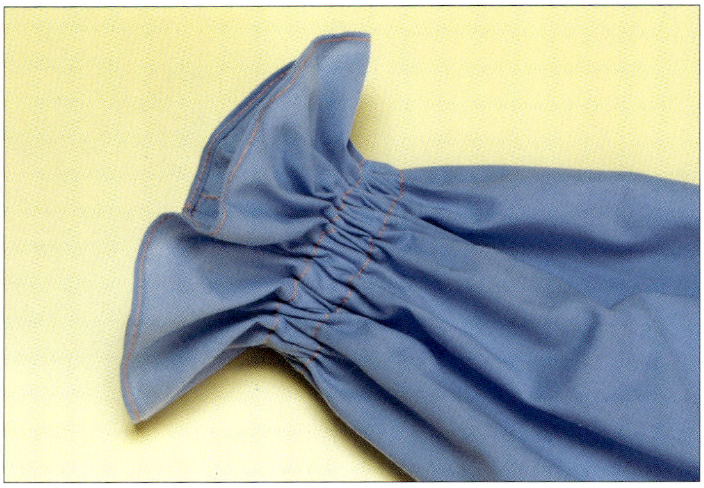

4 *Der fertige Rüschenabschluss wirkt hübsch und feminin. Man kann ihn auch mit elastischen Smok-Kräuseln arbeiten (siehe S. 42). Das ist vor allem bei feinen Stoffen ideal, bei denen ein Tunnel durchschimmern würde.*

Einfaches Raffbündchen

Um ein gerafftes Bündchen ohne Rüschen zu nähen, legen Sie ein Stoffband rechts auf rechts an die untere Ärmelkante. Klappen Sie die Bandenden an der Ärmelnaht um, bevor Sie es entlang der Unterkante ansteppen. Falten Sie es auf die linke Ärmelseite und steppen Sie die andere Längskante fest. Ziehen Sie ein passendes Gummiband durch die Öffnung, nähen Sie seine Enden übereinander und schließen Sie die Tunnelöffnung mit Staffierstichen.

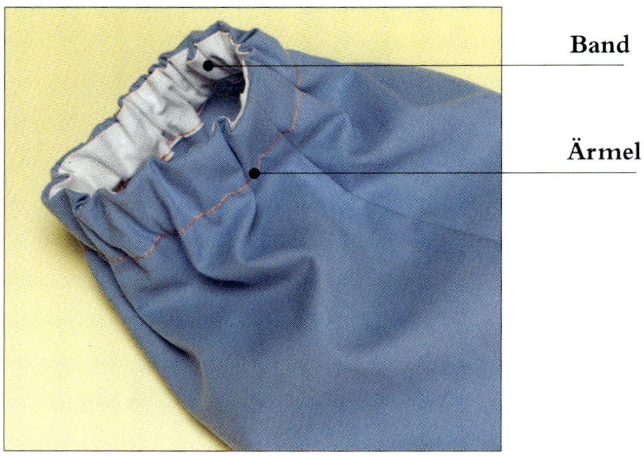

Verstürzter Ärmelschlitz

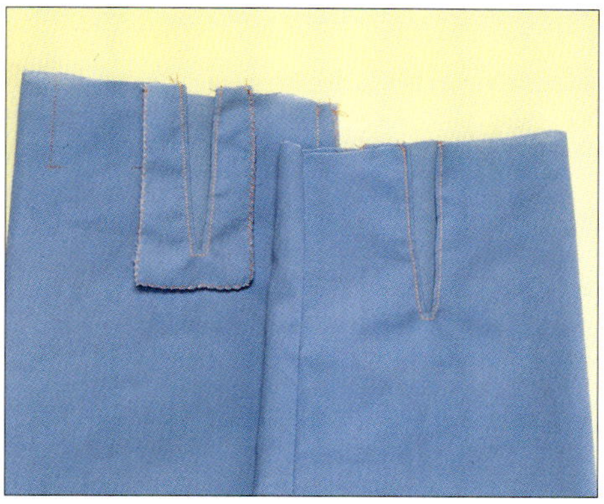

1 Schneiden Sie Ärmel und Besatz zu. Stecken Sie ihn rechts auf rechts an die Kante. Steppen Sie wie oben die Teile zusammen. Mit einer Schere den Schlitz aufschneiden, die Nahtzugabe einknipsen.

2 Klappen Sie den Besatz zur linken Stoffseite und bügeln Sie den Schlitz. Wenn Sie möchten, steppen Sie ihn knappkantig ab, wodurch er ordentlicher wirkt und besser in Form bleibt.

Einfach eingefasster Schlitz

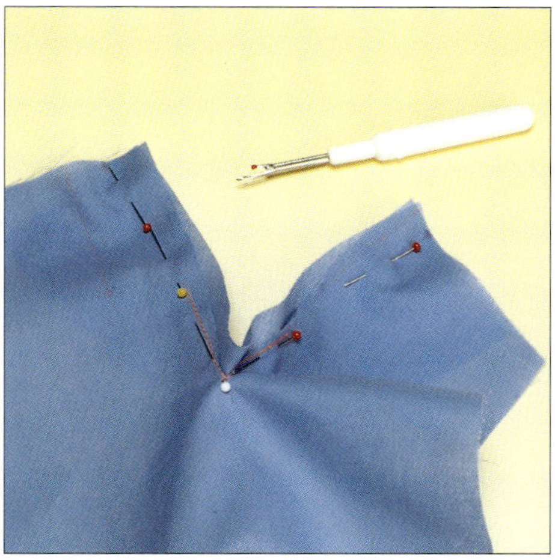

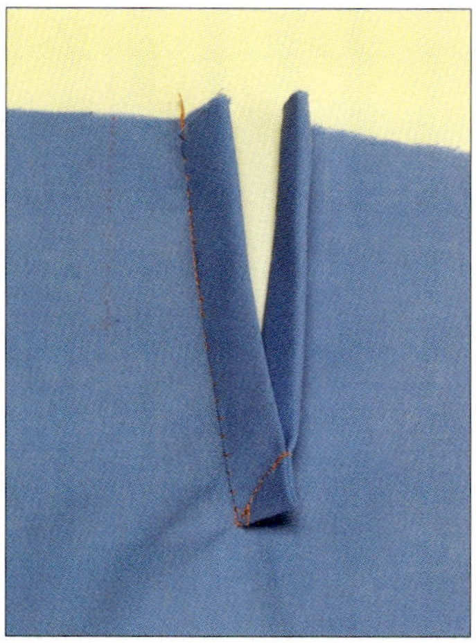

1 Nähen Sie eine v-förmige Stütznaht ans künftige Schlitzende. Schneiden Sie den Schlitz mit Schere und Pfeiltrenner bis an die Naht auf. Öffnen Sie ihn, um einen Schrägstreifen rechts auf rechts anzustecken (unten bündig, in der Spitze ragt er über).

2 Steppen Sie den Schrägstreifen fest. Falten Sie ihn dann auf die linke Seite des Ärmels und schlagen Sie die Längskante des Streifens zweimal ein. Stecken Sie den Bruch direkt gegen die Naht und säumen Sie den Streifen von Hand dort an.

3 Steppen Sie den angenähten Schrägstreifen auf der linken Seite am Ende schräg zusammen, damit das Band bei geschlossenem Schlitz und angesetzter Manschette flach liegt.

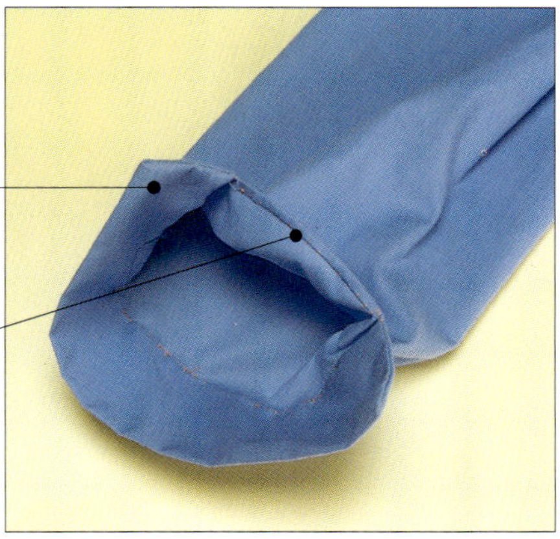

Gesäumter Schlitz

Dieser „falsche“ Schlitz ist kein richtiger Schlitz im Ärmel, sondern wird aus einem angeschnittenen Stoffstück als schmaler Einschlagsaum ans Ärmelende genäht. Markierungen zeigen die Position an.
Dann erst wird eine Manschette angenäht, etwa so wie auf S. 58 in Schritt 1–3 unten beschrieben. Dieser Schlitz legt sich sauber zusammen, wenn die Manschette zugeknöpft wird.

Hemdärmelschlitz

1 Schneiden Sie den Ärmel und den Schlitzbesatz zu. Das Schlitzende schneiden Sie v-förmig ein, wie links gezeigt. Stecken Sie das schmale Teil des Schlitzbesatzes (den Untertritt) mit der rechten Stoffseite auf die linke Stoffseite des Ärmelschlitzes.

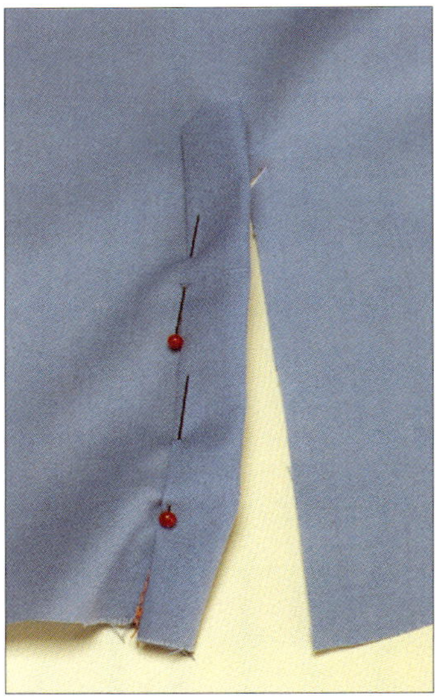

2 Nach dem Ansteppen des Besatzes an den Schlitz falten und bügeln Sie die Nahtzugabe in Richtung Besatz. Klappen Sie ihn auf die rechte Ärmelseite und stecken Sie ihn fest, so dass Sie ihn knappkantig genau über die vorhandene Naht steppen können.

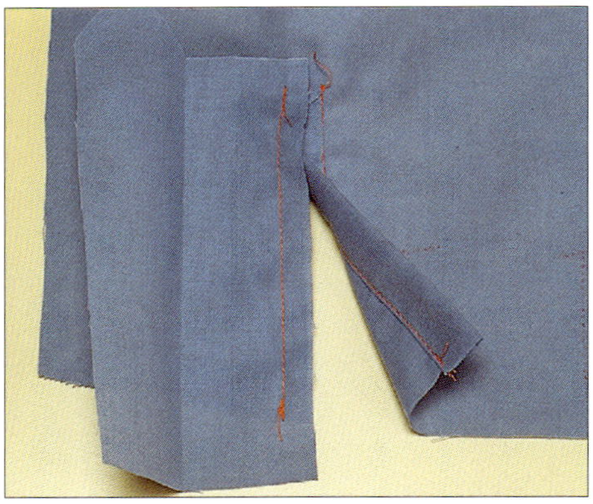

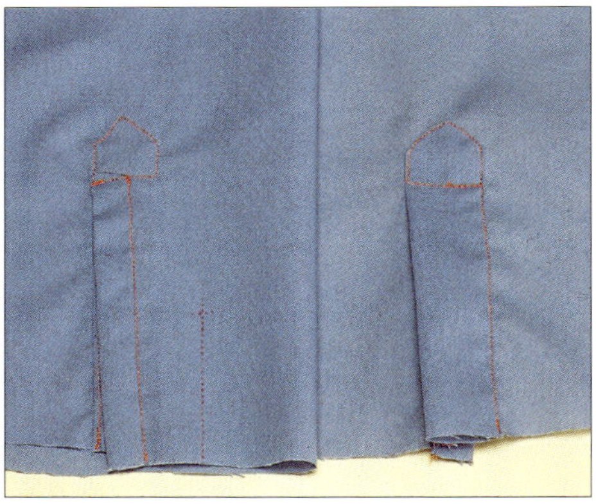

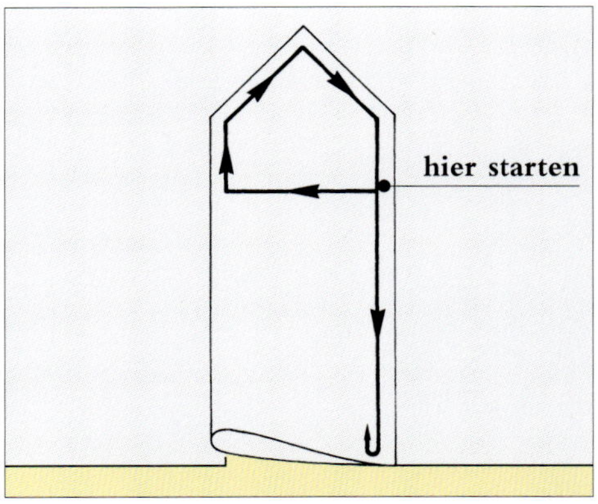

3 Stecken und steppen Sie die rechte Seite des breiteren Schlitzbesatzes (Übertritt) auf die linke Seite der freien Schlitzkante. Klappen Sie den Übertritt auf die rechte Ärmelseite und bügeln Sie die Nahtzugabe in Richtung Besatz.

4 Schlagen Sie dann die übrigen Kanten rund um den Besatz nach oben und bügeln Sie diese. Falten Sie ihn dann zur Hälfte zusammen, so dass er den Schlitz mit dem Untertritt verdeckt.

Stecken und steppen Sie ihn anhand des gezeichneten Schemas fest (im Foto rechts). Links im Foto ist der Schlitz von hinten zu sehen. Man kann die übrigen Bruchkanten der Besätze zusätzlich knappkantig absteppen.

Manschetten ansetzen

1 Die Manschetten sind zum Annähen fertig. Die obere, einfache Manschette hat eine Einlage, ist gefaltet und an den Schmalkanten gesäumt. Die Ecken sind zurückgeschnitten. Darunter eine doppelte oder französische Manschette, doppelt so breit wie eine einfache, nach dem Nähen auf rechts gewendet und gebügelt.

2 Stecken, heften und steppen Sie eine Schnittkante der Manschette rechts auf rechts an die untere Schnittkante des Ärmels, wobei Sie die Ärmelweite eventuell gleichmäßig verteilen oder einkräuseln, wie im Schnittmuster angegeben. Dann säumen Sie die andere Kante mit Einschlag gegen die Naht.

3 Verfahren Sie genauso mit doppelten Manschetten (hier abgebildet). Man kann die zweite Kante auch so anheften, dass man von rechts in der Nahtlinie mit der Maschine steppt und gleichzeitig links säumt.

Kragen

Der Kragen ist bei vielen Kleidungsstücken ein dekorativer Abschluss am Halsausschnitt. Kragen gibt es in vielen Variationen und Größen, vom Stehkragen bis zum flachen Umlegekragen, die letztlich alle auf drei Grundtypen zurückzuführen sind.

Die meisten Kragen bestehen aus zwei Stofflagen mit einer Einlage dazwischen. Diese verleiht dem Kragen Fülle und Form. Außerdem kann sie das Durchscheinen der Nahtzugaben verhindern.

Einfacher Umlegekragen

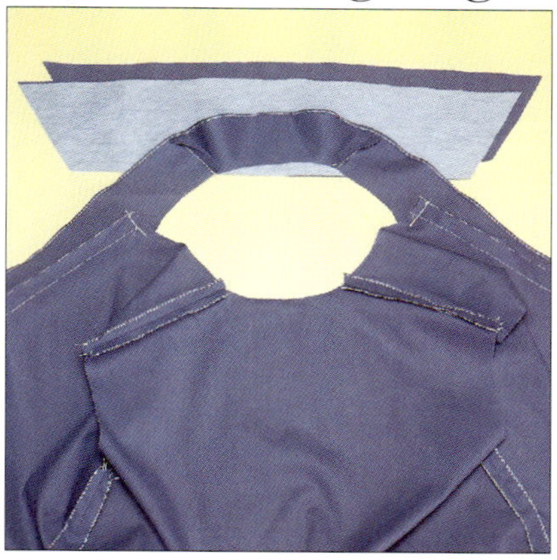

1 *Steppen Sie Vorder- und Rückenteil des Kleidungsstücks sowie den Besatz gemäß Ihrer Anleitung zusammen. Bereiten Sie die Kragenteile mit der Einlage wie angegeben vor.*

2 *Hat das Kleidungsstück Revers, falten und steppen Sie die Nähte, um das Oberteil fertigzustellen. Knipsen Sie am Nahtende die Zugaben wie oben gezeigt ein.*

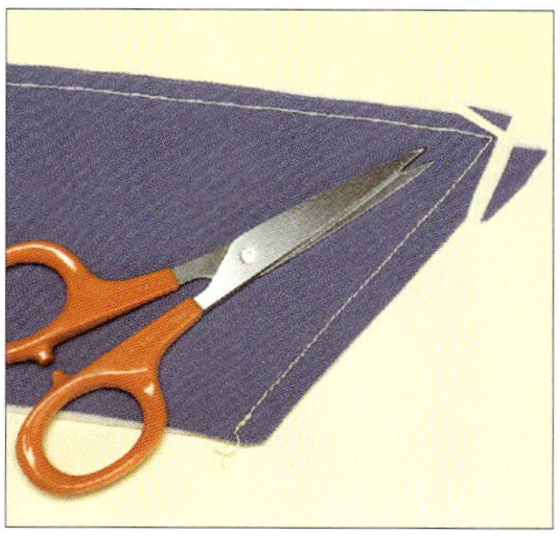

3 *Steppen Sie die Kragenteile zusammen. Schneiden Sie die Nahtzugaben an den Ecken wie oben gezeigt zurück, ohne dabei die Naht zu treffen. Wenden Sie den Kragen und bügeln Sie ihn.*

4 *Stecken und heften Sie die Schnittkanten von rechts an den Halsausschnitt, wobei Sie die Passzeichen beachten.*

5 *Stecken und heften Sie das Besatzteil darüber und steppen Sie die Naht. Den Besatz bügeln Sie ins Innere.*

Einfacher Umlegekragen
Als zusätzlichen Effekt steppen Sie die Ränder des Kragens und die fortlaufende Kante ab. Das ist nicht nur dekorativ, sondern verhindert auch, dass sich die Kanten am Kragen und Vorderteil wellen.

Runder Kragen

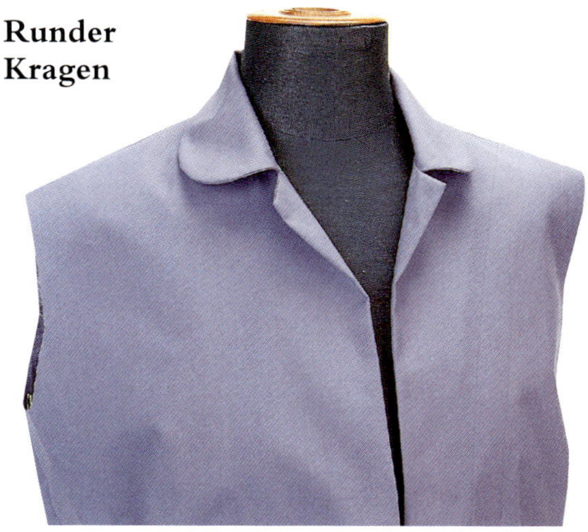

Nach der oben gezeigten Methode können Sie einfache Kragen in jeglicher Form gestalten, so auch den hier gezeigten runden Kragen. Wie man die Zugaben an kurvigen Nähten einschneidet, steht auf S. 39.

Hemdblusenkragen

Solch ein klassischer Schneiderkragen mit Steg ist im Prinzip eine Kombination zwischen Stehkragen (siehe gegenüber) und einfachem Kragen. Diese für Männerhemden typische Kragenform hat sich auch bei Blusen und Jacken für Damen eingebürgert. Wird solch ein Kragen zusätzlich abgesteppt, wirkt er gleich einen Hauch professioneller.

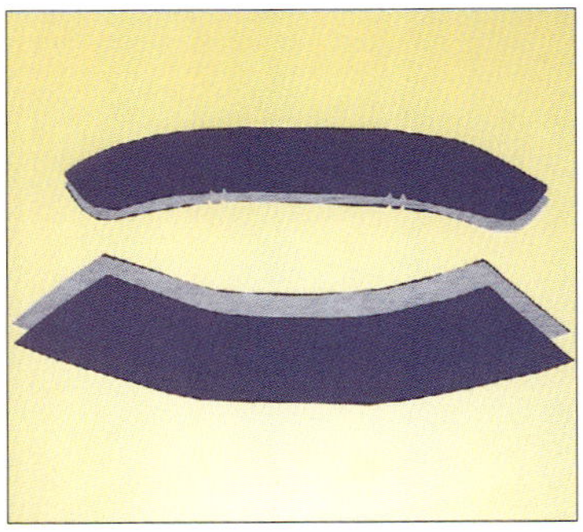

1 Bereiten Sie alle Teile des Kleidungsstücks vor und versehen Sie diese bei Bedarf mit Einlage, auch ein Teil des Kragensteges. Steppen Sie zuerst das Kleidungsstück zusammen, danach beide Kragenteile (siehe S. 59), aber noch nicht die Stegteile.

2 Wenden Sie den Kragen auf rechts, drücken Sie die Ecken spitz heraus und bügeln Sie ihn. Stecken, heften und steppen Sie beidseitig die Stege rechts auf rechts an die Schnittkanten.

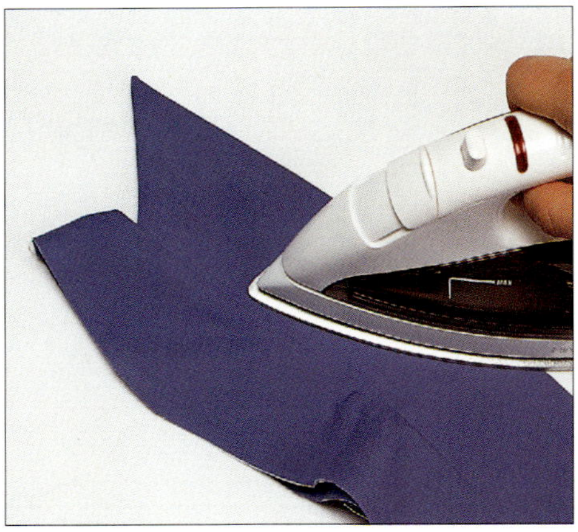

3 Nach dem Steppen knipsen Sie die Nahtzugaben in den Rundungen ein. Wenden Sie den Steg und bügeln Sie die Naht.

4 Hat der Halsausschnitt keinen Besatz, stecken Sie nur das verstärkte Stegteil rechts auf rechts an den Ausschnitt, sonst beide Teile (siehe Schritt 4, S. 59).

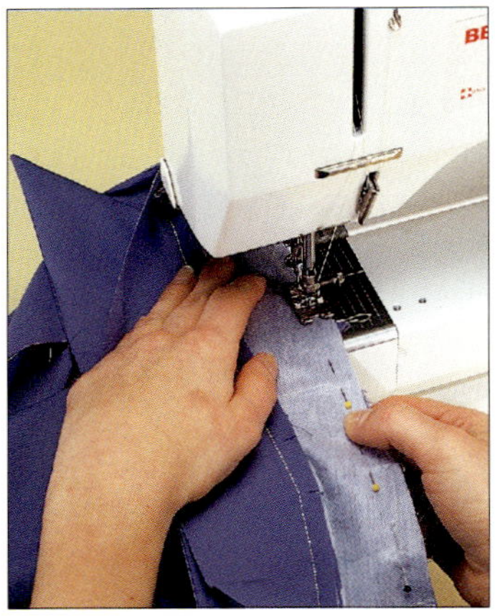

5 Steppen Sie das Stegteil fest. Säumen Sie die Zugabe in Richtung Steg und säumen Sie innen den anderen Steg mit Einschlag gegen diese Naht. Ist ein Besatz vorhanden, verfahren Sie wie in Schritt 5 auf S. 59 beschrieben.

Hemdblusenkragen
In der Verbindung aus Stehkragen und einfachem Umlegekragen entsteht ein typisch klassischer Schneiderkragen.

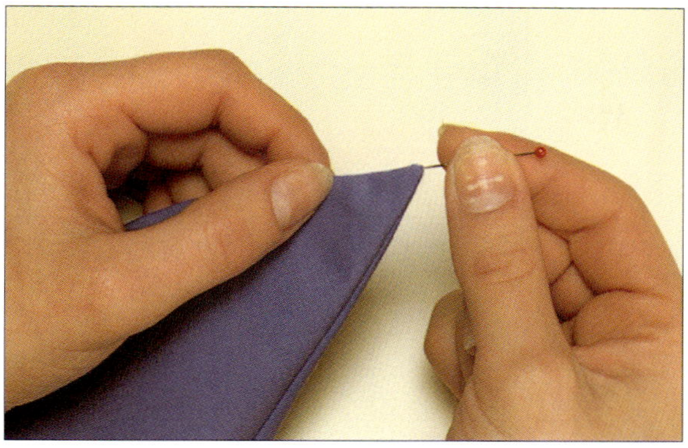

Nützlicher Tipp

Damit die Kragenecke wirklich spitz wird, schneiden Sie die Nahtzugaben zurück (siehe S. 59, Schritt 3) und wenden den Kragen auf rechts. Mit einer Nadel zupfen Sie die Ecke vorsichtig heraus. Ziehen Sie aber nicht an der Naht! Achten Sie auch darauf, dass Sie die Fäden des Stoffs nicht beschädigen.

Stehkragen

Wie der Name sagt, steht dieser Kragen direkt vom Halsausschnitt am Hals hoch. Der für chinesische Kleidung typische Kragen wird manchmal auch Mandarinkragen genannt. Der Halsausschnitt bei dieser Kragenform hat meist keinen Besatz.

1 *Folgen Sie Schritt 1 und 2 auf S. 59. Stecken, heften und steppen Sie beide Kragenteile zusammen. Knipsen Sie die Nahtzugaben an den Rundungen ein, wenden und bügeln Sie den Kragen.*

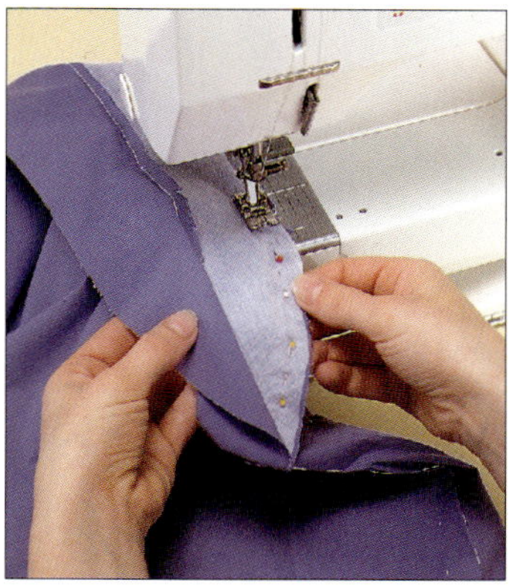

2 *Stecken und steppen Sie das mit Einlage verstärkte Teil rechts auf rechts an den Halsausschnitt. Knipsen Sie die Nahtzugabe ein und bügeln Sie sie in Richtung Kragen.*

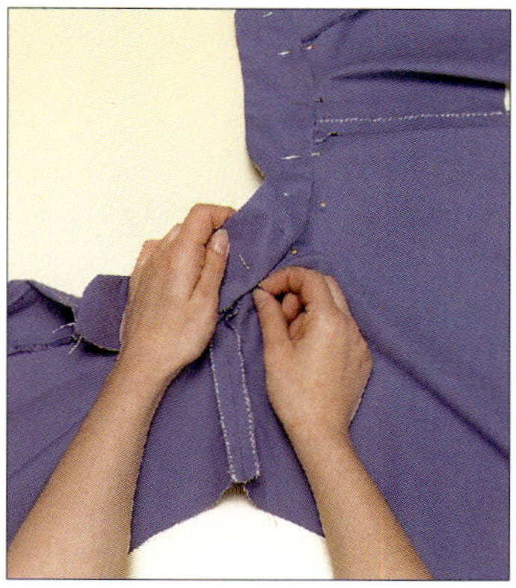

3 *Schlagen Sie die Schnittkante des anderen Teils ein und stecken Sie sie gegen die Naht, so dass die Nahtzugaben im Kragen eingeschlossen sind.*

4 *Säumen Sie die Bruchkante mit Staffierstichen gegen die Naht, damit ein sauberer Abschluss entsteht. Diese Methode eignet sich für alle Kragen an Halsausschnitten, für die kein rückwärtiger Besatz vorgesehen ist.*

Stehkragen
Ein Stehkragen steht über dem Halsausschnitt hoch und verleiht ihm einen gefälligen Abschluss.

Taillenbund

Der Bund ist meist aus demselben Stoff wie die Kleidung gearbeitet: Ein in Fadenlaufrichtung zugeschnittener Stoffstreifen wird verstärkt und doppelt gelegt. Der Taillenbund bildet den oberen Rock- oder Hosenabschluss und ist oft ein unerlässlicher Bestandteil der Kleidung. Er kann schmal oder breit sein, elastisch oder mit Knöpfen oder Häkchen geschlossen. In der Regel gibt das Schnittmuster eine Anleitung für den Bund und eine Verschlussempfehlung.

Einfacher Taillenbund

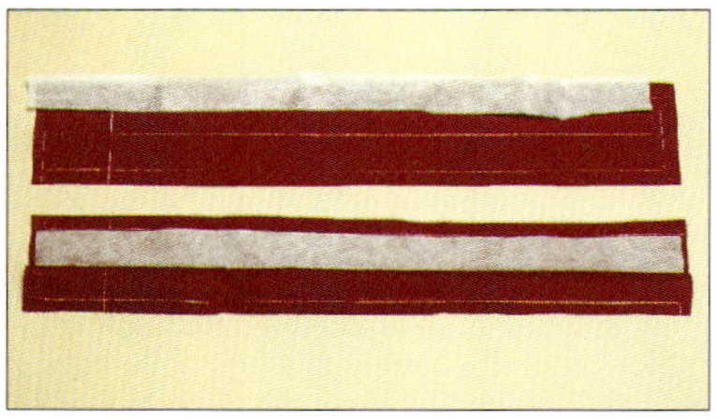

1 Schneiden Sie Stoff und Einlage zu und übertragen Sie die Markierungen. Bügeln oder nähen Sie die Einlage auf und bügeln Sie den Streifen längs auf die Hälfte zusammen.

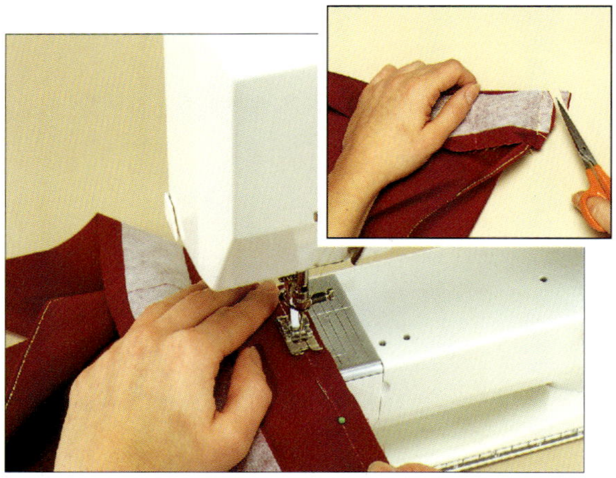

2 Stecken und steppen Sie eine Bundkante rechts auf rechts an den oberen Kleidungsrand, angepasst an den Verschluss. Steppen Sie die Schmalkanten rechts auf rechts zusammen und schneiden Sie die Zugaben an den Ecken zurück. (Um dies zu verdeutlichen, wurde der Reißverschluss weggelassen, der sonst vorher eingesetzt wird.)

3 Versäubern Sie die andere Bundkante mit Zickzackstich. Wenden Sie den Bund, stecken und steppen Sie ihn von rechts knapp neben der Nahtlinie ab, eventuell arbeiten Sie Gürtelschlaufen ein.

4 Hier ist der Bund von links zu sehen. Man kann Aufhängeschlaufen anfügen, indem Sie etwa ein 20 cm langes Nahtband an zwei Stellen rechts und links mit festnähen, sobald die erste lange Naht gesteppt wird (siehe Schritt 2).

Sauberer Abschluss

Bei dünnen Stoffen schlagen Sie die innere Bundkante ein, bevor Sie ihn von rechts absteppen (Schritt 3) und gleichzeitig säumen. Denken Sie rechtzeitig an die Gürtel- oder Aufhängeschlaufen.

Nützlicher Tipp

Das stufige Zurückschneiden von Nahtzugaben verhindert, dass sich bei dicken Stoffen wulstige Stellen durchdrücken: Schneiden Sie die Zugabe der oberen Lage auf 3 mm zurück, die nächste auf 5 mm (siehe Foto), was sich bei noch mehr Lagen bei Bedarf fortsetzen lässt.

Verstärkter Taillenbund

1 Bereiten Sie den Bund wie oben in Schritt 1 beschrieben vor, doch schneiden Sie als stabilere Einlage Ripsband zu, dessen Längskanten Sie auf eine Hälfte des Bundstreifens stecken und steppen.

2 Stecken Sie den angesteppten Bund (siehe Schritt 2) mit Saumeinschlag links über die Naht. Steppen Sie ihn von rechts oben und unten ab; schließen Sie die Enden mit Staffierstichen.

Elastischer Bund mit angesetztem Durchzug

1 Schließen Sie ein Stoffband zum Ring (nur eine halbe Naht nähen) und steppen Sie es längs auf die Hälfte zusammen (links auf links).

2 Schließen Sie die senkrechten Nähte des Rocks oder der Hose (hierfür wird solch ein Bund meist gearbeitet). Ziehen Sie zwei Fäden in den oberen Rand ein, die Sie zum Kräuseln anziehen.

3 Stecken Sie den vorbereiteten Durchzug von rechts gegen die gekräuselte Rockkante. Hierbei trifft die Öffnung des Durchzugs auf eine senkrechte Rocknaht. Außerdem sollen die Fältchen gleichmäßig verteilt werden. Steppen Sie den Bund fest, ziehen Sie dabei die Stecknadeln heraus.

4 Sichern Sie die Schnittkanten mit Zickzackstich. Ziehen Sie einen Gummi ein (siehe unten), die Enden nähen Sie aufeinander. Schließen Sie die Lücke mit Staffierstich.

Techniken	Seite
Heftstiche	*33*
Kräuseln	*35*
Markierungen übertragen	*27*
Schnittmuster	*24*

Nützlicher Tipp

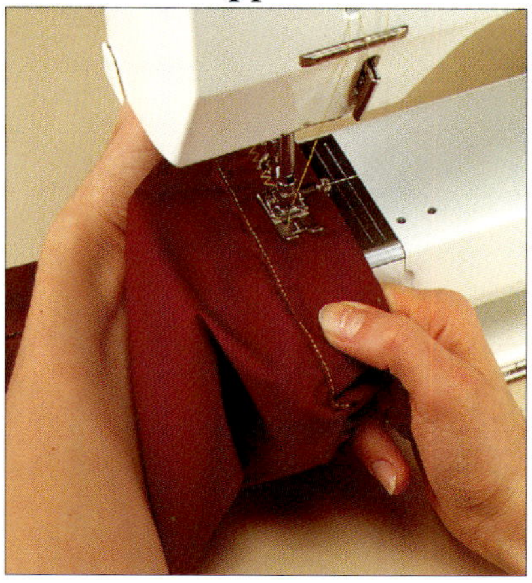

Damit die Falten immer gleichmäßig am elastischen Bund verteilt sind, können Sie in Längsrichtung eine oder mehrere Zickzacknähte durch den fertigen Bund nähen. Dabei dehnen Sie das Gummiband so weit, dass der Stoff glatt liegt.

Elastischer angeschnittener Durchzugbund

1 Falten und stecken Sie den Stoff in gewünschter Durchzugbreite mit einem 5-mm-Einschlag nach links um und steppen Sie ihn bis auf wenige Zentimeter fest. Ziehen Sie ein Gummiband ein, dessen Enden Sie aufeinander nähen.

2 Schließen Sie die Lücke an der Einschlagkante durch erneutes Absteppen mit der Maschine.

Kordeldurchzug

Nähen Sie einen angeschnittenen Bund, wie links beschrieben, doch lassen Sie diesmal auf der rechten Seite eine Öffnung. Dort lässt sich eine passende Kordel zum Binden einziehen – eine ideale Lösung für Schlafanzüge oder Sportkleidung.

Säume

Säume sind die unteren Abschlüsse eines Kleidungsstücks oder eines einfachen Ärmels, schließen aber auch die Ränder von Heimtextilien wie Tisch- und Tagesdecken oder Vorhängen ab. Welche Art der Saumverarbeitung Sie wählen, hängt vom Material, der Schnittform und letztlich von der beabsichtigten Optik des Modells oder des Heimtextils ab. Säume, von Hand oder maschinell genäht, sollten von rechts fast unsichtbar sein. Die gebräuchlichste Saumverarbeitung ist folgende: Zuerst wird die Saumzugabe nach innen umgelegt und dann die Schnittkante nochmals eingeschlagen, damit sie im Saum verschwindet. Bei schweren Stoffen oder zu wenig Zugabe kann die Kante eingefasst werden. Akkurate Säume heftet man vor dem Nähen; doch meist genügt es, sie vorher zu stecken.

Einfacher Handsaum

1 Markieren und bügeln Sie die untere Saumlinie und Einschlagkante. Heften Sie beide Linien durch. Schneiden Sie den Einschlag auf 5 mm zurück.

2 Falten Sie die Saumzugabe wieder nach innen, bügeln Sie sie nochmals und heften Sie sie in der Mitte längs fest; Nähte treffen dabei aufeinander.

3 Schlagen Sie die Schnittkante entlang der Heftlinie ein und stecken Sie sie fest. Jetzt kann der Saum angenäht werden.

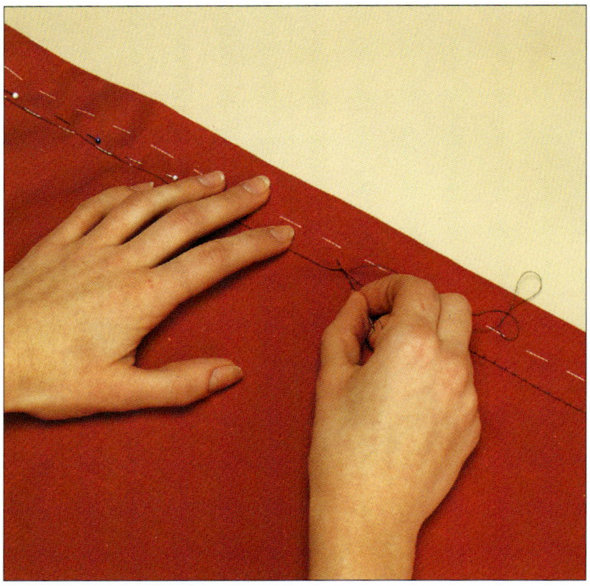

4 Für einen ordentlichen Saum legen Sie den Stoff mit der rechten Seite auf eine flache Unterlage. Greifen Sie bei jedem Einstich nur 1 bis 2 Fäden vor allem des unteren Stoffs auf, wenn Sie die Kante ansäumen. Entfernen Sie nach und nach die Stecknadeln und ganz zum Schluss die Heftfäden.

Verschiedene handgenähte Säume

Säume können auf verschiedene Art und Weise von Hand gearbeitet werden. Am besten probieren Sie unterschiedliche Techniken aus, bevor Sie eine für Ihr Nähprojekt geeignete Art der Saumverarbeitung auswählen.

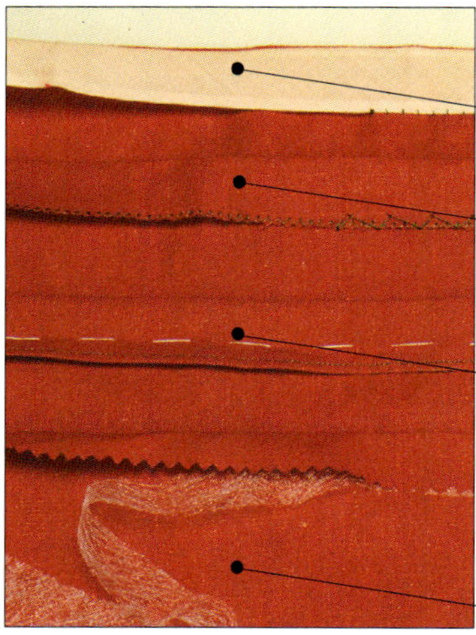

Schrägstreifen oder gerades Band, maschinell an eine nur schmale begradigte Saumzugabe genäht; nach dem Umbügeln von Hand oder maschinell angesäumt.

Schnittkante mit Zickzackstich versäubert, Saumzugabe umgebügelt; Kante mit Hexenstich angesäumt.

Bei leichten Stoffen: Schnittkante eingeschlagen und maschinell gesäumt; Saumzugabe umgebügelt, geheftet, Kante mit Saumstich befestigt (siehe Schritt 4).

Aufbügelbares Saumband: ideal für schnelle Reparaturen und für dünne Stoffe, denn es bleibt auch nach der Wäsche weich. Hier: Versäuberung der Schnittkante mit der Zackenschere; Einlegen des Saumbandes unter der Saumzugabe und festbügeln.

Stiche für Handsäume

Schräge Saumstiche: *Nützlich für feine Säume bei Kleidung und Heimtextilien. Fixieren Sie das Fadenende in einer Naht und säumen Sie die Kante mit kleinen gleichmäßigen Stichen an.*

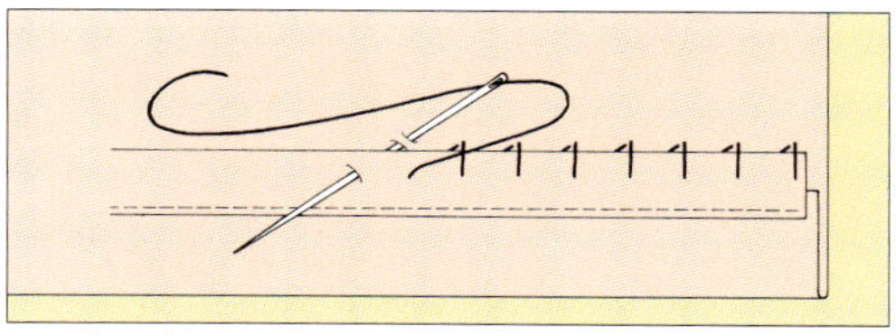

Senkrechte Saumstiche: *Sind bei dickeren Stoffen leichter zu arbeiten. Beginnen Sie wie beim schrägen Stich, der hier aber senkrecht verlaufen soll. Von rechts dürfen die Stiche nur winzig sein.*

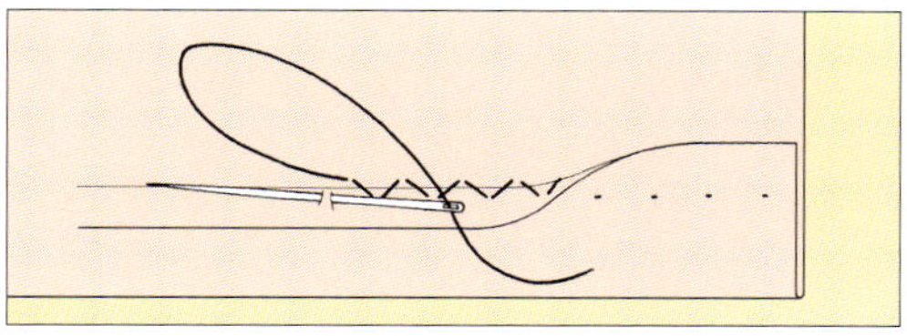

Blindstich: *Ist auch von links kaum zu sehen. Falten Sie die zuvor versäuberte Schnittkante um. Stechen Sie mit winzigen Stichen abwechselnd durch beide Stofflagen.*

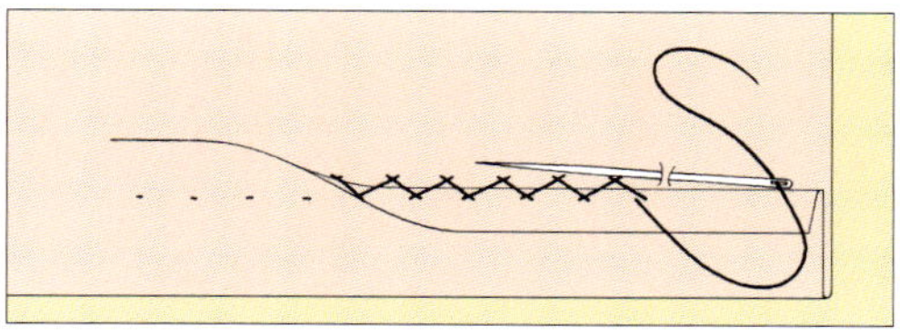

Hohler Hexenstich: *Ideal für gestrickte Maschenwaren. Wird als normaler Hexenstich genäht (siehe S. 33); dabei aber wie beim Blindstich nur ganz wenige Gewebefäden aufgreifen.*

Hosenaufschlag

1 *Auf der Innenseite des Hosenbeins markieren Sie drei Linien: Aufschlagunterkante (unten), Oberkante (Mitte) und Hosensaum (oben). Legen Sie den Umschlag an der Mittellinie um. Sichern Sie die zuvor versäuberte Schnittkante mit Hexenstich.*

2 *Bügeln Sie den Stoff an der unteren Linie nach außen, an der oberen nach innen. Sichern Sie den Aufschlag an den Nähten und ziehen Sie die Heftfäden.*

Runder Saum

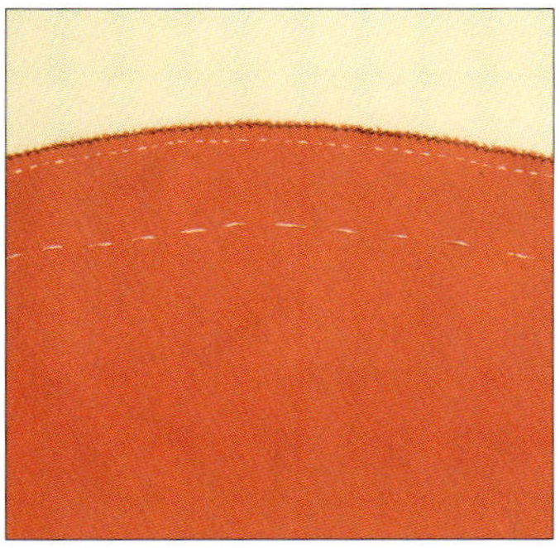

1 *Versäubern Sie die runde Schnittkante und heften Sie die Saumlinie durch. Nähen Sie 5 mm nebem dem Rand eine lockere Kräuselnaht.*

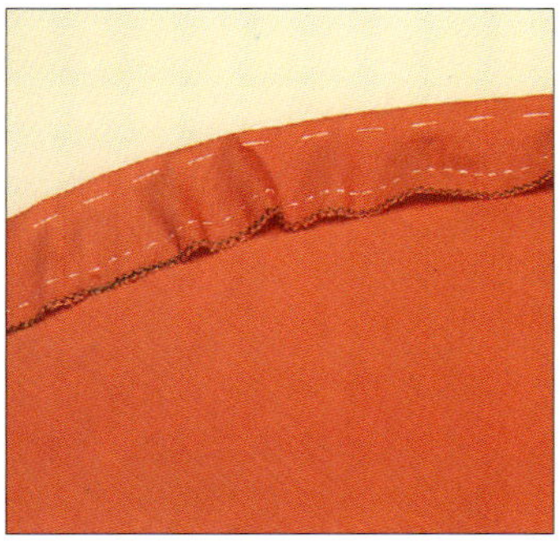

2 *Falten Sie die Saumzugabe entlang der gehefteten Markierung nach innen und heften Sie diese 5 mm von der Saumlinie entfernt fest.*

3 *Ziehen Sie den Kräuselfaden etwas an, um die Weite der Saumzugabe gleichmäßig einzuhalten und an den Saum anzugleichen.*

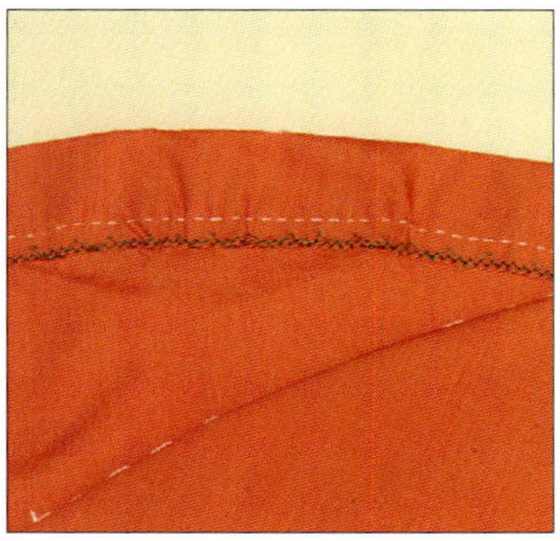

4 *Säumen Sie die eingehaltene Stoffkante von links mit Hexenstich an. Entfernen Sie die Stecknadeln und Heftfäden. Bügeln Sie den Saum.*

Einfacher schmaler Maschinensaum

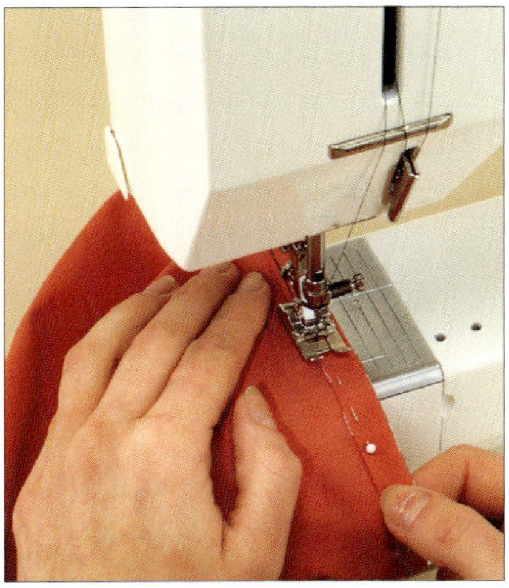

1 *Messen, markieren und heften Sie zwei Faltlinien: 5 mm neben der Kante für den Einschlag und 1,5 cm dahinter die Saumlinie. Bügeln Sie den Einschlag um.*

2 *Falten Sie dann die Saumzugabe an der Saumlinie nach innen. Stecken Sie diesen Einschlagsaum fest, an den Nähten beginnend.*

3 *Steppen Sie die Einschlagkante von links knappkantig fest, dabei ziehen Sie die Nadeln dann die Heftfäden heraus. Bügeln Sie den Saum.*

Breit abgesteppter Saum

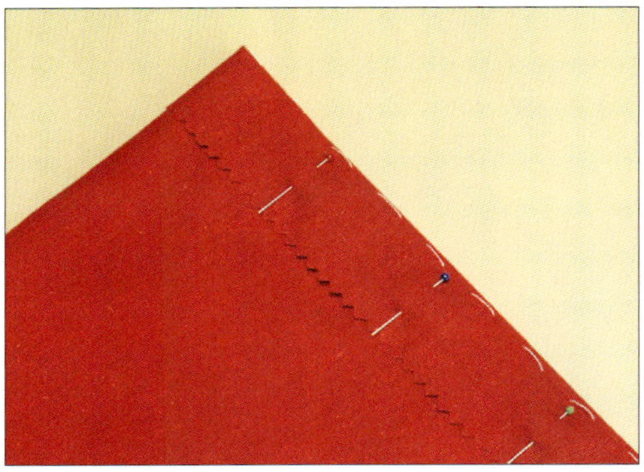

1 *Markieren, stecken und bügeln Sie die Saumlinie, versäubern Sie die Schnittkante mit der Zackenschere. Schlagen Sie sie nach innen ein und stecken Sie sie fest.*

2 *Steppen Sie den Saum von rechts an. Orientieren Sie sich an den Linien auf der Maschinenstichplatte. Nach dem Ziehen des Heftfadens bügeln Sie den Saum.*

Doppelte Steppnaht für Zwillingsnadeln

Attraktiv und gefällig sieht ein abgesteppter Saum mit Doppelnaht aus, der mit Zwillingsnadeln oder zweimal hintereinander gesteppt ist.

Maschinell genähter Blindsaum

Für die meisten modernen Nähmaschinen ist spezielles Zubehör für Blindsäume erhältlich. Damit können Sie beinahe unsichtbare Saumnähte erzeugen. Diese Methode eignet sich für fast alle Stoffe, vor allem aber für schwere Stoffe und für Maschenwaren.

1 *Markieren und bügeln Sie die Saumkante, sichern Sie den Stoffrand mit Zickzackstich. Klappen Sie den Saum zur rechten Seite. Mit dem Blindstichfuß nähen Sie 5 mm neben der Stoffkante und zugleich durch den Stoffbruch.*

2 *Beim fertigen und haltbaren Blindstichsaum liegen gerade Steppstiche auf der Saumzugabe entlang der Stoffkante, Zickzackstiche erfassen den Oberstoff. Sie sind auf der rechten Seite kaum zu sehen.*

„Falscher" Saum mit Futterbesatz

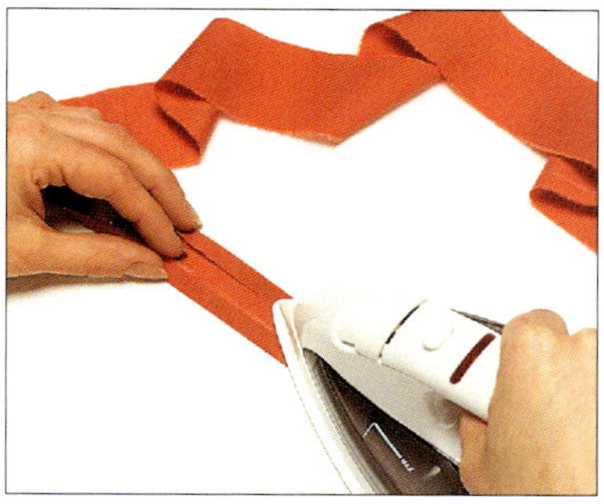

1 Markieren Sie die Saumlinie auf dem Stoff. Schneiden Sie einen Futterstreifen zu, er soll 3 cm plus Nahtzugaben breit sein. Bügeln Sie die Zugaben beidseitig um, auch an einer Schmalkante.

2 Legen und stecken Sie, rechts auf rechts, eine Schmalkante des Streifens mit dem Stoffbruch an eine Naht und einen Längsbruch auf die markierte Saumlinie.

3 Steppen Sie diesen Längsbruch an, wobei Sie die Stecknadeln entfernen. Das Streifenende steppen Sie einfach über den umgeschlagenen Anfang. Klappen Sie den Streifen auf die rechte Stoffseite.

4 Bügeln Sie die Saumlinie so, dass die Naht nicht genau im Stoffbruch, sondern etwas höher liegt. Stecken Sie den Streifen mit bereits gebügeltem Einschlag fest.

5 Säumen Sie die Einschlagkante von Hand an, bügeln Sie den Saum. Er ist ideal bei dicken Stoffen oder wenig Saumzugabe.

Eingefasste Saumkante

Solch eine Saumverarbeitung ähnelt der oben beschriebenen Methode, hier jedoch wird ein Schrägstreifen anstatt eines gerade zugeschnittenen Stoffstreifens angesetzt. Diese Art der Verarbeitung eignet sich gut für runde Säume. Man kann die eingefasste Kante entweder „unsichtbar" nach innen klappen und annähen oder als dekoratives Element sichtbar lassen. Finden Sie keinen in Farbe oder Breite geeigneten fertigen Schrägstreifen, können Sie ihn sich leicht selbst aus Stoff anfertigen. Folgen Sie dazu der Anleitung auf S. 44–45.

1 Steppen Sie den Schrägstreifen wie oben bei Schritt 2 beschrieben an die markierte Saumlinie.

2 Falten Sie einen sichtbar bleibenden Streifen auf die Hälfte zusammen und steppen Sie den Einschlag fest.

ROLLSÄUME

Rollsäume können von Hand oder maschinell gearbeitet sein. Den feinsten Abschluss an zarten, leicht ausfransenden Stoffen wie beispielsweise Seide bildet der klassische handgenähte Rollsaum: Man rollt die Stoffkante ein und fixiert sie von Hand. Ideal ist dieser Saum für Tücher und Abendkleidung.
Maschinelle Rollsäume werden stabiler, die Kante ist schärfer. Für Kleidung aus dünnen Stoffen sind sie durchaus akzeptabel, zumal sie schneller genäht sind. Die erste Methode eignet sich auch für mittlere oder schwerere Stoffe, wird dann aber breiter als hier gezeigt. Die zweite Methode braucht weniger Zeit, dafür aber eine gleichmäßig schneidende Hand. Rollsäume werden zweifach abgesteppt: Hier sind die Steppnähte nebeneinander zu sehen, man kann sie aber auch sehr sorgfältig auf einer Linie nähen.

Handgenähter Rollsaum

1 Schneiden Sie die Stoffkante gleichmäßig glatt, aber während der Arbeit am besten immer nur ein Stück, damit sie nicht wieder ausfranst. Man kann auch die Nahtlinie mit einem Bleistift dünn markieren.

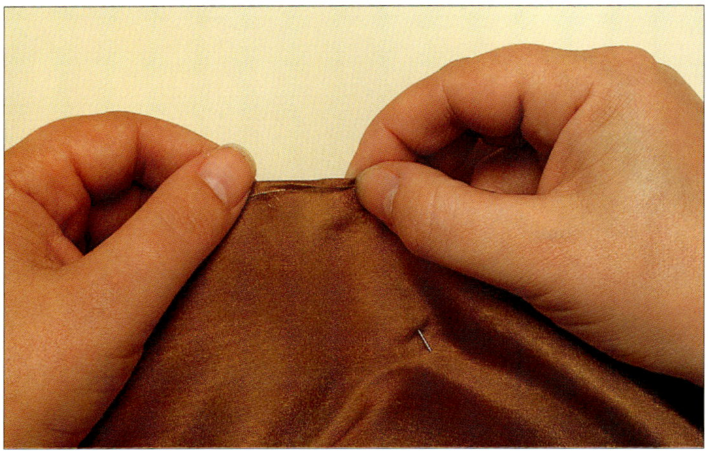

2 Rollen Sie die Schnittkante vorsichtig nach innen, wobei sie ganz eingeschlossen wird. Arbeiten Sie auch hier nur partieweise. Je schmaler der Saum, um so feiner wird der Abschluss.

3 Legen Sie das Röllchen über einen Finger. Stechen Sie abwechselnd oben und unten ein, erfassen Sie dabei nur einen oder wenige Gewebefäden. Ziehen Sie den Nähfaden leicht an.

4 Ein handgenähter Rollsaum sollte auf beiden Seiten gleich sauber aussehen, mit winzigen Stichen in gleichmäßigen Abständen. Für eine spitze ordentliche Ecke schneiden Sie vor dem Säumen ein kleines Dreieck ab. Mit der eingerollten Saumzugabe nähen Sie eine kleine Briefecke (siehe S. 41). Bei Bedarf fixieren Sie die Ecke bei der Arbeit mit einer Stecknadel.

Maschinell genähter Rollsaum: Methode 1

1 *Falten Sie den begradigten Stoffrand nicht zu breit nach links um und bügeln Sie die Kante. Falten und bügeln Sie den Rand erneut, ein Doppelsaum entsteht.*

2 *Stecken Sie den Saum parallel zum Rand von der linken Seite aus fest. Die Ecken heften Sie am besten, damit sie ordentlich werden.*

3 *Steppen Sie den Saum von links fest, ziehen Sie dabei die Stecknadeln heraus. Bügeln Sie den Saum.*

Rollsaum nach Methode 1 **Rollsaum nach Methode 2**

Maschinell genähte Rollsäume
Diese beiden Verfahren sind unkompliziert und für feine Stoffe geeignet. Methode 2 ist vor allem für Rüschen zu empfehlen. Das Beispiel der Methode 1 zeigt, dass solch ein Saum dicker und sichtbarer ist als der von Methode 2, der beidseitig fast gleich aussieht; rechte und linke Stoffseite sind kaum voneinander zu unterscheiden. Einen Rollsaum an einer schräg geschnittenen Kante bügeln Sie erst zum Schluss, damit er sich nicht verzieht. Am besten heften Sie den Einschlag vor dem Nähen.

Maschinell genähter Rollsaum: Methode 2

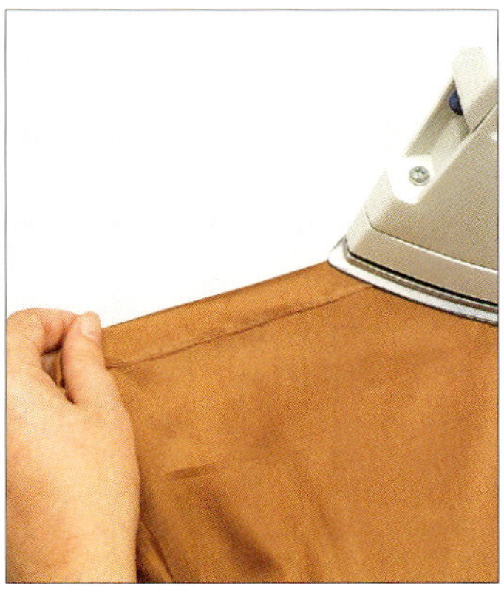

1 *Bügeln Sie zuerst die Saumzugabe ungefähr 1,5 cm breit zur linken Stoffseite um.*

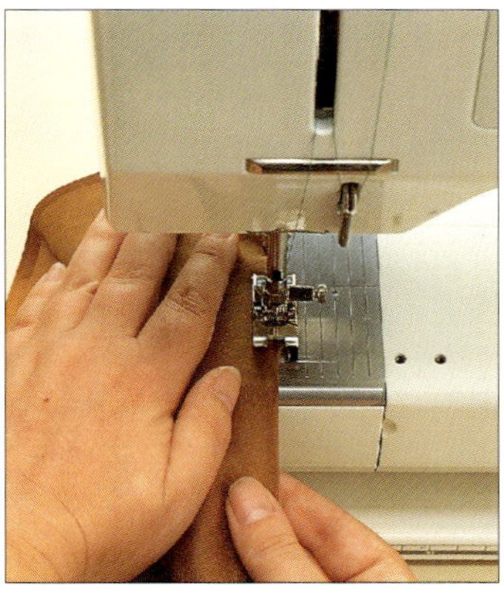

2 *Steppen Sie die Bruchkante knappkantig von der rechten Stoffseite aus fest.*

3 *Klappen Sie die Saumzugabe hoch, damit Sie mit einer scharfen spitzen Schere den überschüssigen Stoff bis dicht an die Nahtlinie zurückschneiden können.*

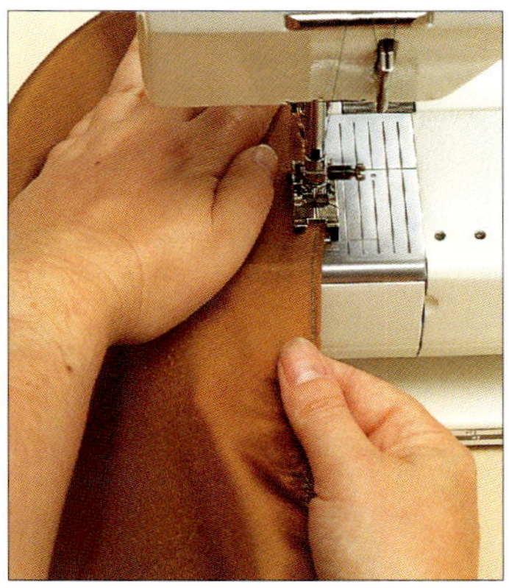

4 *Steppen Sie nun dicht neben der ersten Naht von der linken Stoffseite aus eine zweite Linie, so dass die Schnittkante nicht mehr ausfransen kann.*

Taschen

Taschen sind mehr als nur ein funktioneller Bestandteil von Kleidungsstücken, sie sind auch modisches, meist aus demselben Stoff gefertigtes Detail. Bei Kleidung aus dickem Material wie Wollstoff oder Kord näht man die eingesetzten Taschen jedoch aus dünnerem Stoff. Taschen sollten für den normalen Gebrauch recht stabil sein. Die Bandbreite von Taschen umfasst auf- oder eingesetzte Taschen, beispielsweise Nahttaschen, Hüftpassentaschen, Paspeltaschen, wobei jede eine spezielle Verarbeitungstechnik erfordert.

Aufgesetzte Taschen

Aufgesetzte Taschen werden außen auf das Kleidungsstück genäht. Sie sind einfach aufgebaut und in vielen Variationen üblich: mit eckigen oder gerundeten Ecken; aus demselben oder kontrastierendem Stoff, auch mit Futter oder als gedoppelte Tasche.

Einfache aufgesetzte Tasche

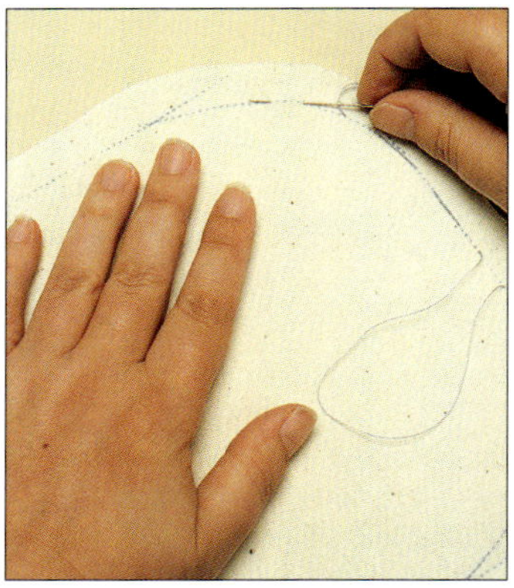

1 Übertragen Sie die äußere Taschenform vom Schnittmuster auf das Kleidungsstück und den Taschenstoff. Mit Saumzugabe zuschneiden; Saumlinie durchheften.

2 Sichern Sie die obere Kante mit Zickzackstich und schlagen Sie sie wie eingezeichnet rechts auf rechts liegend um. Stecken Sie die Schmalkanten fest.

3 Steppen Sie die Schmalkanten auf der Saumlinie fest. Schneiden Sie die Zugaben an der Ecke schräg zurück.

4 Wenden Sie den oberen Saum auf rechts. Damit die Ecken rechtwinkelig spitz werden, ziehen Sie diese zum Schluss mit einer Nadel vorsichtig heraus.

5 Falten, bügeln und heften Sie die Saumzugabe rundherum nach links. Halten Sie diese an den Rundungen (evtl. mit Zusatzfaden) ein.

6 So kann die Tasche auf das markierte Kleidungsstück aufgesetzt werden – mit einer Naht, die sie in Form hält und dabei befestigt.

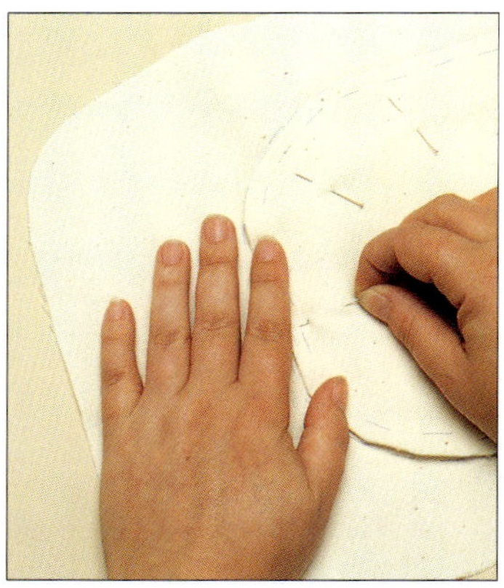

7 Stecken Sie die Tasche in der richtigen Position auf das zuvor markierte Kleidungsstück. Sie kann auch angeheftet werden.

8 Steppen Sie die Tasche einfach oder doppelt auf. Die Nahtenden können Sie mit gesteppten Dreiecken dekorativ sichern.

Gefütterte aufgesetzte Tasche

1 *Schneiden Sie das Taschenteil und das kleinere Futterteil zu. Markieren Sie die Saumzugaben mit Heftstichen.*

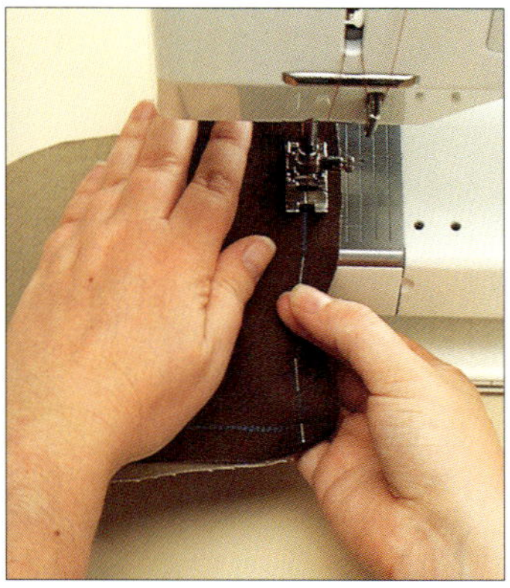

2 *Stecken, heften und steppen Sie Taschen- und das kürzere Futterteil an der oberen Kante rechts auf rechts zusammen.*

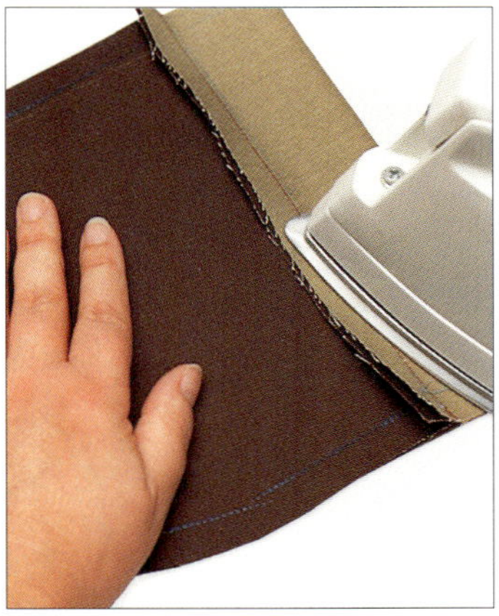

3 *Bügeln Sie die Umschlagkante, so dass die Tasche genau doppelt liegt. Die Nahtzugaben bügeln Sie in Richtung Futterstoff.*

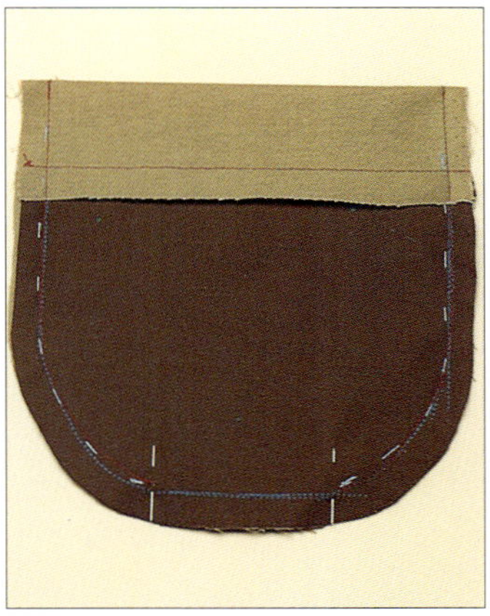

4 *Stecken, heften und steppen Sie die Schnittkanten rundherum zusammen, doch lassen Sie zum Wenden der Tasche unten eine Öffnung.*

5 *Entfernen Sie Stecknadeln und Heftfäden und wenden Sie die Tasche auf rechts. Schließen Sie die Lücke von Hand; bügeln Sie die Tasche.*

6 *Heften Sie rundherum und setzen Sie die gefütterte Tasche wie gegenüber in Schritt 7 und 8 beschrieben auf das Kleidungsstück.*

Gedoppelte Aufsetztasche

Eine gedoppelte Tasche wird wie eine gefütterte gefertigt, bis auf die Verbindungsnaht zwischen Futter und Taschenstoff. Falten Sie das in doppelter Größe zugeschnittene Taschenteil rechts auf rechts bündig zusammen, dann folgen Sie Schritt 4–6 der oberen Anleitung. Bei kleinen gefütterten oder gedoppelten Taschen lassen Sie eine Öffnung seitlich bestehen, das erleichtert das Wenden.

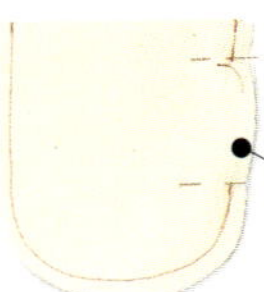

Dekorative Effekte
Taschen können äußerst vielfältig verziert werden. Diese schmucke Tasche für ein Kinderkleid fällt durch die rote Litze und das bunte Aufbügelmotiv auf.

„Magische Tasche“

Bei dieser Methode (nur für große Taschen!) wird so gesteppt, dass man außen keine Nähte sieht, obwohl die Tasche aufgesetzt ist.

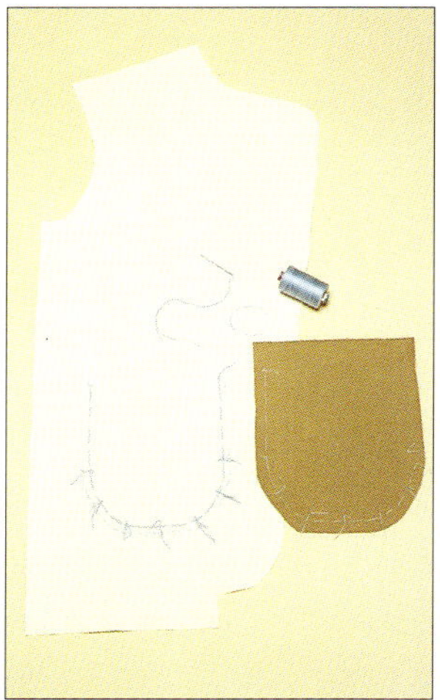

1 Markieren Sie mit Schneiderkreide die Taschenposition auf dem Kleidungsstück. Die Saumlinie am Taschenteil markieren Sie mit Heftstichen. Legen Sie es passgenau mit der linken Seite nach unten auf die Markierung, darunter einen gefalteten Bogen Schneiderkopierpapier, die Farbseiten außen. Zeichnen Sie rundherum auffällige Passzeichen am Kleidungsstück und Taschenteil an.

2 Versäubern Sie die obere Taschenkante, nähen Sie dort einen breiten Saum. Stecken Sie, rechts auf rechts, eine Seite der Tasche auf die Markierung, die Passzeichen müssen genau aufeinander treffen.

3 Steppen Sie das Stück an, wobei Sie beide Stofflagen straff halten. Ziehen Sie die Nadeln einzeln heraus. Damit stecken Sie die übrige Kante schrittweise an die Markierung und nähen sie partieweise weiter an.

Hüftpassentasche

Diese Taschen für Hosen und Röcke sind in der Seiten- und Taillennaht oder Bundnaht befestigt. Sie besteht aus einem Vorderteil mit Tascheneingriff, der hinteren Passe (hier hellbraun) mit angeschnittenem Taschenteil und einem Extrataschenteil, das auch aus Futterstoff gemacht sein kann (hier dunkelbraun).

1 Schneiden Sie Vorderteil und Passe sowie das Taschenteil zu. Verstärken Sie es von links mit einer Einlage.

2 Stecken und heften Sie das Taschenteil rechts auf rechts an die Eingriffskante des Vorderteils. Schneiden Sie die Nahtzugaben stufig zurück (am Taschenteil kürzer, siehe S. 62) und knipsen Sie sie ein.

3 Steppen Sie wie abgebildet eine knappkantige Stütznaht auf die zur Seite gebügelte Nahtzugabe. Dieses Untersteppen erscheint später als Stepplinie innen an der Eingriffskante.

4 Bügeln und heften Sie die gewendete Eingriffskante. Steppen Sie die Passe ans Taschenteil; versäubern Sie die Zugaben.

5 Stecken und heften Sie die Passe oben und seitlich fest. Steppen Sie die Seitennähte des Kleidungsstücks. Die Nahtzugaben bügeln Sie so, dass die Tasche flach liegt. Erst dann näht man die Taille oder den Bund.

6 Die (hier fast) fertige Hüftpassentasche fügt sich glatt in die Hüftpartie des Rocks oder der Hose ein.

Nahttasche

Diese einfach zu fertigende Taschenart wird in die Naht eingearbeitet, meist in eine Seitennaht. Sie wird häufig in Röcke, Kleider und Hosen, aber auch in Jacken und Mäntel eingesetzt. Oft wird für den Taschenbeutel ein leichterer Stoff als der des entsprechenden Kleidungsstücks verwendet, wie zum Beispiel bei Freizeitkleidung und in Hosen.

1 *Schneiden Sie alle Teile zu und markieren Sie sie. Legen Sie zwei Nahtbandstreifen bereit, etwas länger als der Tascheneingriff, um diesen zu verstärken.*

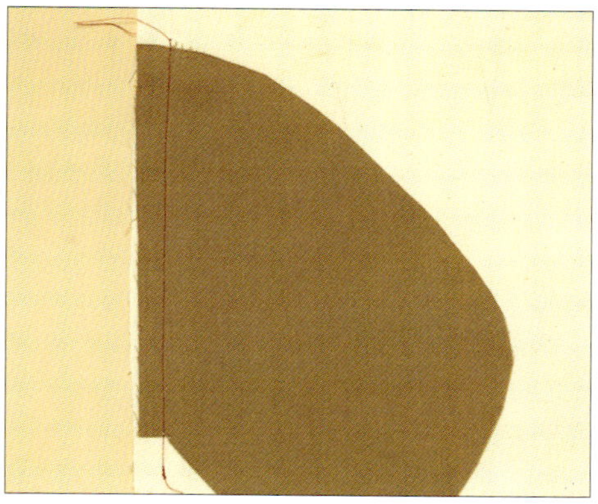

2 *Stecken und steppen Sie die Eingriffskante eines Taschenteils rechts auf rechts an die betreffende Naht. Nähen Sie dann einen Streifen Nahtband auf der anderen Seite dagegen. Verfahren Sie genauso mit dem zweiten Taschenteil.*

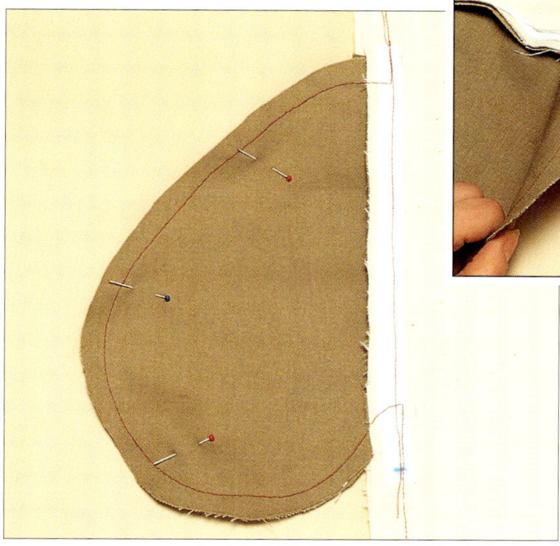

3 *Stecken und steppen Sie beide Kleidungsteile mit den Taschenhälften rechts auf rechts zusammen: zuerst die Seitennaht bis zur Tasche, dort der Rundung folgend und weiter nach unten. Rückstiche sichern die Ecken; dort knipsen Sie die Zugaben ein.*

4 *Bügeln Sie die Zugaben der Seitennähte auseinander. Außen sieht man nur einen unscheinbaren Tascheneingriffschlitz.*

Andere Nahttaschen

Schnittmuster enthalten Nahttaschen in den unterschiedlichsten Formen. Einige werden an einen Besatzstreifen angenäht, der bereits ans Kleidungsstück angeschnitten ist. Bei einer anderen Variante sind alle Taschenteile angeschnitten. Diese beiden Möglichkeiten werden rechts vorgestellt.

Oben: *Diese Methode ist ideal für Kleidung aus dicken Stoffen, in die man dünne Taschenbeutel einnähen möchte. Durch diesen Besatz bleibt die Eingriffskante glatt und die Tasche ist fast unsichtbar.*

Oben: *Komplett angeschnittene Taschenbeutel sind für dünne oder mitteldicke Stoffe empfehlenswert. Es ist wichtig, die Ecken am Tascheneingriff mit Rückstichen zu sichern, wie schon in Schritt 3 erwähnt.*

Paspeltasche

Paspeln sind Stoffstreifen, die Tascheneingriffe sowohl verstärken als auch professionell geschneidert wirken lassen. Exaktes Messen und Markieren ist beim Nähen unerlässlich, dazu gehört auch das Heften zum Markieren und um Teile vorübergehend zu fixieren. Das vordere Taschenteil fertigen Sie aus Futterstoff, damit die Tasche nicht zu dick wird. Das hintere Teil, das man durch den Eingriff sieht, besteht aus dem betreffenden Kleiderstoff.

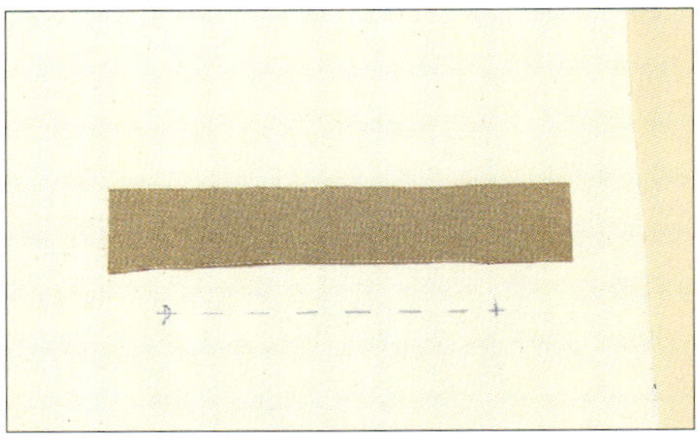

1 Schneiden Sie alle Teile zu. Markieren und heften Sie den Tascheneingriff am Kleidungsstück; die Paspelstreifen längs auf die Hälfte zusammenbügeln.

2 Stecken Sie beide Paspeln auf der rechten Stoffseite exakt an den markierten Tascheneingriff, so dass sich dort die Schnittkanten genau gegenüberliegen.

3 Steppen Sie die Paspeln füßchenbreit entlang den Schnittkanten an, nicht über die Enden nähen. Beide Nähte sollen genau gleich lang sein. Wenn Sie von rechts steppen, ist die Nahtlänge anhand der Markierung noch besser erkennbar.

4 Schneiden Sie den markierten Tascheneinschnitt zwischen den Nähten auf, aber nur bis 1 cm vor dem Ende, wo Sie den Stoff bis zu den Nahtenden einknipsen. Falten, heften und steppen Sie die so entstehenden Dreiecke nach links.

5 Ziehen Sie die Paspeln durch den Schlitz nach links, die Bruchkanten stoßen genau gegeneinander. Heften Sie sie sicherheitshalber zusammen und entfernen Sie diese Fäden erst, wenn das ganze Kleidungsstück fertig genäht ist.

6 Stecken und steppen Sie das Kleiderstoff-Taschenteil mit der Oberkante passgenau an die Schnittkante der oberen Paspel. Damit das Kleidungsstück über der Tasche dabei nicht aus Versehen mitgenäht wird, klappen Sie es nach unten.

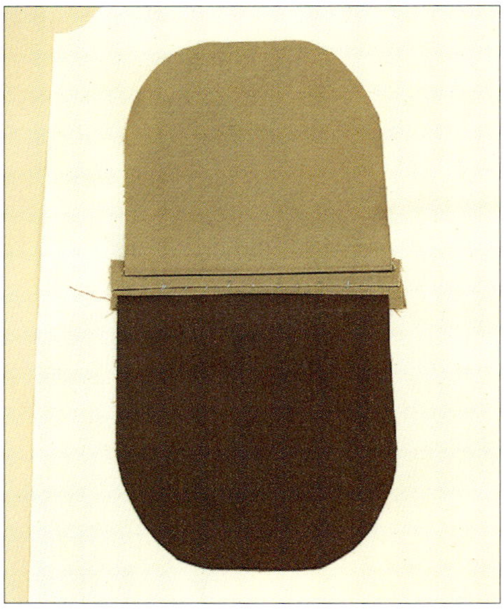

7 Steppen Sie genauso das Taschenteil aus Futter an die untere Paspel. Klappen und bügeln Sie das obere Teil darüber.

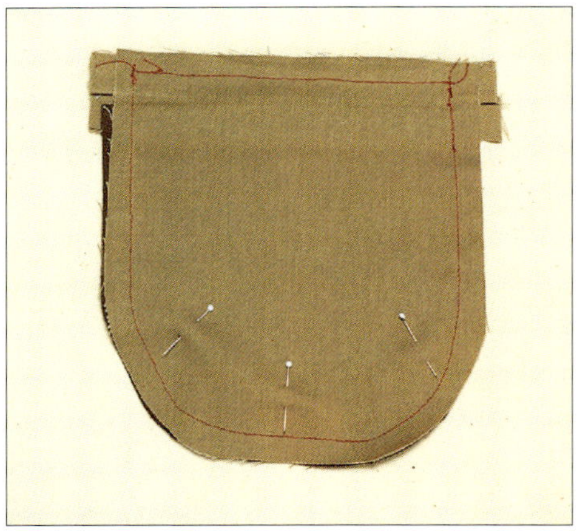

8 Stecken Sie beide Taschenteile flach aufeinander. Steppen Sie die beiden Teile zusammen. Die Nahtzugaben versäubern Sie gemeinsam mit Zickzackstich.

Leistentasche

Anders als bei der Paspeltasche wird hier nur ein Stoffstreifen angesetzt, sozusagen eine Leiste, die den Tascheneingriff verdeckt. Der Taschenbeutel ist darüber hinaus auch einteilig. Bei der zweiteiligen Paspeltasche kann eine Hälfte aus dünnerem Stoff gemacht sein, damit die Tasche bei kräftigem Stoff nicht zu dick wird.

1 Markieren Sie den Taschenschlitz auf der Kleidung. Steppen Sie die längs gefaltete Leiste an den Schmalseiten rechts auf rechts zusammen, wenden und bügeln Sie sie. Heften Sie sie auf der rechten Stoffseite exakt unter die Linie.

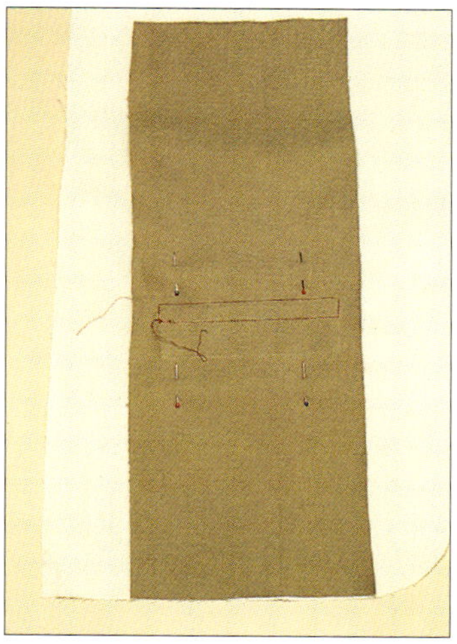

2 Steppen Sie das Taschenteil wie abgebildet darüber: Die untere Naht ist genauso lang wie die mitgefasste Leiste, die obere sollte etwas kürzer sein.

3 Schneiden Sie den Schlitz in Kleiderstoff und Tasche (s. Schritt 4 auf S. 74). Ziehen Sie die Tasche nach links, die Leiste klappt nach oben.

4 Stecken und steppen Sie die Tasche zusammen und nähen Sie die am Schlitz entstandenen Dreiecke fest. Versäubern Sie die Tasche rundherum mit Zickzackstich.

5 Die nach oben geklappte Leiste verdeckt nun den Tascheneingriff. An den Schmalseiten befestigen Sie sie von Hand mit Staffierstich oder mit dem Steppstich der Maschine.

Taschenklappe

Um eine „falsche" Tasche anzudeuten oder einen Tascheneingriff zu verdecken, steppen Sie die zwei Klappenteile rechts auf rechts zusammen (bis auf die obere Kante), schneiden die Ecken zurück, wenden und bügeln sie. Steppen Sie die Ränder ab. Nähen Sie die Klappe, rechts auf rechts und nach oben zeigend auf. Falten Sie sie nach unten und steppen Sie nun die obere Kante ab.

Paspeltaschen-Variante

Bei dieser Variante wird für die zwei Paspeln am Tascheneingriff nur ein Stoffstreifen untergenäht, so ähnlich wie beim Paspelknopfloch (siehe S. 79).

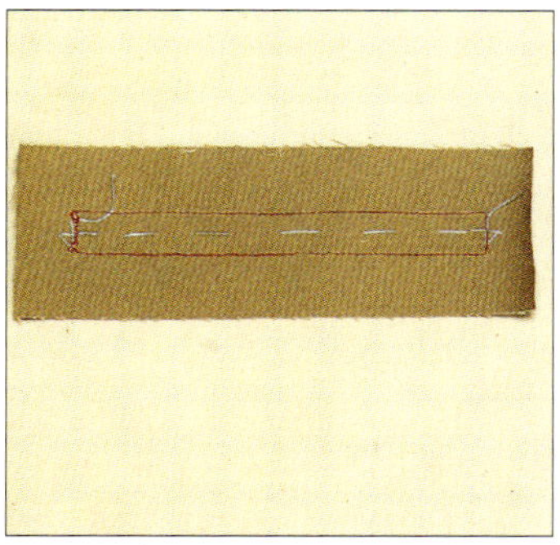

1 Heften Sie zum Markieren des Taschenschlitzes gleichzeitig durch das Kleidungsstück und den rechts auf rechts darüber gelegten Paspelstreifen. Steppen Sie ihn wie abgebildet fest.

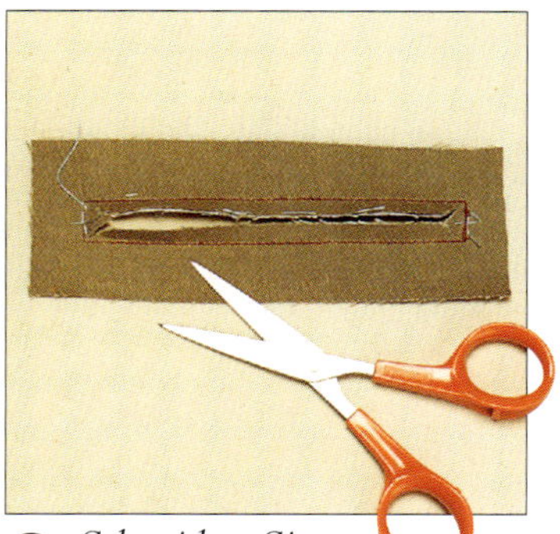

2 Schneiden Sie den Taschenschlitz auf und ziehen Sie den Streifen hindurch. Legen Sie ihn zu zwei Paspeln und heften Sie die Bruchkanten gegeneinander (s. Schritt 4 und 5 auf S. 74).

3 Nähen Sie mit Handsteppstichen von außen durch beide Ansatznähte, um die Paspeln zu sichern. Steppen Sie die Taschenteile an die obere und untere Nahtzugabe (siehe Schritt 7 auf S. 74).

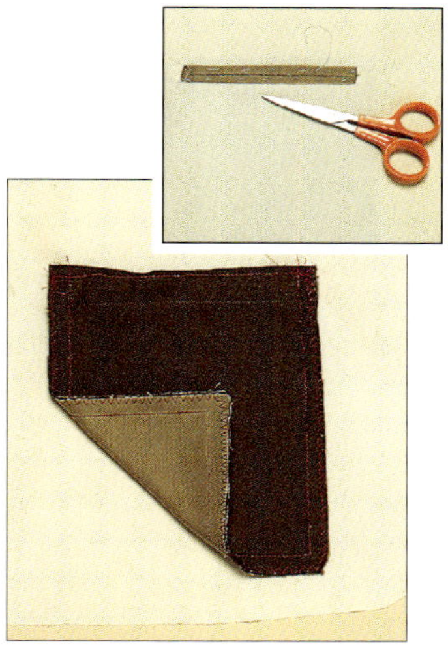

4 Steppen Sie beide Taschenteile zusammen und sichern Sie die Schnittkanten mit Zickzackstich (siehe Schritt 8 auf S. 74). Ist das Kleidungsstück fertig, entfernen sie alle Heftfäden.

Reißverschlüsse

Viele Kleidungsstücke, aber auch Heimtextilien brauchen einen Verschluss. Reißverschlüsse, die meist ungern eingenäht werden, bestehen aus zwei Textilbändern, die mit Hilfe eines Schiebers von Metall- oder Kunsttoffzähnchen geschlossen werden. Wählen Sie aus den vielen Modellen stets einen Reißverschluss, der zum Stil der Kleidung und zum Stoffgewicht passt.

Beidseitig verdeckter Reißverschluss

1 Markieren Sie die Position des Reißverschlusses, dabei nehmen sie ihn selbst als Maß. Oben muss Platz für die weitere Kantenverarbeitung bleiben (Besatz, Bund etc.). Steppen Sie die Naht bis zur Markierung. Versäubern Sie alle Schnittkanten mit Zickzackstich und bügeln Sie sie. Für dünne Stoffe (links) ist ein Kunststoffreißverschluss ideal.

2 Legen Sie ihn geschlossen in der richtigen Lage auf die Nahtzugaben, deren Kanten gegeneinander stoßen sollen. Heften Sie den Reißverschluss fest.

3 Mit dem Reißverschlussfuß der Maschine steppen Sie ihn von rechts rundherum an. Beginnen Sie auf einer Seite oben und achten Sie auf akkurate Ecken.

4 Stellen Sie die obere Stoffkante fertig, etwa mit Besatz (siehe S. 52). Die Enden nähen Sie mit Staffierstich an den Reißverschluss, nicht zu nah an den Zähnen. Bei Bedarf bringen Sie einen Zusatzverschluss an. Entfernen Sie die Heftfäden.

Einseitig verdeckter Reißverschluss

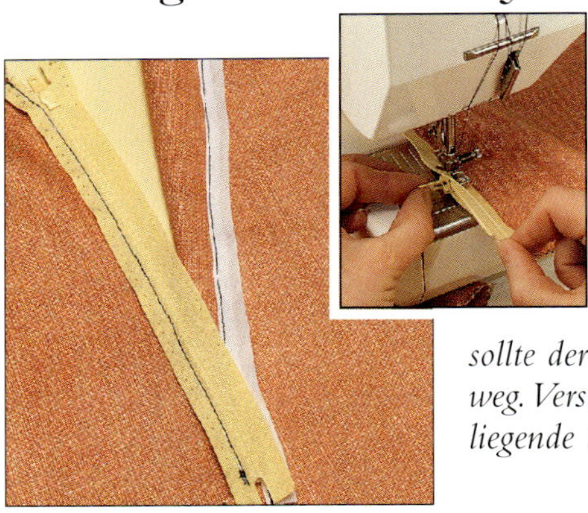

1 Steppen Sie die Naht dort, wo der Reißverschluss beginnen soll. Versäubern Sie alle Schnittkanten. Stecken und heften Sie die eine Seite des geöffneten Verschlusses von links an die untere Stoffkante (Untertritt). Steppen Sie sie mit dem Reißverschlussfuß an; sollte der Schieber dabei stören, schieben Sie ihn weg. Verstärken Sie bei Bedarf die gegenüberliegende Stoffkante (Übertritt) mit Nahtband.

2 Falten Sie den Übertritt (in Nahtverlängerung) nach links. Stecken und heften Sie die andere Hälfte des geschlossenen Reißverschlusses an.

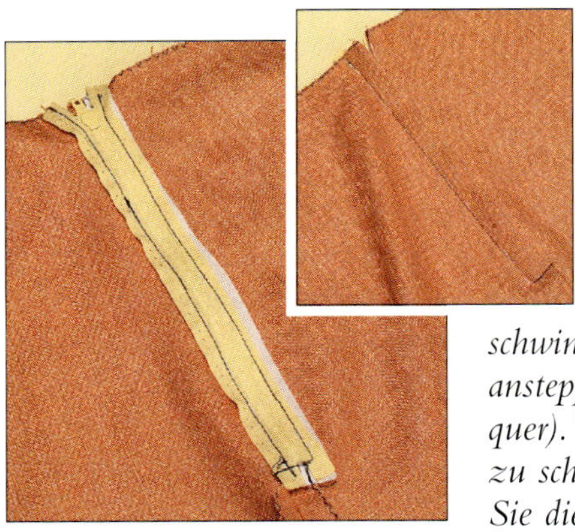

3 Prüfen Sie, ob der Reißverschluss in der Naht, also unter dem Übertritt, verschwindet, bevor Sie ihn fertig ansteppen (längs und unten quer). Testen Sie, ob er leicht zu schließen ist und entfernen Sie die Heftfäden.

Teilbarer Reißverschluss

Beim teilbaren Reißverschluss sollte die linke Stoffseite sauber verarbeitet sein. Schlagen Sie die Kanten von Nahtzugaben oder schmalen Besätzen ein und heften Sie sie so, dass sie später beim Annähen des Reißverschlusses mitgefasst werden. Er kann beidseitig verdeckt (siehe oben) oder offen eingesetzt sein.

Hosenschlitzverschluss

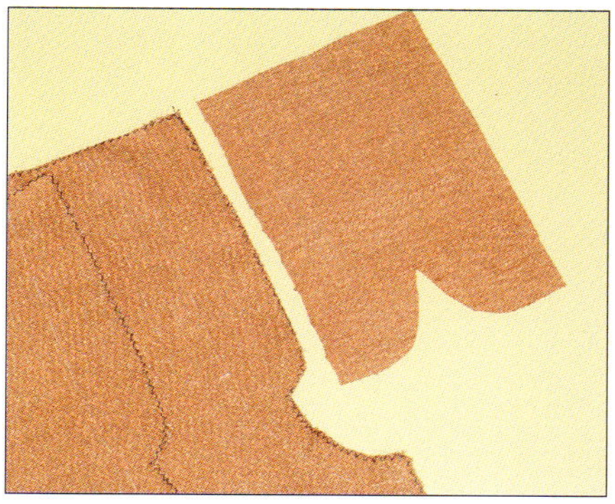

1 *Schneiden Sie alle benötigten Teile zu. Versäubern Sie die Schnittkanten mit Zickzackstich und übertragen Sie alle Markierungen für den Reißverschluss vom Schnittmuster mit Heftfaden auf die Teile.*

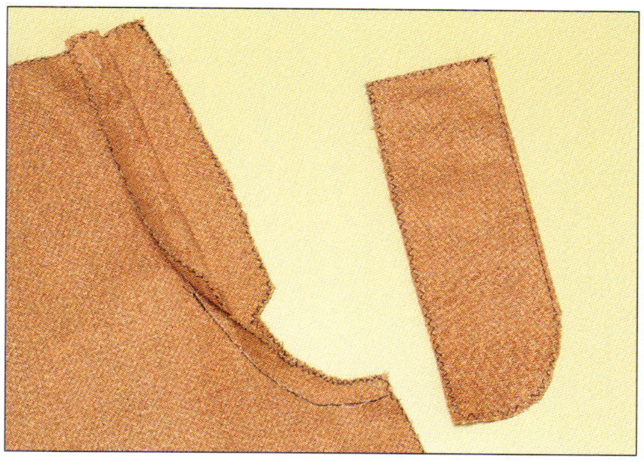

2 *Doppeln Sie den Extrauntertritt. Steppen Sie die Faltkante ab, nähen Sie die anderen mit Zickzackstich zusammen. Steppen Sie die mittlere Hosennaht, die Enden sichern Sie mit Rückstichen. Falten, bügeln und heften Sie die vordere Untertrittkante nach links.*

3 *Stecken und heften Sie eine Reißverschlusshälfte wie gezeigt unter diesen Untertritt. Den Übertritt falten und bügeln Sie nach links. Stecken Sie den geschlossenen Reißverschluss unter und heften Sie ihn nur auf diesem Einschlag fest; steppen Sie ihn dort an.*

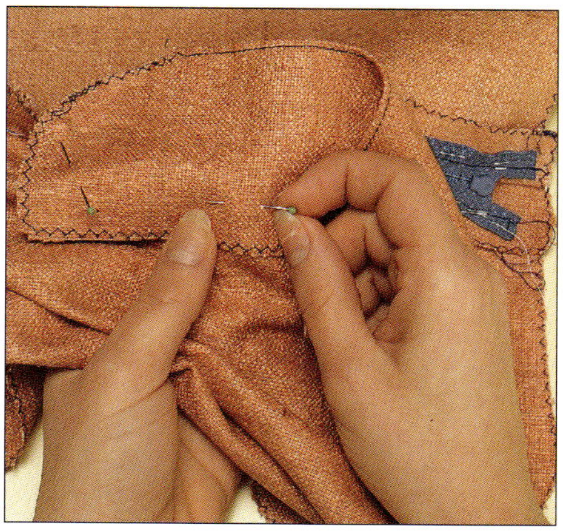

4 *Heften Sie den Extrauntertritt über den geschlossenen Reißverschluss, die runden Nähte liegen bündig. Steppen Sie das erste Reißverschlussteil am Untertritt fest, das Extrateil mitfassend.*

5 *Von der rechten Stoffseite aus steppen Sie den Übertritt mit einer doppelten Steppnaht zusätzlich ab und entfernen alle Heftnähte.*

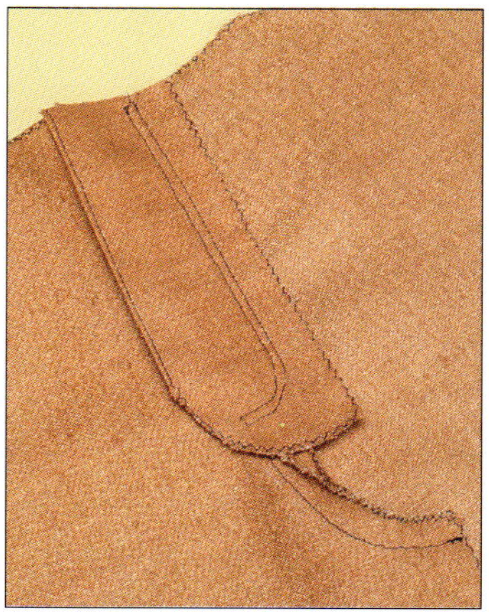

6 *Hier eine Variante, bei der der Extrauntertritt an der anderen Seite zusammen mit der Steppnaht befestigt ist.*

Nützlicher Tipp

Um einen Reißverschluss zu kürzen, markieren Sie das neue Ende. Dort nähen Sie mit dicht gestelltem Zickzackstich mehrmals quer über die geschlossenen Zähnchen – ein neuer Stopper entsteht. Etwa 2 cm darunter schneiden Sie den Reißverschluss ab.

Knöpfe und Knopflöcher

Knöpfe sind in ihrer Vielartigkeit nicht nur Verschlusselement, sondern auch modisches Accessoire. Knopflöcher können so einfach sein wie ein Stoffeinschnitt, die Kanten von Hand umnäht, oder so edel und kompliziert wie ein Paspelknopfloch. Auch andere Verschlüsse wie Haken und Ösen sind machbar.

Handgenähtes Knopfloch

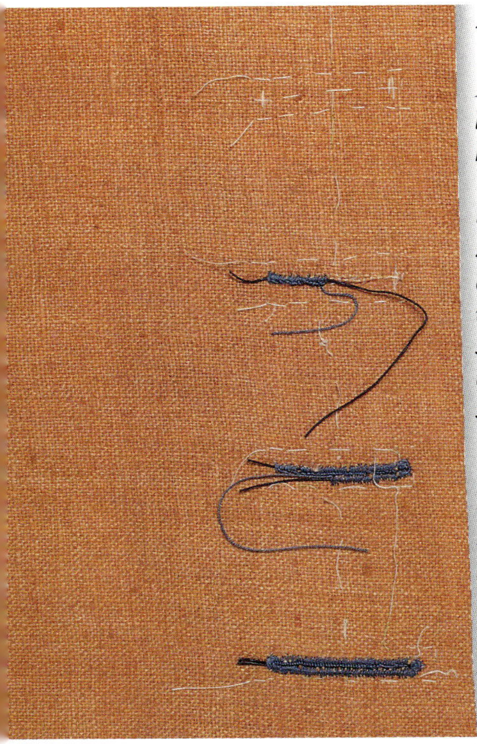

1 *Markieren Sie die im Schnittmuster angegebene Knopflochposition und Mittellinie mit Heftfaden auf der linken Seite der Knopflochleiste.*

2 *Schneiden Sie den Stoff ein. Legen Sie einen gut doppelt so langen, eventuell gewachsten dicken Faden an. Fassen Sie ihn mit ein, wenn Sie die erste Kante mit Knopflochstich umnähen (siehe S. 33).*

3 *Umnähen Sie mit dichten Stichen genauso die andere Kante, immer den dicken Faden einfassend.*

4 *Nähen Sie am Ende mehrfach über diesen Faden, Überstehendes schneiden Sie ab. Ziehen Sie die Heftfäden.*

Maschinell genähtes Knopfloch

1 *Markieren Sie die im Schnittmuster angegebene Knopflochposition und Mittellinie mit Heftfaden auf der linken Seite der Knopflochleiste.*

2 *Steppen Sie zuerst eine Stütznaht knapp über und unter die Markierung. Dann übernähen Sie die untere Naht mit dicht eingestelltem Zickzackstich (siehe S. 35).*

3 *Sichern Sie das Ende mit doppelter Stichbreite. Nähen Sie mit der ersten Einstellung über die zweite Naht und sichern Sie das andere Ende.*

4 *Wiederholen Sie zur Verstärkung Schritt 2 und 3 und ziehen Sie die Heftfäden. Schneiden Sie jetzt erst das Knopfloch auf, ohne die Naht zu beschädigen. Am besten nehmen Sie einen Pfeiltrenner und beginnen an den Enden.*

Zusätzlicher Zickzackstich
Um die Kanten noch besser zu verstärken, können Sie eine oder beide Kanten mit sehr breitem Zickzackstich sichern.

Nützlicher Tipp

Um die Knopfposition akkurat zu markieren, legen Sie Knopf- und Knopflochleiste übereinander und stecken eine Nadel durch das Knopfloch. Nähen Sie den Knopf an der so markierten Stelle an. Nähen Sie ein Musterknopfloch, zum Knopf passend, in ein Reststück Ihres Stoffs, bevor Sie das Kleidungsstück in Angriff nehmen.

Knöpfe zum Annähen

Von oben: *Durchnähknöpfe mit vier und zwei Löchern; zum Befestigen wird die Nähnadel durch den Stoff und ein Loch nach oben geführt und durch ein anderes wieder zurück. Ein Stegknopf hat etwas Abstand zum (meist dicken) Stoff. Um einen Fadenstiel an Durchnähknöpfen zu nähen, erhöhen Sie den Knopf mit unterlegtem Streichholz oder mit Nadeln und umwickeln dann die längeren Stiche. Um Militärknöpfe mit ihrer Metallnadel zu befestigen, sichern Sie ein kleines Loch mit Knopflochstichen, führen die Knopföse hindurch und stecken die Nadel von links durch.*

Andere Verschlüsse

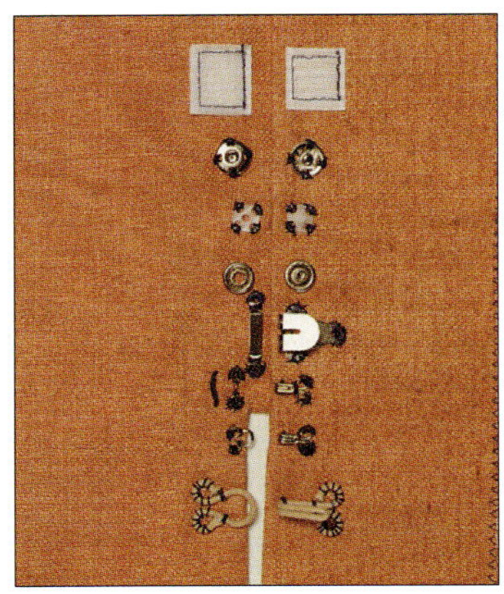

Von oben: Klettband; Näh-Druckknöpfe aus Metall und Kunststoff; Nähfrei-Druckknopf zum Einstanzen; Bundverschluss; kleine Haken mit gerader Öse und Augen; umwickelter Haken mit Auge.

Paspelknopfloch

Techniken	Seite
Markierungen übertragen	*27*
Stiche	*32*
Taschen	*70*

1 Markieren Sie die Knopflochposition von links auf der Knopflochleiste. Stecken Sie, rechts auf rechts, Stoffstückchen dagegen, die 2,5 cm breiter und länger als das Knopfloch sind. Übertragen Sie darauf die Markierung mit Heftfaden. Nähen Sie 3 mm beidseitig davon zwei weitere Linien.

2 Klappen Sie das Stoffstückchen entlang den beiden Heftlinien hoch, heften Sie es wie abgebildet fest und steppen Sie entlang dieser Heftlinien.

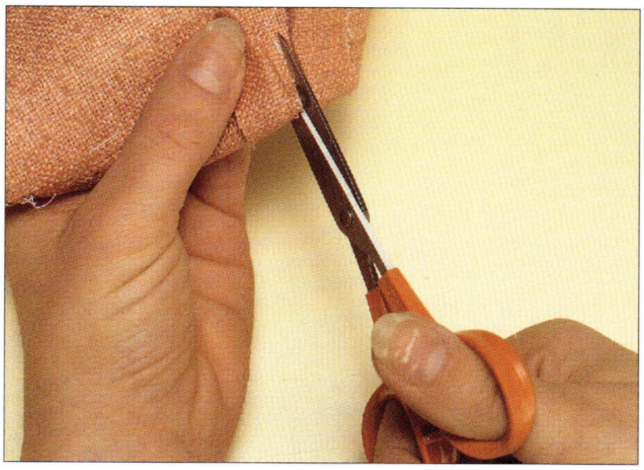

3 Klappen Sie die Stoffkanten nach unten. Falten Sie das Knopfloch so, dass Sie es an der Mittellinie durch beide Stofflagen aufschneiden können. Knipsen Sie kleine Dreiecke bis zu den Nähten ein.

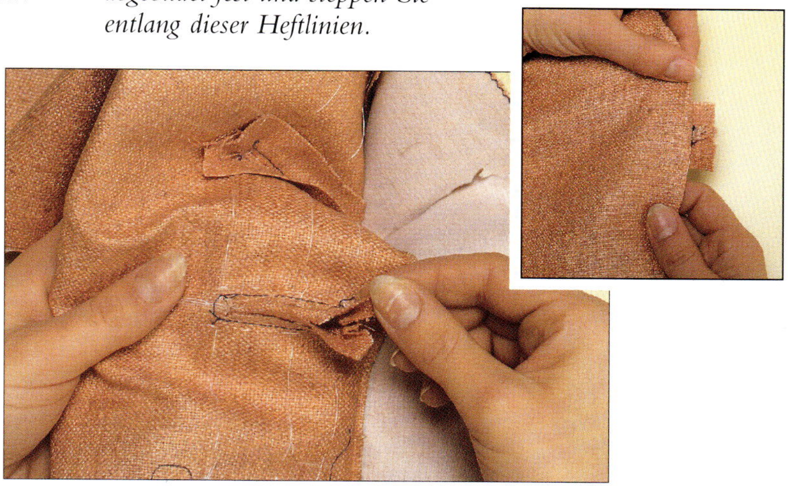

4 Ziehen Sie das Stoffstückchen vorsichtig durch das Loch auf die rechte Seite. Bügeln Sie es sacht und heften Sie die Paspelöffnung zu. Auf der Rückseite nähen Sie die kleinen Enddreiecke am überstehenden Paspelstoff fest.

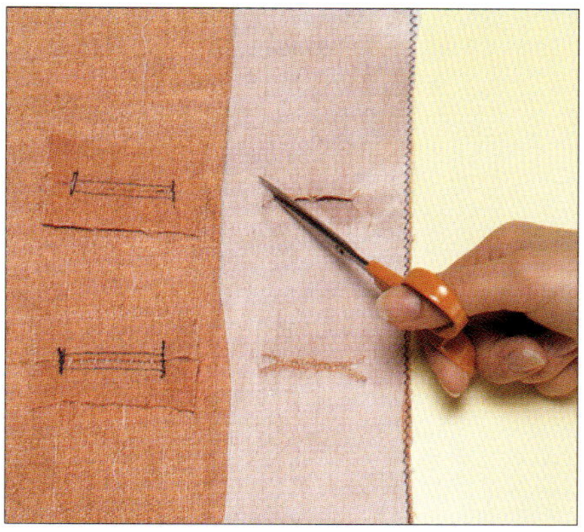

5 Schneiden Sie jetzt die Knopflöcher in der richtigen Position in den Besatz, der später von links gegen die Knopflochleiste genäht wird: jeweils von der Mitte nach außen bis kurz vor die Schlitzenden; von dort zur Seite, so dass kleine Dreiecke entstehen (siehe auch S. 74, Schritt 4).

6 Falten Sie den Besatz nach links, die Knopflöcher bringen Sie zur Deckung. Schlagen Sie die Kanten der Besatzknopflöcher ein. Stecken und nähen Sie sie von Hand an den Paspelstoff. Die Stiche dürfen von rechts nicht zu sehen sein. Zum Schluss ziehen Sie auch die letzten Heftfäden heraus.

Knopfloch mit Schnur

Paspelknopflöcher werden markanter, wenn Sie bei Schritt 2 in der oberen Anleitung Schnüre einnähen. Oder Sie steppen, wie hier abgebildet, zwei Einzelpaspeln mit eingefassten Schnüren an.

Futter

Kleidungsstücke werden gefüttert, damit sie ihre Form besser halten und um Nähte und Schnittkanten zu schützen. Das Futter sollte in der Regel dünn sein, sonst trägt das Kleidungsstück unnötig auf. Es kann oben angenäht sein und unten lose hängen, wie oft bei Röcken oder Hosen, oder, wie bei Jacken, rundherum im Modell befestigt sein. Im Prinzip wird das Futter genauso wie das Kleidungsstück geschneidert und kurz vor dessen Fertigstellung eingesetzt. Man kann es zwar vorher säumen, doch das geschieht besser zusammen mit dem Säumen des Kleidungsstücks.

Einen Rock füttern

1 Nähen Sie, bis auf den Taillenbund, das Kleidungsstück fertig und steppen Sie auch die Futterteile zusammen. Lassen Sie für den Reißverschluss die entsprechende Futternaht in der richtigen Länge offen.

2 Stecken und heften Sie das Futter links auf links auf den Rock. Die Abnäher treffen aufeinander, sind aber entgegengesetzt gebügelt. Stecken und heften Sie die eingeschlagenen Nahtzugaben neben dem Reißverschluss an.

3 Nähen Sie das Futter mit Staffierstichen an den Reißverschluss, die Naht darf rechts nicht sichtbar sein. Mit dem Bund befestigen Sie das Futter (siehe S. 62).

Eine Weste füttern

1 Schließen Sie die Rücken- und Schulternähte der Westen- und Futterteile. Heften und steppen Sie beide Teile passgenau rechts auf rechts rundherum zusammen: nur die vier Kanten für die Seitennähte bleiben offen. Knipsen Sie Nahtzugaben an Rundungen ein.

2 Ziehen Sie die gefütterte Weste durch diese Öffnungen auf rechts. Bügeln Sie sie vorsichtig, achten Sie dabei auf schöne Kanten.

3 Damit Sie die Seitennähte des Oberstoffs rechts auf rechts steppen können, stecken Sie den Futterstoff etwas zur Seite. Bügeln Sie diesen.

4 Schlagen Sie an den Seitennähten die Stoffkanten des Futters ein und nähen Sie sie mit Staffierstichen gegeneinander. Dabei können Sie die Nahtzugaben des Oberstoffs mitfassen, ohne jedoch auf die rechte Stoffseite durchzunähen. Zum Abschluss bügeln.

gefütterte Weste

Den Futtersaum verarbeiten

Rock mit Gehschlitz
Lassen Sie das Nahtende des Futters in Schlitzlänge offen. Säumen Sie die senkrechten Kanten und danach die untere Futterkante.

Rock mit Gehfalte
Gibt es keine Mittelnaht, schlitzen Sie das Futter entsprechend der Faltenlänge ein. Stecken und säumen Sie es knappkantig, oben legen Sie ein Fältchen.

Hosenbeine
Manche Futter können wie hier im Saum des Oberstoffs mitgefasst werden. Das ist manchmal bei Hosen, aber auch bei Röcken üblich.

Techniken	Seite
Heftstiche	*33*
Markierungen übertragen	*27*
Nahtzugaben an Ecken und Rundungen	*39*
Säume	*64*

Eine Jacke füttern

1 Stellen Sie die eigentliche Jacke fertig, auch die Säume. Schneidern Sie das Futter; das Rückenteil ist 2,5 cm breiter als der Oberstoff. Legen Sie beides links auf links, Abnäher und Nähte treffen sich passgenau. Stecken, heften und steppen Sie je eine Nahtzugabe von Futter und Oberstoff zusammen: nur an den Unterarm- und Seitennähten jeweils von oben nach unten in Richtung Saum.

2 Ziehen Sie das Futter auf rechts und stecken Sie es am Halsausschnitt und an den vorderen Besätzen an. Achten Sie darauf, dass das Futter genügend lockere Weite hat.

3 Am rückwärtigen Halsausschnitt sollen die Abnäher aufeinander liegen. Die Extrastoffweite stecken Sie in der Mitte zu einer Falte. Verfahren Sie unten am Saum entsprechend.

4 Schlagen Sie alle noch offenen Futterkanten ein und säumen Sie diese von Hand mit Staffierstichen an den Oberstoff. Das Futter darf nicht straff sitzen, sondern benötigt genügend „Spiel". Jetzt können die Knopflöcher gearbeitet werden (außer Paspelknopflöchern, die man vorher anfertigen muss).

Nützlicher Tipp

Um Futter von links in ein Kleidungsstück zu nähen, stecken Sie die eingeschlagenen Schnittkanten fest. Befestigen Sie sie mit feinen Staffierstichen, doch nähen Sie nicht auf die rechte Seite des Oberstoffs durch.

Änderungen

Schnittmuster für Kleidung werden in vielen Größen angeboten. Meistens stimmen die Standardmaße mit den Körpermaßen überein, doch gelegentlich ist auch eine Schnittänderung nötig, damit das Kleidungsstück später perfekt sitzt. Vor dem Anpassen eines Schnittmusters vergleichen Sie die Maßtabelle desselben mit Ihren Körpermaßen (siehe S. 24). Zum Vergrößern eines Schnittmusters schneidet man ein Teil durch und fügt einen Streifen ein; zum Verkleinern faltet man das Schnittmuster etwas ein. Jedes Schnittteil hat „strategische" Punkte für solche Änderungen. Sie werden auf den folgenden Seiten vorgestellt. Man kann Änderungen an Schnitten aus Papier oder preiswertem Baumwollstoff durchführen.

Vor dem Anfertigen eines geänderten Schnittes übertragen Sie alle wichtigen Markierungen

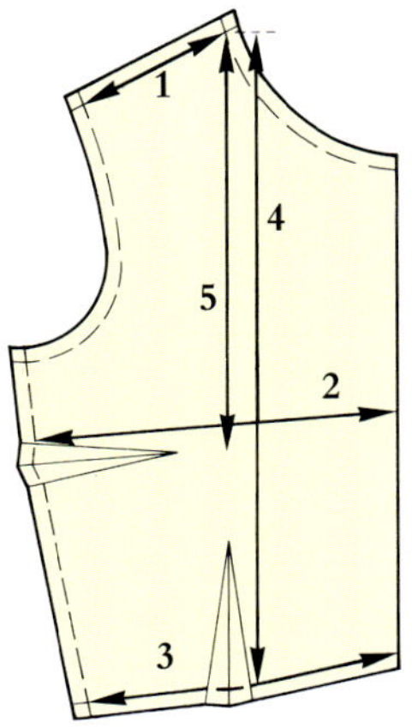

Vorderteil
Die wichtigsten Maße: Schulterbreite (1), Oberweite (2), Taillenweite (3), vordere Taillenlänge (4), Brusttiefe (5).

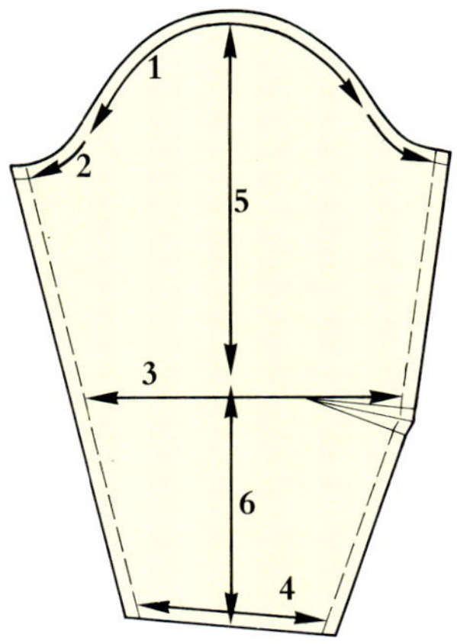

Ärmel
Die wichtigsten Maße: Achselhöhe (1), Achseltiefe (2), Ellbogenweite (3), Handgelenkweite (4), Oberarmlänge (5), Unterarmlänge (6).

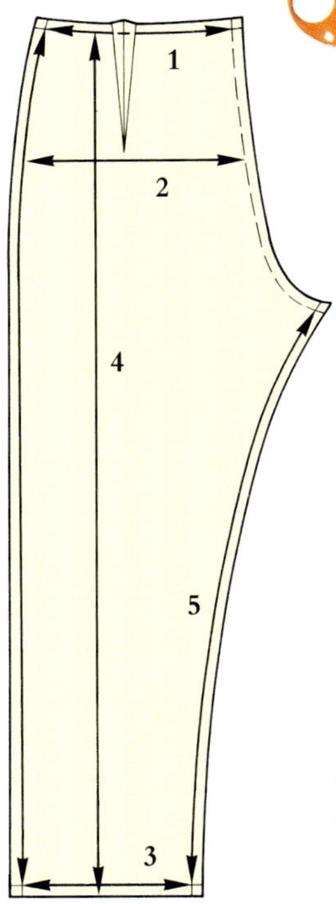

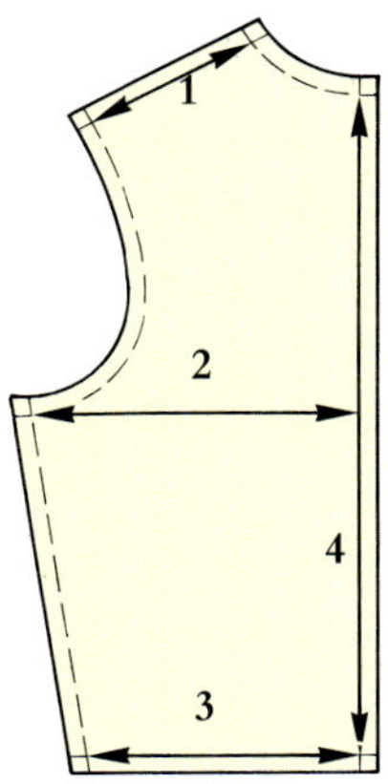

Rückenteil
Die wichtigsten Maße: Schulterbreite (1), Rückenbreite (2), Taillenweite (3), Rückenlänge (4).

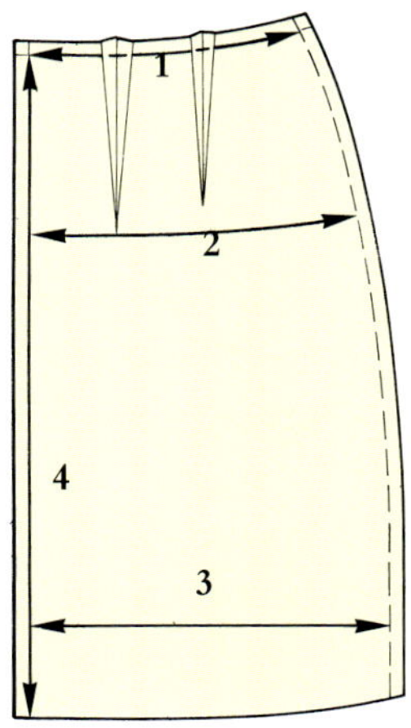

Rock
Die wichtigsten Maße: Taillenweite (1), Hüftweite (2), Saumweite (3), Rocklänge (4).

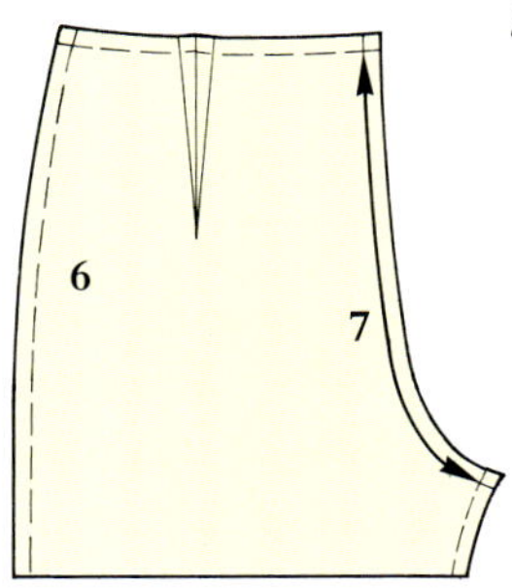

Hose
Die wichtigsten Maße: Taillenweite (1), Hüftweite (2), Fußweite (3), vordere Hosenlänge (4) innere Beinlänge (5), Seitenlänge, äußere Hosenlänge (6), Schrittweite (7).

Wo man Maß nimmt

Damit die richtige Passform garantiert ist, sollten Sie genau die entscheidenden Stellen kennen, an denen die Schnittänderungen vorgenommen werden.
Die Zeichnungen links zeigen, an welchen Stellen die Maße ermittelt werden, damit die Änderungen zum Erfolg führen. Verwenden Sie ein flexibles Maßband, um den Körper und die Schnittteile auszumessen, sowohl Papierschnitte als auch solche aus Stoff. Bedenken Sie aber, dass ein Kleidungsschnitt schon Bewegungszugaben enthält. Am besten vergleichen Sie deshalb Ihre Maße mit denen der Maßtabelle, die zum Schnitt gehört. Erst diese Differenzen sind dann für die Änderungen entscheidend.

Techniken	Seite
Heftstiche	*33*
Markierungen übertragen	*27*
Schnittmuster	*24*

Papierschnittmuster ändern

Um einen Fertigschnitt oder einen selbst hergestellten Papierschnitt leicht zu verkleinern, legen Sie eine Falte an geeigneter Stelle ins Papier und fixieren Sie diese mit Nadeln oder Klebestreifen. Dieses Teil stecken Sie dann auf den Stoff und schneiden ihn wie gewohnt zu. Um einen Papierschnitt zu vergrößern, bereiten Sie Papierstreifen vor. Schneiden und schieben Sie den Papierschnitt an der entsprechenden Stelle auseinander und kleben Sie die Streifen unter den Spalt (siehe rechts). Schneiden Sie Überstehendes ab und nutzen Sie den geänderten Schnitt wie gewohnt. Wollen Sie den Originalschnitt erhalten oder auch den geänderten richtig anprobieren, übertragen Sie das Original zuerst auf preiswerten einfarbigen Baumwollstoff und nehmen daran die Änderungen vor (siehe S. 84-85).

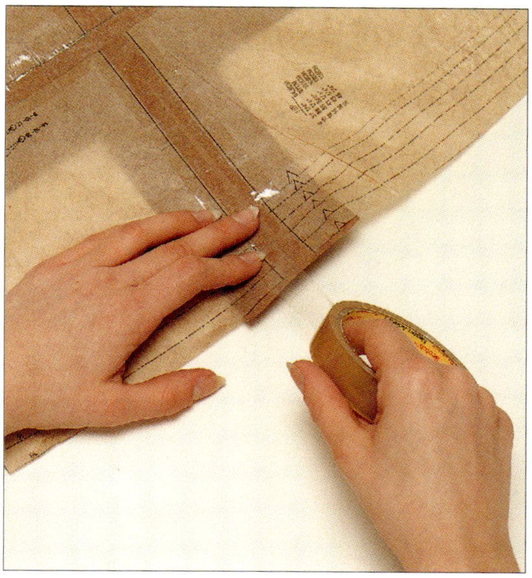

Papierstreifen einfügen
Beim Vergrößern eines Papierschnittes kleben Sie die unter den Spalt gelegten Papierstreifen mit transparentem Klebeband fest, damit die Markierungen sichtbar bleiben.

eine Armkugel vergrößern

Die Armkugel vergrößern
Wollen Sie die Armkugel vergrößern oder den Ärmel nicht glatt, sondern gekräuselt einsetzen, schneiden Sie ihn von der Mittelmarkierung aus ein. Diesen Spalt unterlegen Sie in der gewünschten Breite und in ganzer Länge mit Papier. Beachten Sie: Beim Stoffzuschnitt soll das Teil flach liegen.

die Schrittweite vergrößern

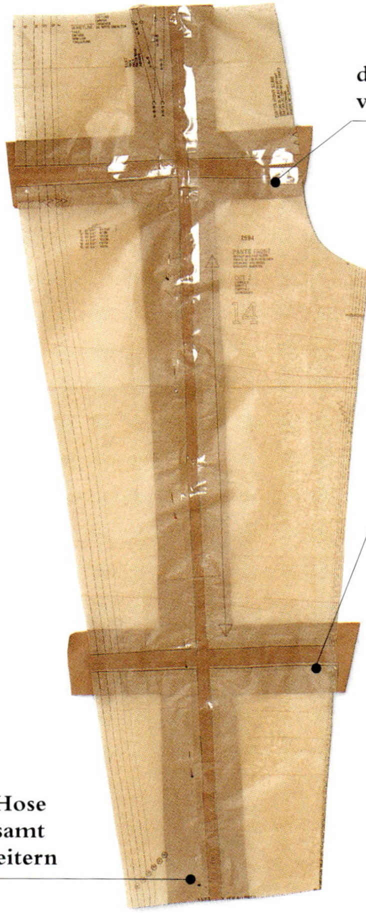

eine Hose verlängern

eine Hose insgesamt verbreitern

Die Breite und Länge vergrößern
Um Hosen oder Röcke zu verlängern, teilen Sie den Schnitt waagerecht über dem Saum. Zum Vergrößern der Schrittweite teilen Sie ihn in Hüfthöhe. Um Hosen oder Röcke zu verbreitern, teilen Sie den Schnitt senkrecht von der Taille bis zum Saum. Zerschneiden Sie aber keine Abnäher oder andere Markierungen an der Taille. Befestigen Sie jedes Mal Papier unter dem Spalt.

SCHNITTE AUS STOFF

Ein selbst gemachtes Schnittmuster aus preiswertem Baumwollstoff ist haltbarer, lässt sich oft verwenden und sogar anprobieren. Zuerst stecken Sie den Originalschnitt auf den Stoff, schneiden ihn mit Nahtzugaben zu und übertragen alle wichtigen Markierungen. Zum Vergrößern teilen Sie ihn an passender Stelle und nähen einen Stoffstreifen unter den Spalt; zum Verkleinern legen Sie eine Falte in das Teil und fixieren diese (siehe Abbildungen). Probieren Sie die Teile an und vergleichen Sie sie nochmals mit dem Originalschnitt; übertragen Sie letzte Markierungen, wobei Sie die Änderungen beachten.

Einen Rock enger machen

1 Teilen Sie den Rock vom Saum zur Hüftlinie, ohne Abnäher oder Ähnliches zu beschädigen. Schieben Sie die Teile zur gewünschten Weite übereinander und stecken Sie diese fest.

2 Das in der Weite, aber nicht in der Taille geänderte Schnittteil können Sie nun auf den Rockstoff legen und ihn wie gewohnt zuschneiden. Die gesteckten Kanten können Sie natürlich auch zusammenheften.

Einen Rock weiter machen

1 Um einem Rock unten mehr Weite zu geben, teilen Sie das Schnittteil wie oben in Schritt 1 vom Saum bis zur Hüftlinie. Schneiden Sie einen Stoffstreifen zu, der breiter sein muss als die gewünschte Extrabreite. Stecken Sie ihn, oben beginnend, an den Schnittkanten fest, wenn das Teil aufs richtige Maß verbreitert ist.

2 Sie können die Schnittkanten heften, um die Änderung zu sichern. Verwenden Sie dieses Schnittteil nun wie gewohnt zum Zuschneiden des Rockstoffs.

Die Hosenschrittweite vergrößern

1 Um einer Hose eine bequemere Schrittweite zu geben, ohne sie insgesamt zu verlängern, schneiden Sie von der kurvigen Mittelnaht bis kurz vor die Seitennaht, und zwar oberhalb der stärksten Nahtkrümmung und unterhalb von Abnähern oder anderen Taillenmarkierungen. Setzen Sie, wie oben, einen Stoffstreifen ein.

2 Begradigen Sie die Schnittkante, die Sie zunächst mit Stift und Lineal markieren. Sie können den überschüssigen Stoff sofort entfernen oder erst beim Zuschnitt zusammen mit dem Hosenstoff.

Die Oberweite schmaler machen

Das Vorderteil ändern
Zeichnen Sie alle Abnäher und andere wichtige Markierungen ein, bevor Sie das Stoffschnittmuster teilen. Schneiden Sie von der Taille fast parallel zur vorderen Mitte hoch und dann schräg, vorbei am Abnäher, zur unteren Rundung des Armloches. Schieben Sie die Schnittkanten übereinander, bis die vorderen Maße stimmen. Zum Ausgleichen der Seitenlinie oder zur Verstärkung der Überlappung kann man Stoffstreifen unterlegen.

Das Rückenteil ändern
Schneiden Sie von der Taille fast parallel zur rückwärtigen Mitte nach oben, dann in einem flacheren Winkel auf die Mitte der Schulter zu, ohne irgendwelche wichtigen Markierungen zu treffen. Schieben Sie die Schnittkanten übereinander, bis Sie die gewünschte Weite gemessen haben. Stecken Sie sie fest. Bei einer sehr schmalen Überlappung ist ein untergelegter Stoffstreifen hilfreich, nähen Sie die Kanten darauf fest. Wenn Außenkonturen zu korrigieren sind, setzen Sie ebenfalls einen Stoffstreifen an.

Das Oberteil vergrößern

Die Rückenbreite ändern
Schneiden Sie das Schnittteil von der Taille bis zur Schultermitte auseinander und unterlegen Sie den Spalt mit einem genügend breiten Stoffstreifen, bis das gewünschte Maß erreicht ist. Stecken und nähen Sie ihn fest.

Die Rückenlänge ändern
Schneiden Sie von der rückwärtigen Mitte bis zur Mitte zwischen Schulter und Achsel. Unterlegen Sie den Spalt mit Stoff; fixieren Sie ihn, wenn die Teile auf das richtige Maß geschoben sind. Gleichen Sie die rückwärtige Mitte oben aus.

Die Vorderteilweite ändern
Schneiden Sie von der Taille zur Schulter, ohne Abnäher oder andere wichtige Markierungen zu treffen. Fixieren Sie den unterlegten Stoffstreifen, sobald die Teile in der richtigen Breite liegen. Die Schulterbreite bleibt hier gleich.

Länge und Breite des Vorderteils ändern
Teilen Sie den zuvor verbreiterten Schnitt zwischen vorderer Mitte und Seitennaht über dem Abnäher. Bringen Sie ihn mit Hilfe von Stoffstreifen auf die gewünschten Maße. Korrigieren Sie die Konturen.

Aus Alt mach Neu

Die in diesem Buch vorgestellten Schneidertechniken können genutzt werden um – mit etwas Fantasie – zu kleine oder unmoderne Kleidungsstücke wiederzubeleben. Unterstützung finden Sie dafür in den entsprechenden Anleitungen. Wollen Sie zum Beispiel eine Bluse ändern, erfahren Sie alles über Ärmel, Manschetten und Kragen auf S. 54–61. Lassen Sie sich von den Ideen anregen, Ihre Garderobe neu zu stylen.

Ein Kleid teilen
Ein Kleid kann oft an der Taille geteilt und in einen Rock umgewandelt werden. Bei diesem doppelreihig geknöpften Kleid erhielt das Rockteil Abnäher, um die Taille auszuformen (siehe S. 50). Ein Band als Besatz dient zur Versäuberung der oberen Schnittkante.

Kleider verwandeln

Kleider können gut umgearbeitet werden, damit sie tragbar bleiben. Das Rockteil ist meist leichter zu nutzen als das Oberteil, doch auch hierfür gibt es Möglichkeiten.

Rock und Bolero
Die Taille hatte genug Weite für einen elastischen Rockbund (siehe S. 63). Der Bolero übernimmt den Halsausschnitt und die Knopfleiste, die Ärmel wurden aber herausgetrennt. Zum Versäubern der Armlöcher und des unteren Abschlusses dient ein passendes, gekauftes Schrägband.

Verlängern und Kürzen
Besonders Kinderkleider profitieren vom Verlängern oder Verkürzen. Ins karierte Kleid links wurden zum Verkürzen Falten eingearbeitet, die später zum Verlängern einfach wieder aufgetrennt werden können. Durch die angesetzten einfarbigen Rüschen (siehe S. 47) kann das Blümchenkleid einige Monate länger getragen werden. Mit Schrägstreifen aus demselben Unistoff erhielt der Kragen eine passende Einfassung.

Hemden und Blusen umarbeiten

Hemden und Blusen sind für diverse Umarbeitungen bestens geeignet. Ärmel können auf eine andere Länge geschnitten oder ganz entfernt werden. Man kann genau passende oder kontrastierende Ärmelabschlüsse annähen, Taschen abtrennen, hinzufügen oder versetzen. Die Halsausschnittform lässt sich variieren. Der Kragen kann entfernt, ein neuer angesetzt werden. Auch Verzierungen mit Band oder ein neuer Kragenzuschnitt sind denkbar.

Effektvolle Hemdenschöße
Hier wurden die Schöße abgeschnitten und durch neue einfarbige in derselben Form ersetzt. Passende Ärmelabschlüsse und neue Knöpfe vervollständigen das neue Design. So kann man auch Hemden und Blusen mit geradem Saum verlängern.

Eine Bluse für den Sommer
Ein einfaches Karohemd wird zur Sommerbluse. Nach dem Entfernen der Ärmel versäubert man die Armlöcher mit Schrägstreifen (siehe S. 54). Der Kragenabschnitt mit den Ecken wurde abgetrennt. Die untere Partie ist nach dem Absteppen der Oberkante zum Stehkragen geworden (siehe S. 61). Aus den Ärmeln lässt sich eine weitere Tasche nähen.

Jacken neu stylen

Solche einfarbigen Jacken laden förmlich zu Abänderungen ein, wie man an der Verwandlung rechts sehen kann. Beachten Sie bitte, dass sich Garderobe aus Naturfasern leichter verarbeiten lässt als solche aus Synthetikmaterial, das meist leichter ausfranst.

Dekorative Kanten
Schneidert man einen Rock selbst und fasst man mit Schrägstreifen (siehe S. 44) aus demselben Stoff die Kanten einer einfarbigen Jacke wie abgebildet ein, entsteht eine ganz neue Kombination.

Taschen und Ärmelabschlüsse
Die abgetrennten Taschen dieser Jacke dienten als Schnittmuster für die neuen, gestreiften. Ein passender breiter Besatz im Ärmelinneren wird beim Umschlagen sichtbar. Farblich darauf abgestimmte Knöpfe vervollständigen den neuen Look.

Heimtextilien

Das Fertigen eigener Heimtextilien macht viel Freude, doch oft schreckt die bloße Projektgröße schon von dem dekorativen Vorhaben ab. Dieses Kapitel umfasst Betttücher und -bezüge, Kopfkissenbezüge, Stepp- und Tagesdecken; Vorhänge und Rollos; Tischdecken; viele schmucke Kissenhüllen, aber auch Polstermöbel- und Stuhlbezüge. Klare Zeichnungen zeigen, wie man perfekt ausmisst. Lassen Sie sich von den vielen Dekorationsvorschlägen inspirieren!

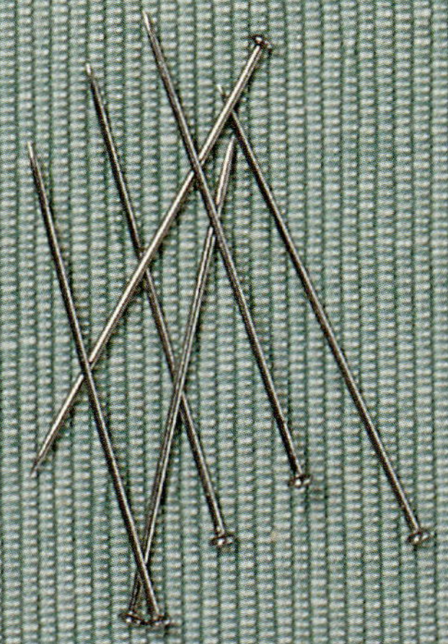

Bettlaken

Obwohl Bettlaken relativ preiswert sind, kann es sich lohnen, sie selbst zu nähen, vor allem, wenn Sie das Dekor auf die Umgebung abstimmen wollen. Extrabreiter Baumwollstoff, in verschiedenen Farben und Mustern erhältlich, eignet sich auch für Kissen- und Bettbezüge. Einfarbige Laken, ob selbst genäht oder fertig gekauft, lassen sich vielfältig verzieren. Außerdem können Sie glatte Laken in Spannbettlaken umwandeln (siehe unten), vorausgesetzt, Sie entfernen zuvor sorgfältig alle Säume.

Bettlaken

Ein Bettlaken zu nähen ist ganz einfach, sofern Sie zu Beginn dafür sorgen, dass alle Stoffkanten ganz gerade und im Fadenlauf geschnitten sind. Stecken Sie an den vier Seiten einen doppelten Saum; die Ecken heften Sie sicherheitshalber. Steppen Sie den Saum rundherum mit der Nähmaschine und entfernen Sie alle Stecknadeln und Heftfäden.

Spannbettlaken

1 Übertragen Sie die Matratzengröße an den Ecken auf den vorgewaschenen Stoff: Rundherum bleibt eine Zugabe in Matratzenhöhe plus 10 cm für das Einschlagen und den Saum. Falten Sie den Stoff von den Matratzenecken aus im 45°-Winkel; zeichnen Sie von hier aus rechtwinkelige Linien zur Stoffkante.

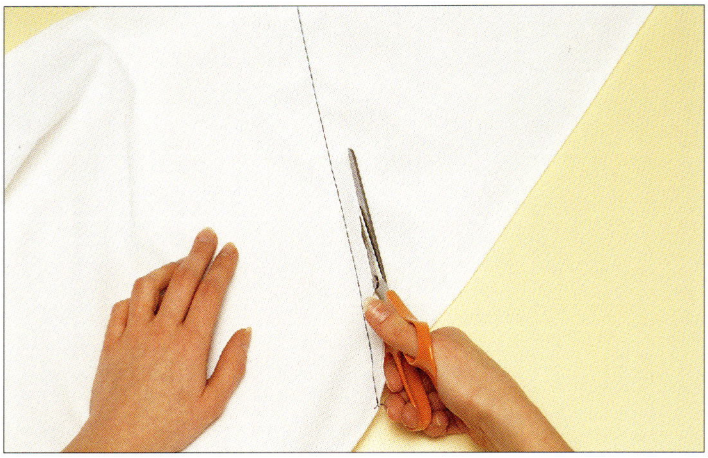

2 Steppen Sie die Ecken an den Linien zusammen. Überstehendes schneiden Sie bis auf eine Nahtzugabe von 1,5 cm ab. Versäubern Sie sie mit Zickzackstich und bügeln Sie sie aus. Schneiden Sie ein ca. 1 cm breites Gummiband zu, die Länge: 2 mal Matratzenlänge plus 2 mal Matratzenbreite minus 25 cm.

3 Stecken und steppen Sie rundherum einen Saum an die Kante, er soll etwas breiter als das Gummiband sein (siehe S. 63). Lassen Sie eine Lücke in der Naht, dort ziehen Sie das Gummiband ein. Seine Enden nähen Sie zum Sichern übereinander.

4 Das fertige Spannbettlaken liegt ordentlich an den Matratzenecken an. Sie können auch mit weniger Gummiband auskommen: Ziehen Sie es nur an den Ecken in den Saum ein und nicht an den langen Kanten.

Bettlaken mit Zierbordüre

1 *Messen Sie die Bordürenbreite am oberen Lakenrand ab und knipsen Sie die Kanten dort beidseitig ein. Stecken und steppen Sie von hier aus die langen Längskanten und die untere Schmalkante zu einem Saum mit doppeltem Einschlag.*

2 *Schneiden Sie den Bordürenstoff in gewünschter Breite und so lang wie die Lakenbreite plus Naht- und Saumzugaben (zu kurze Stoffstücke vorher verbinden) zu. Steppen Sie die Bordüre rechts auf links an den oberen Lakenrand, auch die Schmalseiten. Wenden Sie die Bordüre auf rechts und bügeln Sie die Naht.*

Techniken	Seite
Markierungen übertragen	*27*
Nähte versäubern	*38*
Säume	*64*

3 *Schlagen Sie die Schnittkante ein; stecken und steppen Sie sie fest. Ein breiter und eng eingestellter Zickzackstich ist ein zusätzlicher dekorativer Abschluss.*

4 *Bordüren können auf Volants, Bettbezüge oder andere Heimtextilien abgestimmt werden. Auch Fertiglaken lassen sich auf diese Weise aufwerten.*

Dekorative Verzierungen

Die ganze Bandbreite der Nähtechniken kann für dekorative Bordüren genutzt werden. Von oben: gepaspelter Rand, schön für Kopfkissenbezüge; zurückgesetzte Paspel, wodurch sich ein Rand ergibt; einfarbige kontrastreiche Randeinfassung mit zusätzlicher Spitze; Spitzeneinsatz mit kontrastierender Unterlegung; Bordüre mit englischer Stickerei mit kleinen Schlitzen und zusätzlich eingeflochtenem schmalem Band.

Kopfkissenbezüge

Obwohl Kopfkissenbezüge meist zur käuflichen Bettwäschegarnitur gehören, aber auch einzeln erhältlich sind, können sie leicht selbst gemacht und individuell auf andere Raumtextilien abgestimmt werden. Der Bezug, in erster Linie als Schutzhülle für das Kopfkissen gedacht, muss nicht uni sein und unter der Bettdecke verborgen werden, sondern macht sich gut als dekorativer Blickfang am Kopf des Bettes.

Kissenbezug mit einfacher Seitenöffnung

1 Schneiden Sie den Stoff für den Bezug in folgenden Maßen zu: doppelte Kissenbreite plus Saumzugaben mal Kissenhöhe plus Nahtzugaben. Stecken und steppen Sie einen breiten Saum an beide Schmalseiten.

2 Legen Sie den Stoff auf die Hälfte zusammen (linke Seite innen), so dass die Säume sauber übereinander liegen. Stecken und steppen Sie die noch offenen Kanten für eine französische Naht zuerst von rechts, nach dem Wenden von links (siehe S. 37).

3 Bügeln Sie die Naht und wenden Sie den Bezug auf rechts. Durch diese einfache Öffnung, lässt sich das Kissen leicht in den Bezug schieben. Man kann ihn auch verzieren (siehe S. 91) oder mit Verschlüssen versehen.

Kissenbezug mit rückwärtiger Öffnung

1 Schneiden Sie drei Stoffteile zu: für die Vorderseite ein Teil in der Größe des Kissens plus Nahtzugaben rundherum, für die Rückseite zwei Teile in derselben Länge, die Breite jedoch beträgt je zwei Drittel der Vorderseite – denn später überlappen sich diese beiden Rückenteile an der Öffnung.

2 Versäubern Sie je eine Längskante der Rückseitenteile: an einem Teil mit schmalem, am anderen mit breitem Saum. Legen Sie das breit gesäumte Teil überlappend auf das schmal gesäumte, beide mit der rechten Seite nach oben. Zusammen sind sie so groß wie die Vorderseite.

3 Stecken Sie die Vorderseite des Bezugs mit der rechten Seite darauf und steppen Sie sie rundherum fest. Versäubern Sie die Nahtzugaben mit Zickzackstich. Nach dem Wenden und Bügeln der Nähte schieben Sie das Kissen durch diese rückwärtige Öffnung in den Bezug.

Kissenbezug mit seitlichem Überlapp-Verschluss

1 Schneiden Sie ein Stoffteil zu: in doppelter Kissenbreite plus Saumzugaben plus Überlappbreite mal Kissenhöhe plus Nahtzugaben. Versäubern Sie eine Schmalseite mit schmalem, die andere mit breitem Saum. Stecken Sie die schmal gesäumte Seite als Überlappung auf die rechte Stoffseite.

2 Falten Sie den Stoff bündig zur Hälfte zusammen, die linke Stoffseite innen. Steppen Sie die noch offenen Kanten für eine französische Naht zusammen, nach dem Wenden ein zweites Mal (wie Schritt 2 auf S. 92 oben).

3 Beim fertigen und gefüllten Bezug verdeckt die innen liegende Stoffklappe das Kissen und hält es sicher in seiner Lage. Man spricht hier auch vom „Hotelverschluss".

Kissenbezug mit Rüschen

1 Schneiden Sie drei Stoffteile für einen Bezug mit rückwärtiger Öffnung zu (Schritt 1) und einen Streifen in Rüschenbreite: doppelt so lang wie der Kissenumfang plus Zugaben. Zu kurze Streifen nähen Sie bei Bedarf aneinander. Versehen Sie eine Längskante mit einem schmalen Saum. Kräuseln Sie die andere auf die richtige Länge ein (siehe S. 42) und stecken Sie sie rechts auf rechts auf das Teil für die Vorderseite.

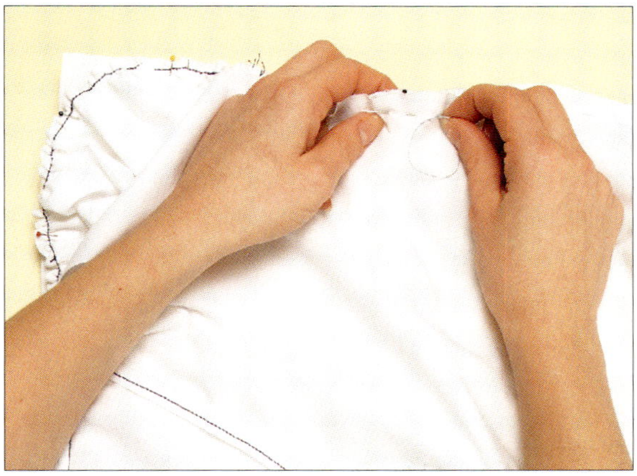

2 Heften Sie die Rüsche maschinell dort an, sie zeigt zur Stoffmitte. Stellen Sie dann die Rückseitenteile fertig (Schritt 2 auf S. 92 unten) und heften Sie zur Sicherheit die Überlappung an den Seiten zusammen. Stecken Sie die Rückseite auf die Vorderseite, so dass die Rüsche darunter verschwindet.

3 Steppen Sie von der anderen Seite alle Teile rundherum zusammen: knapp neben der Heftnaht, die außen liegen muss. Entfernen Sie die Heftfäden an der Öffnung und wenden Sie den Bezug. Für einen glatten Stehrand (rechts) nähen Sie ebenfalls einen Bezug mit rückwärtiger Öffnung, dessen Stoff Sie aber von vornherein größer zuschneiden. Zum Schluss steppen Sie die Umrandung am Bezug breit ab.

Steppdecken und Bettbezüge

Steppdecken und Bezüge können teuer sein, dabei sind sie leicht selbst zu fertigen. Bettbezüge können aus einheitlichem Stoff oder, wie hier, als Wendebettwäsche genäht werden, auch bestickt oder mit Applikationen. Es gibt verschiedene Verschlussmöglichkeiten; einige sind nicht nur praktisch und leicht anzubringen, sondern gleichzeitig auch dekorativ. Die zwei Steppdecken von S. 95 können Sie einzeln oder bei Kälte „im Doppelpack" nutzen.

Bettbezug

1 Schneiden Sie für die Vorder- und Rückseite zwei Stoffteile zu: in der Breite und Länge der Bettdecke plus Naht- und Saumzugaben; kleinere Stücke setzen Sie bei Bedarf aneinander. Sie können auch zwei Bettlaken nehmen, deren Säume Sie abschneiden. Versäubern Sie jedes Teil an einer Schmalseite mit einem breiten Saum.

2 Bringen Sie an einem der Säume in gleichmäßigen Abständen Verschlüsse an, hier sind es große Druckknöpfe.

3 Markieren Sie dann die richtige Position der Gegenstücke sorgfältig am Saum des zweiten Stoffteils und nähen Sie diese fest.

4 Stecken Sie die mit Druckknöpfen verbundenen Teile links auf links entlang den drei offenen Kanten zusammen.

5 Steppen Sie die drei Seiten zusammen, nach dem Wenden nochmals: Es entsteht eine saubere, feste französische Naht (siehe S. 37).

6 Der fertige Bezug lässt sich schnell für die Wäsche abziehen. Sie können aber auch andere Verschlüsse wählen, etwa Knöpfe und Knopflöcher, einen Reißverschluss oder Ähnliches (siehe S. 76–79).

Bezüge schließen

Bettbezüge lassen sich verschieden schließen. Zwei einfache Möglichkeiten: Klettband oder Bindebänder in passendem Stoff (siehe S. 133), sie können auch sehr dekorativ sein.

Steppdecke mit Füllwatte

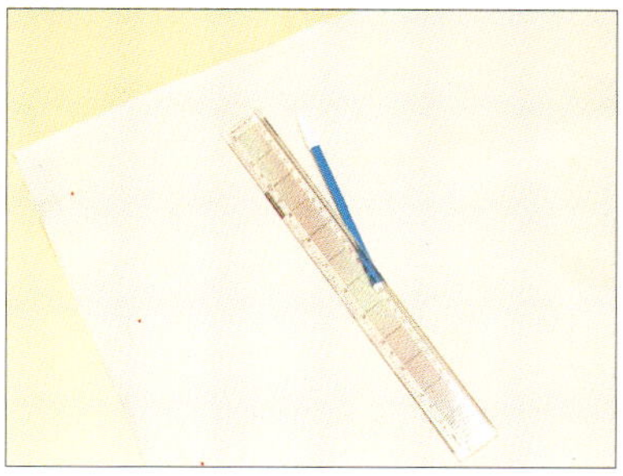

Techniken	Seite
Füllungen	*130*
Markierungen übertragen	*27*
Nähte	*36*
Reißverschlüsse	*76*

1 *Schneiden Sie zwei Stoffteile in gewünschter Deckengröße plus Nahtzugaben zu. Zeichnen Sie rechts auf eines parallele Stepplinien längs ein; stecken Sie die Teile rechts auf rechts zusammen.*

2 *Steppen Sie die Teile an drei Seiten zusammen, eine Schmalseite bleibt zum Wenden offen. Ziehen Sie die Teile durch diese Öffnung auf rechts.*

3 *Steppen Sie in Längsrichtung entlang den markierten Linien einige Tunnel, dabei beenden Sie die Naht etwa 2,5 cm vor der offenen Deckenseite.*

4 *Füllen Sie die Tunnel mit loser Füllwatte oder anderem geeigneten Material. Das geht leicht, wenn die Decke mit den Öffnungen nach oben an einer Wäscheleine hängt. Die Schnittkanten schlagen Sie ein; stecken Sie diese zusammen.*

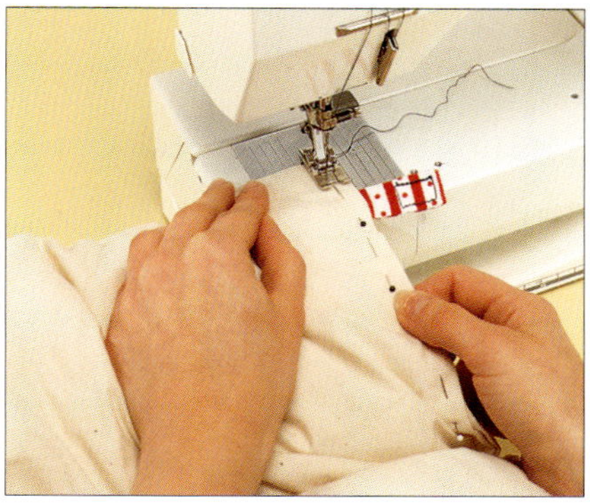

5 *Steppen Sie die Schmalseite zusammen, wobei Sie bei Bedarf gleich vorgefertigte Bänder (siehe „Nützlicher Tipp") mitfassen können.*

Leichte Steppdecke mit Vlies

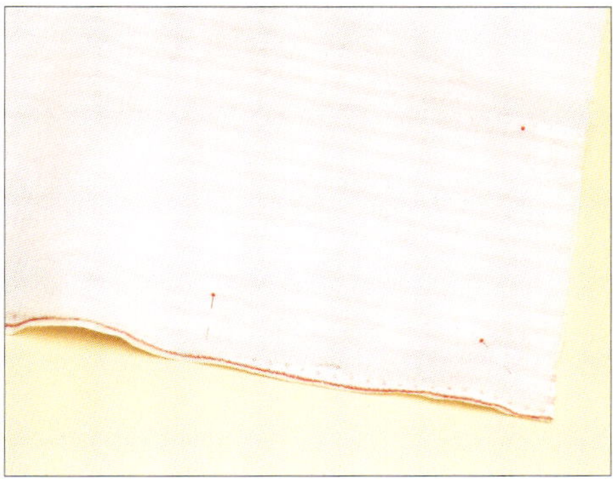

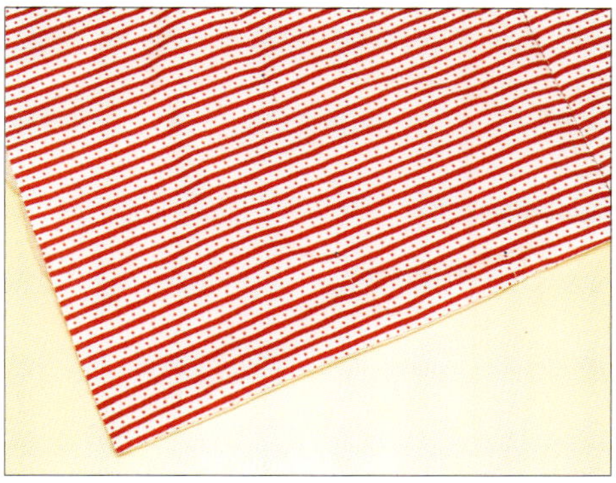

1 *Schneiden Sie zwei Stoffstücke und eine Wattierung (Volumenvlies) in gewünschter Deckengröße plus Nahtzugaben zu. Stecken Sie die Stoffe rechts auf rechts zusammen, darüber das Vlies.*

2 *Steppen Sie die Teile mit einer Nahtzugabe von etwa 1 cm an drei Seiten zusammen, eine Schmalseite bleibt zuerst noch offen.*

3 *Wenden Sie die Steppdecke auf rechts. Markieren Sie gerade Linien in gleichmäßigen Abständen (oder ein anderes Muster); hier entlang steppen Sie durch alle drei Lagen, um das Vlies zu fixieren.*

4 *Stecken und steppen Sie die noch offene Seite mit eingeschlagenen Schnittkanten ab, um sie zu schließen, wobei Sie gleichzeitig vorbereitete Bänder (siehe rechts) mitfassen können. Damit lassen sich zum Beispiel zwei dünne Steppdecken einfach zu einer dickeren verbinden.*

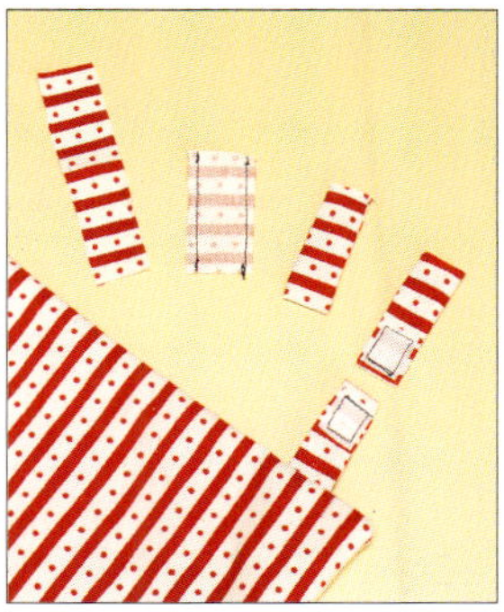

Nützlicher Tipp

Verschlussbänder schneiden Sie aus etwa 3 mal 8 cm großen Stoffstreifen, die Sie auf die Hälfte rechts auf rechts zusammenfalten und an den Längskanten steppen. Wenden Sie sie auf rechts und nähen Sie Klettband oder einen anderen Verschluss an. Die offenen Schnittkanten fassen Sie in der Naht der Steppdecke mit.

Tagesdecken

Betten sind immer ein Blickfang und eine Tagesdecke kann dem Raum die richtige Atmosphäre verleihen. Einfache Überwürfe lassen sich als Tagesdecke fürs Bett nutzen, aber auch zur Verschönerung eines Sofas oder Sessels – nicht nur im Schlafzimmer. Einfach gesäumte Überwürfe sind leicht zu nähen, dabei bestimmen die Stoffauswahl oder zusätzliche Verzierungen den Stil. Auf Passform genähte Tagesdecken mit Volant wirken traditionell; sie sind etwas komplizierter zu nähen und verlangen genaues Maßnehmen.

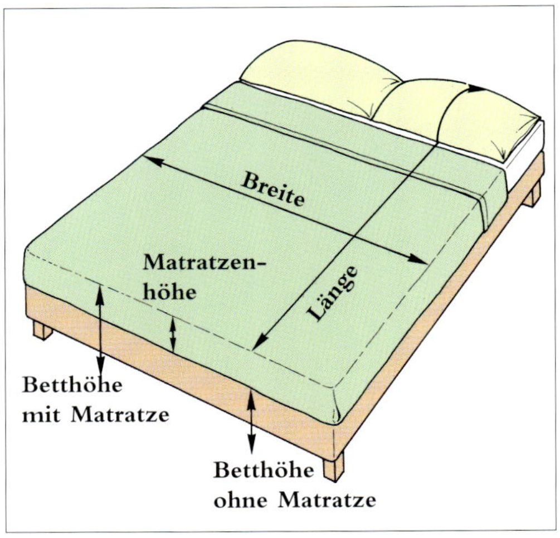

Maße für Tagesdecken ermitteln
Geben Sie stets 1,5 cm für jede Nahtzugabe und 2,5 cm für Säume zu. Die „Platte" der Decke ist für Überwürfe und Volantdecken gleich. Das Maß: Matratzenlänge mal Matratzenbreite. Für die Breite der Umrandung bei Tagesdecken messen Sie die Betthöhe mit Matratze aus. Soll eine Volantdecke unter der Matratze liegen, benötigen Sie dafür die Betthöhe ohne Matratze. Die Länge des Volants variiert: Addieren Sie zuerst zur Bettbreite zweimal die Bettlänge. Für einen Faltenvolant multiplizieren Sie diese Zahl mit 2 oder 3; für den glatten geben Sie nur 1 m für beide Eckfalten zu.

Bettüberwurf mit gerundetem Rand

1 *Stecken Sie Schrägstreifen an die Stoffkante (siehe S. 44). Zum Aneinanderfügen der Streifen schlagen Sie die Enden 1 cm ein und stecken sie voreinander fest.*

2 *Wenn Sie den Streifen an die Rundungen stecken und heften, halten Sie ihn locker. Steppen Sie ihn maschinell fest, die Schnittkanten liegen bündig übereinander.*

3 *Klappen Sie den Streifen um die Nahtzugaben herum nach links. Stecken Sie ihn von rechts wie abgebildet mit dem Einschlag unter die Nahtlinie.*

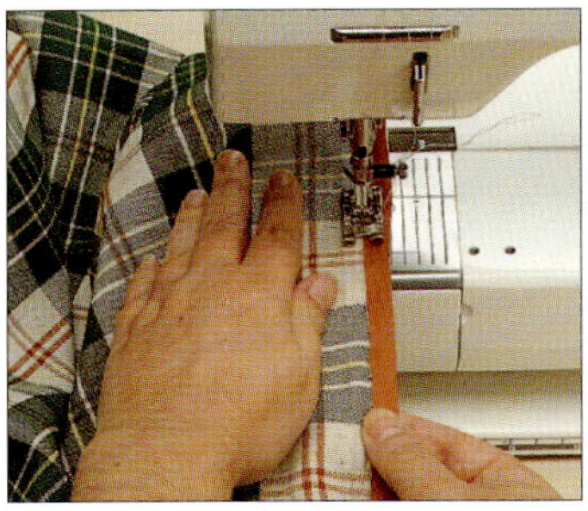

4 *Steppen Sie den Streifen von rechts in der Nahtlinie ab, dabei dehnen Sie ihn an den Kurven etwas.*

Einfacher Bettüberwurf

1 *Begradigen Sie die Kanten; die Ecken bilden einen rechten Winkel. Schlagen Sie die Kanten für den Saum zweifach ein. Stecken Sie ihn, bis auf die Ecken, fest.*

2 *Legen und heften Sie die Kanten dort zu Briefecken (siehe S. 41), mit möglichst kleinen Stichen, damit sie wirklich halten.*

3 *Steppen Sie den Saum von links fest. An den Ecken lassen Sie die Nadel im Stoff stecken, wenden ihn um 90° und säumen die nächste Kante.*

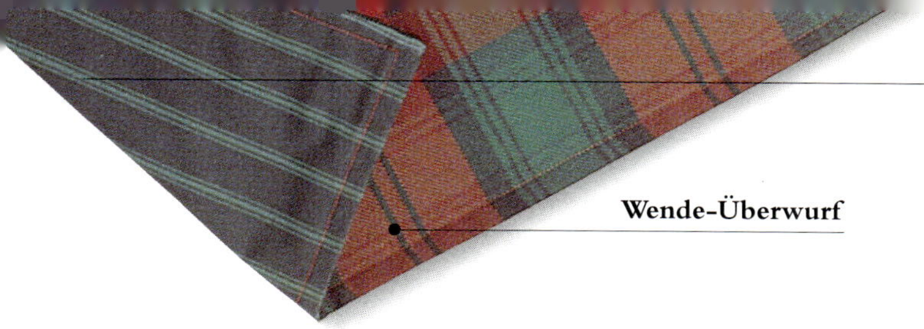

Wende-Überwurf

Techniken	Seite
Briefecken	*41*
Einfassungen	*44*
Falten	*43*
Heftstiche	*33*
Kräuseln	*42*
Nähte versäubern	*38*
Säume	*64*
Zickzackstich	*35*

Wende-Überwurf

1 Für einen Wende-Überwurf mit seinen zwei Seiten legen Sie zwei begradigte Stoffteile rechts auf rechts zusammen.

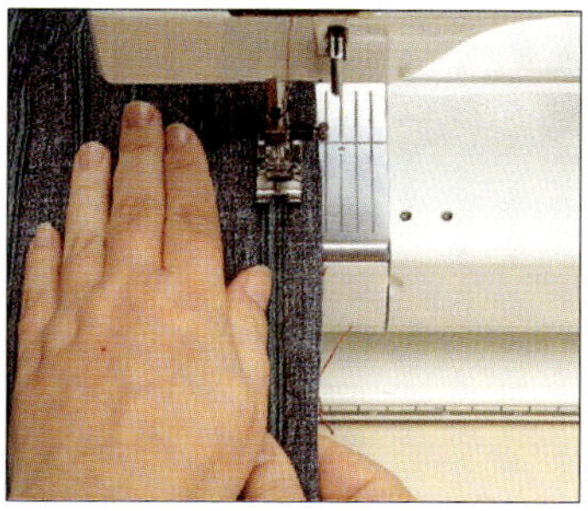

2 Steppen Sie sie mit einer Nahtzugabe von 1,5 cm zusammen, lassen aber an einer Seite eine Öffnung von 25 cm, durch die Sie die Decke auf rechts wenden.

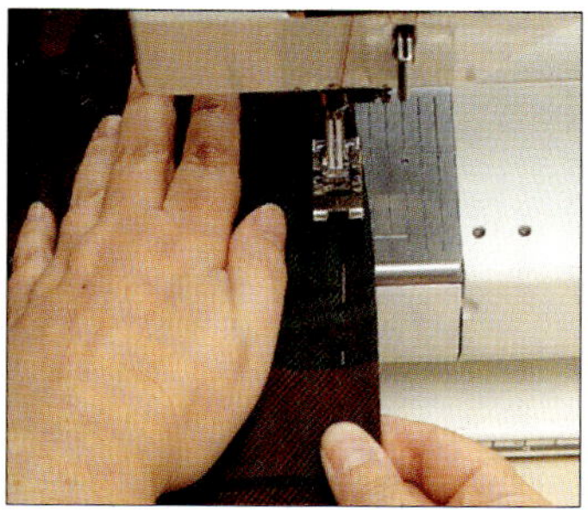

3 Schlagen Sie dort die Nahtzugaben ein und bügeln Sie alle Kanten. Steppen Sie sie rundherum 1,5 cm neben dem Rand zum Stabilisieren ab.

Von Hand ausfransen

1 Begradigen Sie mit einer scharfen Schere alle Ränder, wobei Sie sich genau am Fadenlauf orientieren.

2 Fransen Sie jede Kante in gewünschter Breite aus; ziehen Sie die Fäden einzeln mit einer Nadel heraus.

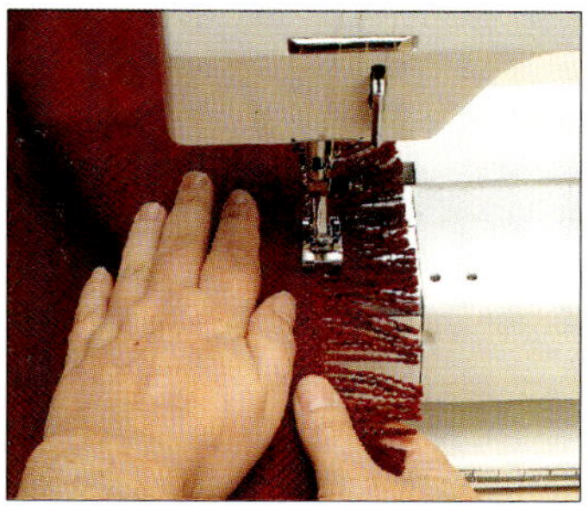

3 Sichern Sie die Grenze zwischen Gewebe und Fransen sorgfältig mit einem mittelbreiten Zickzackstich.

von Hand ausgefranst

Vorgefertigte Fransen

1 Stecken Sie das Fransenband so an den begradigten Stoffrand, dass es etwas darüber ragt. Steppen Sie es (die Fransen oben) an.

2 Klappen Sie es zur anderen Seite und stecken Sie es über die Schnittkante des Stoffs. Gegebenenfalls heften Sie die Ecken sorgfältig.

3 Steppen Sie das Fransenband rundherum knappkantig fest. Sie können es übrigens mit dem Band auf der rechten oder linken Stoffseite anbringen.

vorgefertigte Fransen

DECKEN MIT PASSFORM

Passend genähte Tagesdecken mit Volant werden ähnlich wie einfache Überwürfe gefertigt. Der Volant der Tagesdecke fällt von der Oberseite der Matratze bis zum Boden. Manchmal liegt auch eine Volantdecke unter der Matratze. Diese bleibt, bis auf das gelegentliche Waschen, liegen, wohingegen eine Tagesdecke, die das ganze Bett bedeckt, öfter gewaschen wird. Für Decken mit glattem Volant und Eckfalten empfiehlt sich Möbelbezugsstoff; Decken mit Faltenvolant können aus leichterem Stoff wie Baumwolle oder Polyester gemacht werden. Beachten Sie die Hinweise zum Ermitteln der richtigen Maße auf S. 96 oben.

Tagesdecke mit Faltenvolant

1 Schneiden Sie das Oberteil zu (Platte), dabei geben Sie zur Länge zusätzlich 5 cm zu. Steppen Sie an eine Schmalseite einen breiten Saum mit Doppeleinschlag.

2 Schneiden Sie den Volantstreifen zu. Bei Bedarf nähen Sie einige kurze Stücke aneinander; bügeln Sie die Nähte. Säumen Sie beide schmalen sowie eine lange Kante.

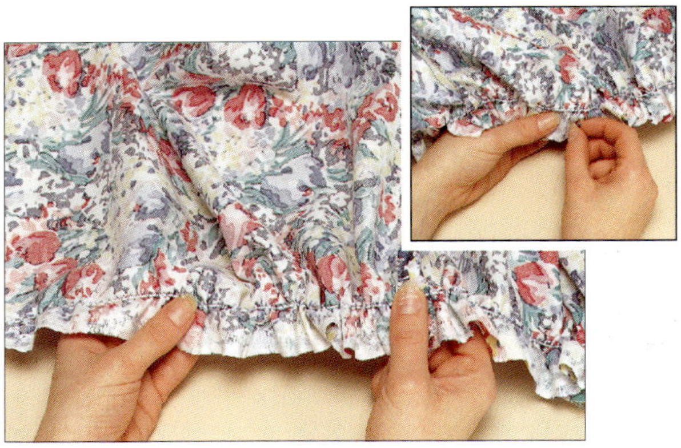

3 Stecken Sie eine Schnur (so lang wie die Umrandung) 4 cm neben der offenen langen Schnittkante fest. Steppen Sie sie mit breitem Zickzackstich fest, ohne in die Schnur zu stechen. Kräuseln Sie den Stoff über der Schnur gleichmäßig auf die gewünschte Länge. Stecken Sie die Umrandung rechts auf rechts an die drei Schnittkanten der Platte.

4 Steppen Sie die Teile zusammen. Kürzen Sie die Zugabe des Volants auf 1,5 cm, die der Platte auf 4 cm. Falten und stecken Sie die breite Zugabe mit Einschlag um die schmale herum; steppen Sie diese fest.

5 Die fertige Tagesdecke mit Faltenvolant verleiht ihrem Schlafzimmer eine weiche, feminine Atmosphäre.

Faltenvolantdecke mit Köpfchen

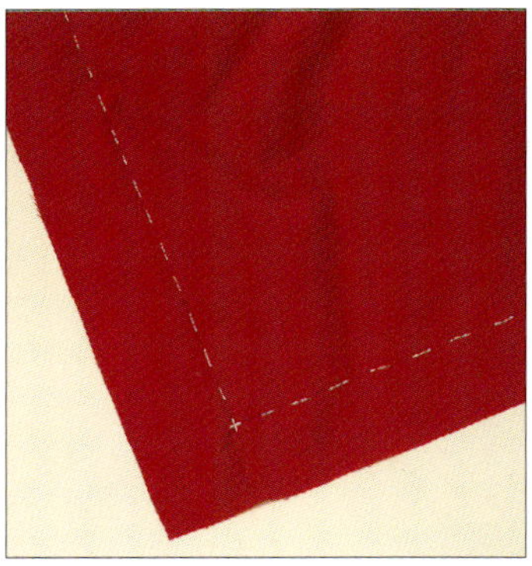

1 Schneiden Sie das Oberteil (Platte) mit einer Zugabe von 5 cm rundherum zu. Die Matratzengröße kennzeichnen Sie mit Heftfaden. Säumen Sie eine Schmalseite bis zur Linie.

2 Bereiten Sie den Faltenvolant wie in Schritt 2 (oben) vor. Klappen Sie eine Längsseite 5 cm breit nach links; steppen Sie 4 cm unterhalb der Faltkante zwei Heftnähte durch beide Lagen; kräuseln Sie damit den Stoff.

3 Stecken Sie den gleichmäßig gekräuselten Volant mit den Heftnähten rechts auf rechts an die drei ungesäumten Seiten der Platte; orientieren Sie sich an den Markierungslinien. Die Schmalseiten enden 5 cm vor dem fertigen Saum der Platte. Steppen Sie den Volant fest und ziehen Sie alle Heftfäden heraus.

4 Schneiden Sie beide Zugaben wie in Schritt 4 beim Faltenvolant zurück. Falten Sie die breite Zugabe der Platte um die schmale herum. Steppen Sie sie fest.

5 Die innere Naht ist nun versäubert. Entfernen Sie die Markierungsfäden von der Platte der Volantdecke.

6 Die fertige Tagesdecke mit Faltenvolant und hochstehendem Rüschenköpfchen ist ein dekorativer Blickfang in Ihrem Schlafzimmer.

Tagesdecke mit glattem Volant

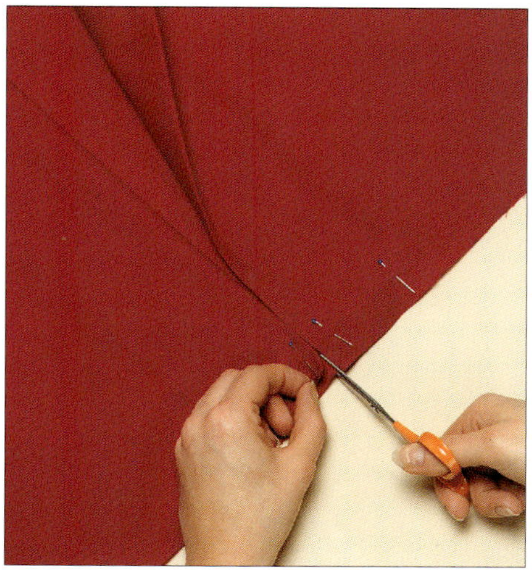

1 Schneiden Sie das Oberteil (Platte) und den Volant zu (siehe Schritt 1 und 2 beim Faltenvolant). Markieren Sie die zwei Eckfalten (Kellerfalten) des Volants, bügeln und stecken Sie sie. Schneiden Sie die Falten oben in der Mitte 1,5 cm ein. Heften Sie diese zusammen.

2 Stecken Sie den Volant zuerst an der nicht gesäumten Schmalkante der Platte rechts auf rechts fest. Steppen Sie ihn dort an: nur von Faltenmitte bis Faltenmitte.

3 Dann stecken und steppen Sie den Volant an beide Längsseiten. Achten Sie darauf, dass die Faltkanten vorher richtig zur Seite gelegt sind. Mit Rückstichen sichern Sie die Ecken.

4 Die fertige Tagesdecke mit genauer Passform sieht ordentlich und stilvoll aus. Sie können auch eine Paspel in die obere Naht einarbeiten (siehe S. 46).

Einfaches Quilten

Beim Quilten (engl. steppen) werden drei Stofflagen zusammengesteppt: die Ober- und Unterseite mit zwischengefasster Wattierung (Volumenvlies). Man kann zuerst eine große Stoffbahn quilten und sie dann zerteilen. Jacken, Westen und viele Heimtextilien wie Tischsets und Kissenbezüge lassen sich so gestalten. Spezialmaterial ist für einfache Quilts nicht nötig, doch wenn Sie Freude an dieser Technik haben, sollten Sie sich Quiltgarn, einen Quiltrahmen und Fingerhüte zulegen.

Kreative Effekte
Beim Maschinenquilten kann man fantasievolle Muster erzeugen (oben), auch mit der Zwillingsnadel (Mitte). Beim unteren Beispiel wurde das geometrische Stoffmuster mit goldenem Maschinenstickgarn gequiltet.

Maschinelles Quilten

1 *Zeichnen Sie mit Kreide oder wasserlöslichem Stift das Muster auf die Oberseite. Kleine Stücke markiert man zart, große kräftiger, damit die Linien länger erhalten bleiben.*

2 *Heften Sie die drei Lagen gut zusammen: die Oberseite, die gemustert werden soll, die Wattierung und die Rückseite. Nähen Sie von der Mitte aus in Richtung Rand.*

3 *Steppen Sie auf der Oberseite mit ziemlich großen Stichen sorgfältig an den Markierungslinien entlang. Bei Bedarf begradigen Sie zum Schluss die Ränder.*

Maschinengequiltete Musterblöcke
Selbst einfache Wiederholungsmuster, wie links gezeigt, sind wirkungsvoll. Wichtig ist, dass Sie zuvor sorgfältig heften; verschieben sich die Lagen beim Quilten gegeneinander, bilden sich im Stoff und der Wattierung Falten und Beulen.

Nützlicher Tipp

Der Handel bietet vielfältige auf Stoff gedruckte Motive an, die durch Maschinen- oder Handquilten belebt und zu Decken, Taschen, Kissen oder anderem weiterverarbeitet werden können. Oft sind sie einzeln erhältlich, aber auch als Meterware oder sogar mit passendem Hintergrundstoff. Wie viel Sie quilten, entscheiden Sie selbst. Das Beispiel links ist hand- und maschinengequiltet, auch mit Zickzackstich, um den Schmetterlingskörper auszufüllen.

Von Hand quilten

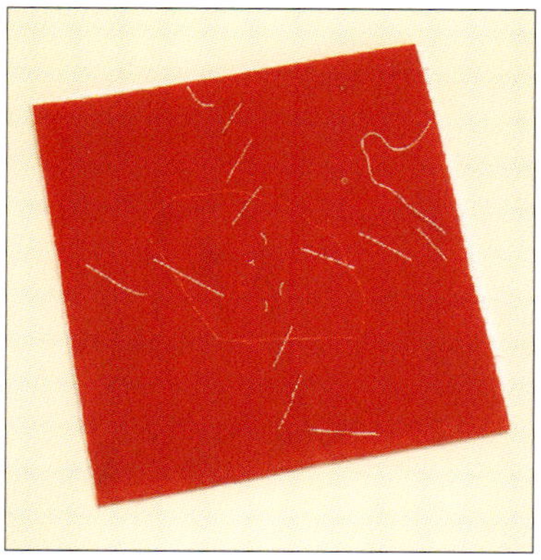

1 Markieren Sie das Muster zart auf der Oberseite. Heften Sie alle drei Lagen zusammen (siehe Schritt 1 und 2 links). Größere Quilts brauchen mehrere Heftreihen, von der Mitte nach außen genäht.

2 Spannen Sie das Teil in einen Rahmen ein. Fädeln Sie einen ca. 50 cm langen Quiltfaden in eine mittellange Nadel. Das Knotenende ziehen Sie von links in die Wattierung. Mit kleinen gleichmäßigen Vorstichen quilten Sie dann auf den Markierungslinien durch alle Lagen.

Techniken	Seite
Markierungen übertragen	*27*
Stiche	*32*

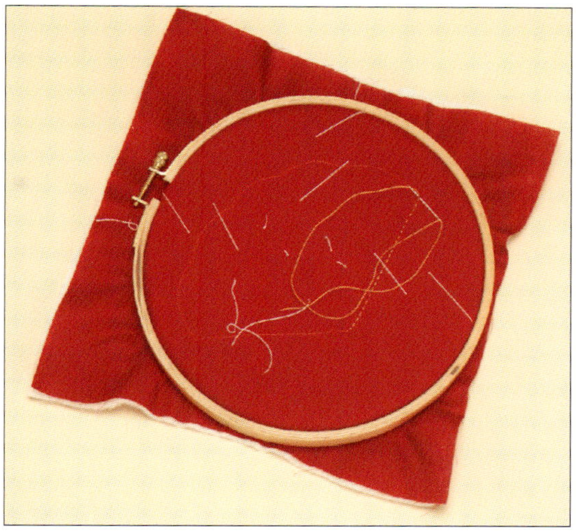

3 Quilten Sie nach und nach das Muster fertig, mit gleichmäßigen Stichen. Auch auf der Ober- und Unterseite sollten sie gleich aussehen. Große, aber regelmäßige Stiche sehen schöner aus als kleine unregelmäßige. Geht der Faden zu Ende, verknoten Sie ihn und ziehen den Knoten wieder in die Wattierung hinein.

Handgequiltete Musterblöcke
Mit von Hand gequilteten Mustern können Sie je nach Ausführung sehr einfache oder auch sehr komplexe optische Effekte erzielen. Stoffe aus Naturfasern wie Baumwolle oder Seide lassen sich schöner quilten als solche aus Synthetikfasern oder Mischgewebe.

Quilt mit Zwischenstreifen

1 Gequiltete Teile (Blöcke) können mit schmalen Zwischenstreifen verbunden werden, um einen großen Quilt zu gestalten. Begradigen Sie zuerst alle Kanten. Hier entstehen zwei Bahnen aus Einzelblöcken, die auch mit Zwischenstreifen an die mittlere Bahn genäht werden.

2 Das Ergebnis ist ein Musterquilt (Sampler) mit maschinen- und handgequilteten Teilen: Wenn Sie ihn mit Wattierung, einer Unterseite sowie mit einer Einfassung versehen (siehe S. 44), haben Sie einen hübschen Bettüberwurf oder Wandbehang.

Vorhänge

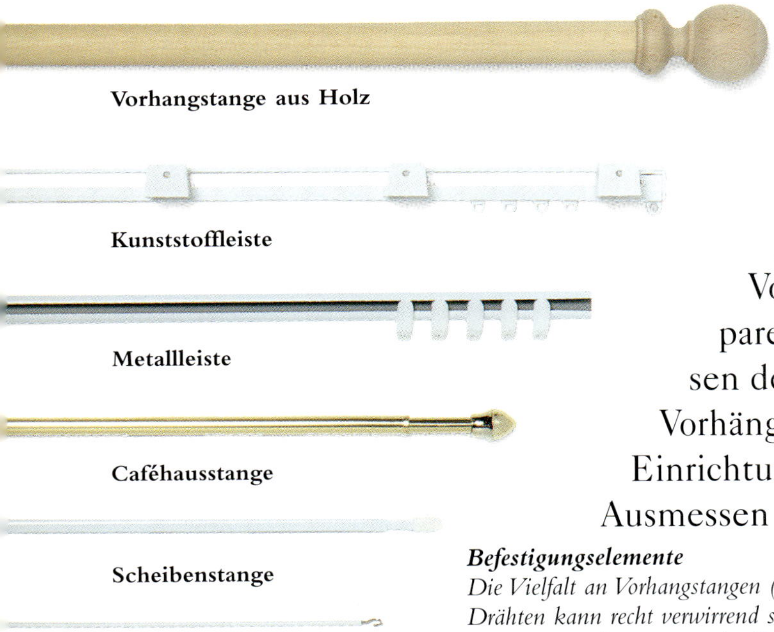

Vorhangstange aus Holz

Kunststoffleiste

Metallleiste

Caféhausstange

Scheibenstange

Draht

Form, Position und Stil eines Fensters sind für die Wahl eines Vorhangs wichtig, denn meist machen erst Vorhänge einen Raum so richtig wohnlich. Kleine Fenster können optisch vergrößert und verschieden große durch geschickte Vorhangdekoration vereinheitlicht werden. Transparente Vorhänge sperren fremde Blicke aus und lassen dennoch das Licht weich gefiltert ein. Wenn Sie Vorhänge selbst nähen, können Sie sie individuell auf die Einrichtung abstimmen. Doch setzt das Geduld, akkurates Ausmessen und eine große Arbeitsfläche voraus.

Befestigungselemente
Die Vielfalt an Vorhangstangen (Stilgarnituren), Schienen und Drähten kann recht verwirrend sein. Für die Auswahl der geeigneten Befestigung ist der Stil der Raumeinrichtung zu berücksichtigen, ebenso die Größe und das Gewicht des Vorhangs sowie die gewünschte Art, diesen zu öffnen und zu schließen.

Fenster ausmessen

Am besten bringen Sie die Befestigung an, bevor Sie das Fenster für den Stoffkauf ausmessen. So lässt sich die richtige Vorhanglänge und -breite ganz exakt ermitteln. Orientieren Sie sich dabei am Schema rechts.
Zur Berechnung der benötigten Stoffmenge geben Sie stets Stoff für Säume, obere Abschlüsse und Falten zu: Zur Fensterhöhe also 30–40 cm für Säume und zweimal die Höhe des oberen Abschlusses. Bei groß gemusterten Stoffen kaufen Sie einen Druckrapport mehr. Weil Vorhänge mit großer Stofffülle am besten wirken, multiplizieren Sie bei schweren und mittleren Stoffen die gewünschte Breite mit 2 oder 2,5 und bei leichten oder transparenten Stoffen mit 2 oder 3. Das Beispiel unten hilft Ihnen, die individuellen Vorhangmaße zu ermitteln.

Für einen mittelschweren Stoff und die gewünschte Vorhanglänge von 190 cm und eine Breite von 120 cm bei einem 10 cm hohen oberen Abschluss:

Länge	190 cm
oberer Abschluss	20 cm
Säume	35 cm
Musterrapport	15 cm
benötigte Gesamtlänge	**260 cm**
Breite	120 cm
multipliziert mit 2,5	300 cm
benötigte Breite	**300 cm**

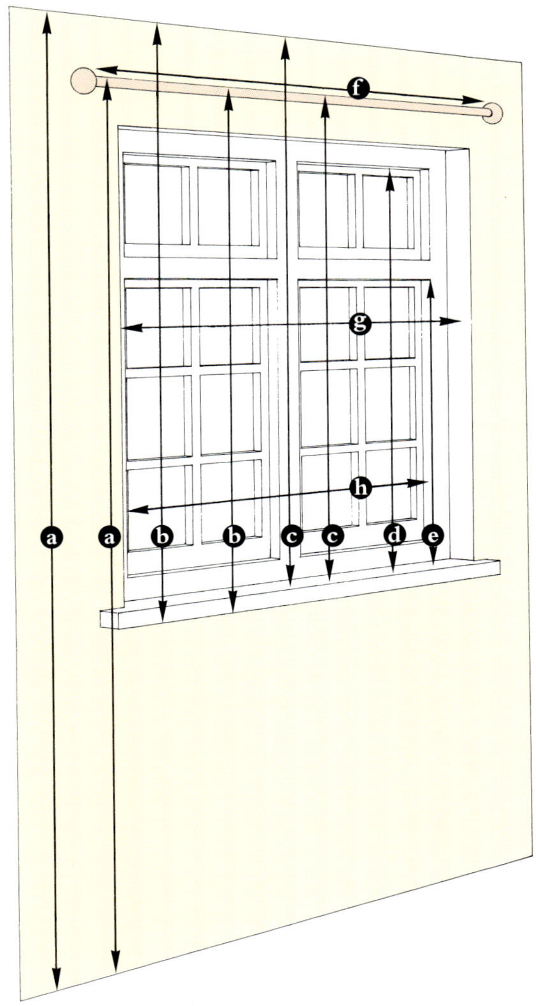

Länge: senkrechte Maße
- ***a*** *Zimmerdecke oder Vorhangstange bis Boden*
- ***b*** *Zimmerdecke oder Vorhangstange bis Fensterende*
- ***c*** *Zimmerdecke oder Vorhangstange bis Fensterbank*
- ***d*** *oberer Scheibenrand bis Fensterbank*
- ***e*** *Fensterkreuz bis Fensterbank*

Breite: waagerechte Maße
- ***f*** *Länge der Vorhangstange oder -schiene*
- ***g*** *Fensterausschnitt von Wand zu Wand*
- ***h*** *Breite der Fensterflügel*

Transparente Vorhänge

Transparente Vorhänge sind nicht nur nützlich, sondern können auch äußerst dekorativ sein. Die Auswahl an solchen Stoffen ist unendlich groß und reicht von schönen schlichten, über klassisch anmutende bis hin zu modern gemusterten Varianten. Ein wohl überlegt gewählter Vorhang kann den Stil eines Raumes verändern, ohne zugleich den Geldbeutel extrem zu belasten. Ob an Vorhangstangen oder -schienen, an Caféhausstangen oder an Draht befestigt: Solche Stoffe sperren fremde Blicke aus, ermöglichen aber den Blick nach draußen. Darüber hinaus verleihen großzügig drapierte Vorhänge jedem Raum ein elegantes Flair.

Techniken	Seite
Bügeln	*40*
Heftstiche	*33*
Markierungen übertragen	*27*
Säume	*64*
Stiche	*32*

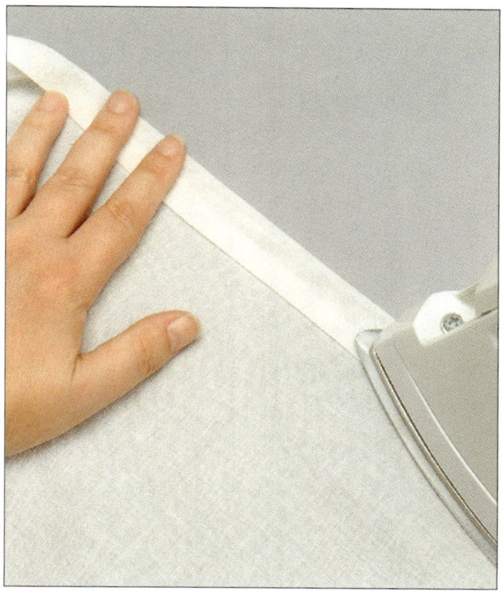

1 *Schneiden sie die Stoffbahn für den transparenten Vorhang in passender Größe zu. Begradigen Sie die Schnittkanten und säumen Sie die Seiten mit einem doppelten Saum. Legen Sie den Stoff oben durch zweimaliges Umfalten zu einem Tunnel für die Vorhangstange, er soll die doppelte Breite haben. Bügeln Sie ihn.*

2 *Stecken Sie den Tunnel als oberen Abschluss mit querliegenden Nadeln, so dass Sie vorsichtig darübernähen und sich das Heften sparen können.*

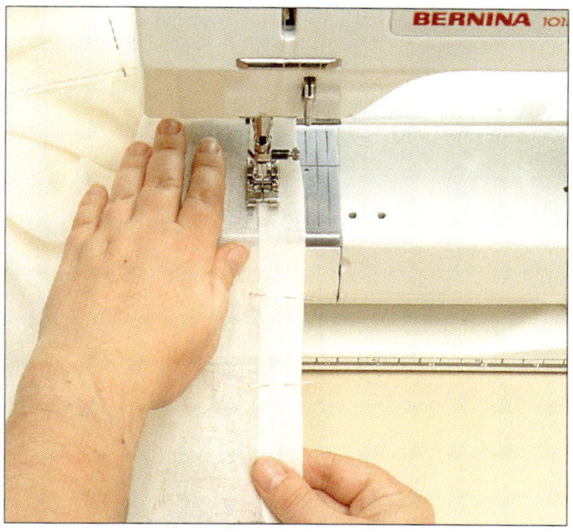

3 *Steppen Sie den Tunnel von der linken Seite knappkantig fest, wobei Sie nach und nach die Stecknadeln entfernen. Unten stecken und steppen Sie einen 5 cm breiten Saum in den Vorhang.*

Terrassentüren ausmessen

Öffnen sich solche in ganzer Höhe verglaste Türen nach außen, misst man sie genauso aus wie Fenster mit Außenflügeln.

Öffnen sie sich nach innen (was auch auf viele Fenster zutrifft), muss die Aufhängung so angebracht sein, dass man den Vorhang ganz zur Seite ziehen kann.

Erkerfenster ausmessen

Zwar kann man jedes Erkerfenster einzeln mit einem Vorhang ausstatten, doch ist ein langer doppelläufiger Vorhang, der zu beiden Seiten aufgezogen werden kann, praktischer. Individuell angepasste Gardinenleisten sind beim Fachhändler erhältlich.

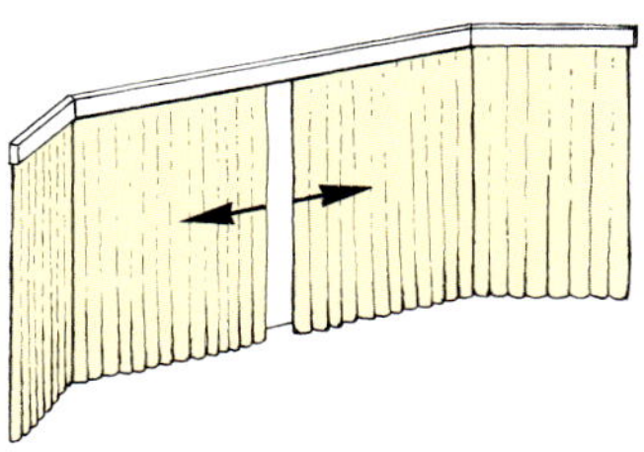

Transparente Vorhänge aufhängen

Es gibt verschiedene Befestigungselemente, um Vorhänge mit Tunnel aufzuhängen, etwa dicke Vorhangstangen, Seilzüge oder dünne Stangen für Scheiben- oder Caféhausgardinen, die an kleinen Häkchen angebracht sind oder an den Rahmen geklebt werden. Sie können statt eines Tunnels auch ein Gardinenband annähen und den Vorhang mit Häkchen aufhängen (siehe S. 106).

CAFÉHAUS-GARDINEN

Die klassische Caféhaus-Gardine hängt vor der unteren Fensterpartie auf einer Holz- oder Metallstange, doch sie kann auch im oberen Bereich angebracht sein. Diese Scheibengardine lässt Licht in den Raum, schafft eine private Atmosphäre und sperrt neugierige Blicke aus. Für Caféhausgardinen eignen sich fast alle leichten bis mittelschweren Stoffe. Als Aufhängung dienen diverse Schlaufen; es sind auch andere Varianten denkbar (siehe S. 106–109).

Caféhausgardinen mit Schlaufen

1 *Schneiden Sie den Stoff für die eigentliche Gardine in der ermittelten Größe zu, außerdem einen genauso langen Besatzstreifen für den oberen Abschluss und einige Streifen für die Aufhängung.*

2 *Falten und steppen Sie die Aufhängestreifen längs auf die Hälfte zusammen, die rechte Stoffseite innen. Wenden Sie sie auf rechts und bügeln Sie sie so, dass die Naht in der Mitte liegt. Hier sind sie so breit wie die Karos.*

3 *Versäubern Sie die Schnittkanten und eine Besatzlängsseite mit Zickzackstich. Stecken Sie den Besatz rechts auf rechts an die Gardine, dazwischen in regelmäßigen Abständen die zur Schlaufe gelegten Bänder (Naht innen).*

4 *Steppen Sie den Besatz oben mit den Schlaufen und seitlich fest. Schneiden Sie die Zugaben an den Ecken zurück. (Webkanten an der Gardine werden, wie hier, nicht mit Zickzackstich versäubert.)*

5 *Wenden Sie den Besatz auf rechts. Stecken Sie die seitlichen Gardinenränder zu einem schmalen Saum. Steppen Sie dann den oberen Rand unter den Schlaufen sowie die seitlichen Säume ab.*

6 *Hängen Sie die Gardine probeweise auf und messen Sie den Saum aus. Steppen Sie ihn als einfachen Saum entlang der Zickzacknaht fest.*

7 *Die Schlaufen der Gardine sind lang genug, so dass sie über die Enden der Stange passen. Sie sind in Verlängerung des Musters angenäht und lassen sich zum Aufziehen der Gardine leicht zusammenschieben.*

Bindebänder

Bei dieser Variante besteht die Einfassung der Gardine aus Schrägstreifen, auch die Aufhängebänder sind daraus genäht und zur Schleife geknotet. Man kann dafür auch anderen Stoff oder Fertigbänder nehmen, farblich abgestimmt auf die oder im Kontrast zur Gardine.

Caféhausgardine mit Bogenabschluss

1 Schneiden Sie eine Pappschablone für die Bögen und den Gardinenstoff zu; versäubern Sie den oberen Rand mit Zickzackstich. Falten Sie ihn als Besatz rechts auf rechts nach unten und zeichnen Sie in regelmäßigen Abständen die Bögen ein.

2 Stecken Sie die Stofflagen innerhalb der Bogenflächen zusammen. Hier ist gut zu sehen, dass man sich bei der Anordnung der Bögen meist gut am Muster orientieren kann.

3 Steppen Sie die Stofflagen entlang den Markierungen zusammen. Schneiden Sie den überschüssigen Stoff heraus, bis auf eine 1 cm breite Nahtzugabe. Knipsen Sie die Ränder (aber nicht die Naht!) ein.

4 Ziehen Sie diesen Bogenabschluss auf rechts und bügeln Sie ihn aus. Klappen Sie die Bänder zu Schlaufen nach hinten um und steppen Sie sie fest. Vorn erscheint nur eine kurze Stepplinie. Achten Sie darauf, dass alle Schlaufen gleich lang sind. Säumen Sie die Seitenränder der Gardine (siehe Schritt 5 bei der Anleitung gegenüber).

5 Hängen Sie die Gardine probeweise auf. Markieren Sie die gewünschte Länge und steppen Sie den Saum (siehe Schritt 6 gegenüber). Hier sieht man: Die äußeren Schlaufen sind nur halb so breit wie die übrigen.

Dreiecke

Die Bogentechnik lässt sich beliebig abwandeln. Hier wurden aus den Bögen Dreiecke, die wegen des kontrastierenden Besatzes besonders auffallen. Farbige Knöpfe halten die Spitzen vorne fest.

Bogenabschluss mit Ringbefestigung

1 Bereiten Sie die Gardine wie oben vor, diesmal aber mit schmaler Schablone für kleine Bögen (siehe Schritt 1–3 oben).

2 Wenden Sie die Bögen auf rechts und bügeln Sie sie. Säumen Sie die Seiten. Bringen Sie oben Gardinenringe zum Anklammern an.

3 Schieben Sie die Ringe auf die Stange. Messen Sie die Gardinenlänge ab und steppen Sie den unteren Saum (siehe Schritt 6 auf S. 104).

GARDINENBÄNDER

Für den oberen Vorhangabschluss sind verschiedene Bänder erhältlich: vom einfach kräuselnden Schienenband bis zu komplizierteren Faltenbändern. Einige bestehen aus stabil gewebtem Band mit Zugschnüren; seltener haben sie eingewebte Taschen, in die Haken zur Erzeugung raffinierter Faltenabfolgen eingesteckt werden. Die eingewebten Markierungslinien machen es leicht, die Bänder gerade auf den Vorhang zu steppen. Sie müssen so lang sein wie der Vorhangstoff breit ist, zuzüglich einiger Zentimeter, damit die Enden eingeschlagen werden können.

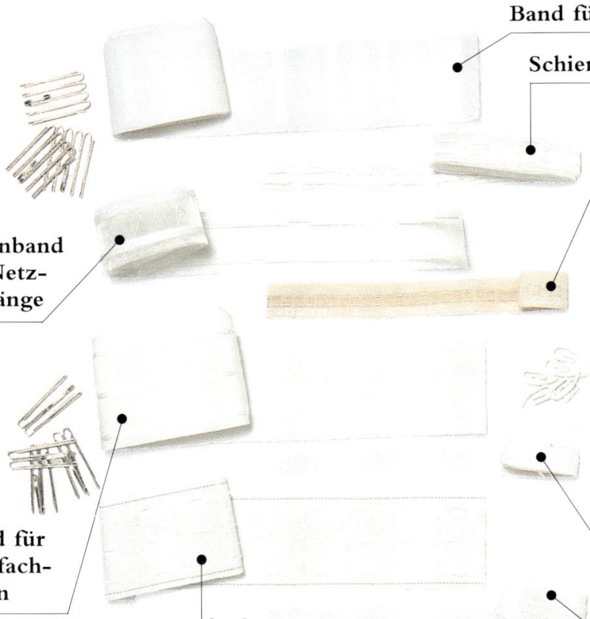

Gardinenbänder und Haken
Bänder für den oberen Vorhangabschluss gibt es in diversen Breiten und Stärken. Am besten lassen Sie sich im Fachhandel oder in der Gardinenabteilung eines guten Kaufhauses beraten, bevor Sie das Zubehör auswählen.

Einfach gekräuselter Abschluss

1 *Wollen Sie einen einfach gekräuselten Vorhang ohne regelmäßige Falten herstellen, schneiden Sie den Stoff zu und schlagen die Seitenränder zweimal schmal nach links ein. Stecken und steppen Sie diese Säume. Falten Sie die obere Vorhangkante einmal nach links um (5 cm breit). Stecken Sie das einfache Schienenband über diese Schnittkante.*

2 *Damit die Ecke nicht zu dick wird, klappen Sie den oberen Einschlag schräg nach innen. Kürzen Sie das Band so, dass Sie das Ende ein kleines Stück umschlagen können. Die Schnurenden ziehen Sie heraus.*

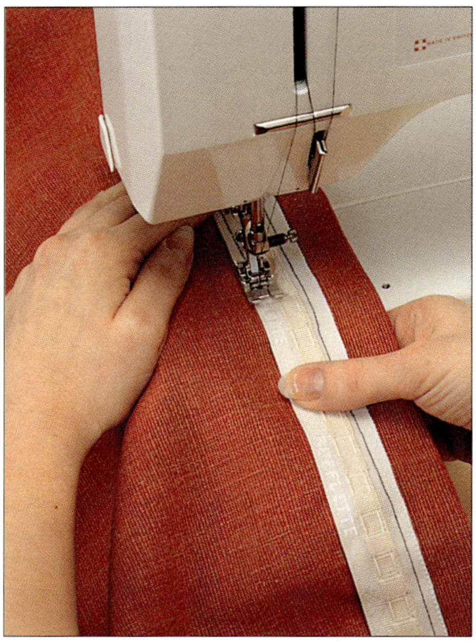

3 *Steppen Sie das Band in Längsrichtung mit zwei Nähten an. Dabei können Sie sich gut an den eingewebten Markierungslinien orientieren, damit die Nähte gerade werden.*

4 *Säumen Sie den unteren Rand des Vorhangs, messen Sie ihn sorgfältig aus, damit die gewünschte Länge tatsächlich erreicht wird (probeweise aufhängen). Bei Bedarf können Sie zusätzliche Gewichte im Saum befestigen, damit der Vorhang besser fällt (siehe Tipp gegenüber).*

5 *Knoten Sie die Schnüre sicherheitshalber an beiden Seiten paarweise zusammen. Ziehen Sie sie an, um den Vorhang zu kräuseln: am besten von beiden Seiten aus zur Mitte hin.*

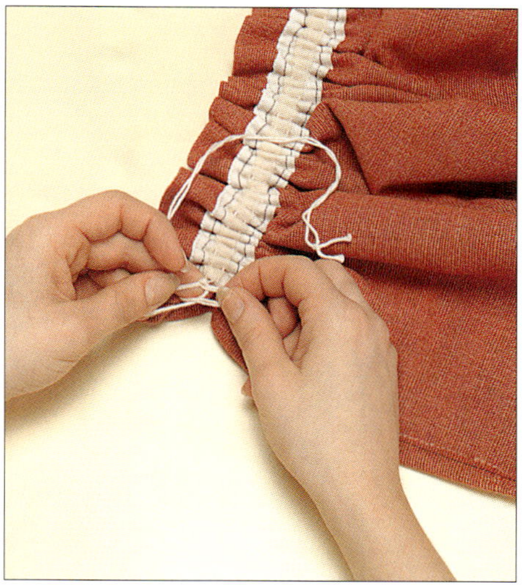

6 *Ist oben die gewünschte Dekorationsbreite des Vorhangs erreicht, verknoten Sie die Schnurenden so mit einer Schlaufe, dass Sie die Kräusel bei Bedarf, z. B. zum Waschen, wieder lösen können.*

7 *Haken Sie die zu Ihrem Befestigungssystem passenden Häkchen in gleichmäßigen Abständen in die Bandösen. Ziehen Sie beim Arbeiten die Kräuseln gleichmäßig.*

8 *Der fertige Vorhang hängt in aparten, einfachen Falten vom Kräuselabschluss nach unten. Solch ein einfaches Schienenband ist für leichte und mittelschwere Stoffe ideal, wenn ein unkomplizierter, ordentlicher Fensterschmuck gewünscht ist.*

Nützlicher Tipp

Vorhanggewichte, als Bleistäbchen oder -quasten erhältlich, näht man einzeln an den Saum; Bleiband kauft man als Meterware (siehe oben). Sie stecken es auf der Saumfalte von innen fest und nähen es mit Überwendlingsstichen an (siehe S. 34), wobei Sie mit der Nadel abwechselnd nur wenig Fäden des Stoffes erfassen und das Band durchstechen. Nähen Sie es gleichmäßig und eher auf dem Saumeinschlag an, damit die Stiche später von vorn unsichtbar sind. Steppen Sie dann den Saumeinschlag fest.

Doppelfalten

Ein spezielles Faltenband dient dazu, den Vorhang mit Zugschnüren ganz leicht in Doppelfalten zu legen, die hier zusätzlich mit selbst gemachten und bestickten Knöpfen betont sind. Bei anderen Bändern erzielen eingesteckte Metallhaken dieselbe Wirkung.

Rückansicht
Nähen Sie den Vorhang und bringen Sie das Faltenband an (siehe S. 106–107). Die Falten bilden sich durch Ziehen der Schnüre. Verknoten Sie diese aber zuvor; denn einmal herausgerutscht, lassen sie sich nicht wieder einziehen.

Vorderansicht
Ein Knopf, unten auf Höhe des Faltenbandes an die Falte genäht, ist ein dekorativer Blickfang und hält die Falte in Form. Die Knöpfe wurden mit farblich passendem Stoff bezogen und zusätzlich mit einem Sternchen aus vier geraden Stichen bestickt.

Bleistiftfalten

Bleistiftfalten sind einfache ungebügelte Falten in gleichmäßigen Abständen und von gleicher Breite. Sie verleihen dem Vorhang eine großzügige Fülle und einen schönen Fall. Solche schön hängenden Falten eignen sich für fast alle Fenster und Vorhangstangen.

Rückansicht
Das Faltenband wird so angebracht wie das Schienenband auf S. 106–107. Denken Sie daran, zuerst alle drei Schnüre miteinander an beiden Seiten zu verknoten, bevor Sie damit die Falten in Form ziehen.

Vorderansicht
Das Aussehen von vorn ist so, wie man es mit keiner der anderen Faltmethoden erreicht. Die Stoffbreite muss jedoch das 2- bis 3fache der fertigen Dekorationsbreite betragen, je nach der Stärke des gewählten Stoffes.

Smokfalten

Mit einem speziellen Smokband lassen sich Smokfalten in Vorhänge ziehen, was dünne, mittlere und vor allem einfarbige Stoffe sehr beschwingt wirken lässt. Man kann damit hübsche und ungewöhnliche Volants gestalten, auch transparente Vorhänge erhalten so ein feminines Flair. Der Stoff sollte jedoch zweimal so breit wie das Fenster sein.

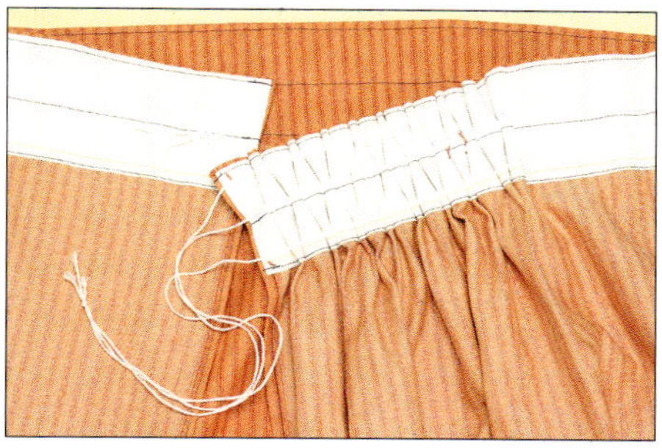

Rückansicht
Das Smokband bringen Sie ebenso wie das einfach zu kräuselnde Schienenband (siehe S. 106–107) an, diesmal aber nicht mit zwei, sondern drei Nähten. Wichtig: Steppen Sie mit der Mittelnaht nicht die Zugschnur fest.

Vorderansicht
Zieht man die Schnüre dieses Spezialbandes, bilden sich automatisch die typisch geteilten Smokfalten. Die Wirkung wird hier durch zusätzliche Stickstiche mit passendem Garn am Ende und in der Mitte der Falten unterstrichen.

Dreierfalten

Die fächerförmig aufspringenden Dreierfalten sind äußerst beliebt. Meist kann man die Aufhängung wahlweise oben oder unten ins Faltenband einhaken, so dass sich dieser Abschluss für dekorative Vorhangstangen und zum Verbergen von Schienen eignet.

Rückansicht
Gardinenband für Dreierfalten ist sehr breit. Es wird auch gemäß der Anleitung von S. 106–107 angebracht. Vergessen Sie nicht, die Schnurenden vor dem Faltenziehen zu verknoten.

Vorderansicht
Dreierfalten fordern direkt dazu auf, sie zusätzlich zu verzieren, zumal einige Hersteller solcher Faltenbänder empfehlen, sie mit einem kleinen Stich zu sichern. Kleine Quasten, aus Stickgarn selbst gemacht (siehe S. 117), wurden bei diesem Beispiel zusammen mit einem Knopf an die Falten genäht.

Stehfalten

Patronenfalten sehen so ähnlich wie Bleistiftfalten aus, sind aber zylindrischer und der Abstand zwischen ihnen ist größer. Sie verbrauchen etwas weniger Stoff als Bleistiftfalten – zweimal die Fensterbreite –, sind aber nicht weniger elegant. Die meisten Faltenbänder sind für eine Aufhängung unter einer Vorhangstange vorgesehen. Doch oft kann man die Häkchen höher anbringen, um mit dem Vorhang eine schlichte Gardinenleiste zu verdecken.

Rückansicht
Das Band für Stehfalten wird so angebracht, wie in der Anleitung auf S. 106–107 beschrieben, also mit zwei Nähten an den Längsseiten.

Vorderansicht
Stehfalten gehören zu den eleganten Vorhangabschlüssen, die sich vor allem bei schweren und mittleren Stoffen anbieten. Sie passen zu fast allen Stoffdesigns, doch wegen ihrer Tiefe unterstreichen sie besonders die Wirkung senkrecht verlaufender Muster.

VORHÄNGE FÜTTERN

Es empfiehlt sich, Vorhänge zu füttern, von transparenten und solchen aus sehr dünnem Stoff jedoch abgesehen. Das Futter wertet Vorhänge auf und verleiht ihnen einen schönen Fall und mehr Fülle. Bei empfindlichen Stoffen schützt es außerdem vor Sonnenlicht, das die Fasern beschädigen und die Farben ausbleichen kann. Besonders dicker Futterstoff kann das Licht mildern oder ganz aussperren und den Raum bei geschlossenen Vorhängen nach außen abschirmen.

Das Schwierigste beim Füttern eines Vorhangs ist wohl der dafür benötigte Platz, denn es ist notwendig, den Vorhang flach auszubreiten, um auf ihm zu arbeiten. Ideal wäre ein großer Esszimmertisch oder eine frei geräumte Fläche auf dem Fußboden, am besten ohne Teppich.

Von Hand angenähtes Futter

1 *Schneiden Sie den Vorhangstoff zu und nähen Sie bei Bedarf mehrere Bahnen aneinander, um die gewünschte Breite zu erhalten. Stecken Sie die Saumeinschläge an den Seiten und unten fest.*

2 *Formen Sie die Ecken zu Briefecken (siehe S. 41). Mit Hexenstich (siehe S. 33) säumen Sie die festgesteckten Stoffkanten an. Ziehen Sie die Stecknadeln dabei nach und nach heraus.*

3 *Schneiden Sie den Futterstoff in Vorhangstoffgröße zu, doch ohne Saumzugaben. Bei Bedarf setzen Sie mehrere Bahnen aneinander. Steppen Sie einen schmalen Saum an die Seiten und die Unterkante. Eventuell vorhandene Vorhangnähte kennzeichnen Sie auf der linken Futterstoffseite.*

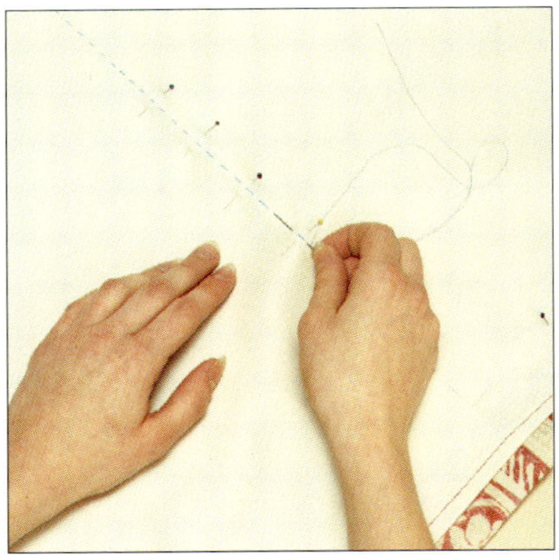

4 *Legen Sie das Futter links auf den Vorhang, die Markierungen auf den glatt gestrichenen Nähten (hier zur Verdeutlichung rechts markiert). Stecken und heften Sie dort das Futter an die Naht.*

5 *Entfernen Sie die Nadeln. Falten Sie das Futter an der Heftlinie um. Mit Staffierstich nähen Sie es an den Vorhang (siehe S. 33). Gibt es mehrere Verbindungsnähte, befestigen Sie das Futter zuerst komplett an einer, bevor Sie sich der nächsten widmen.*

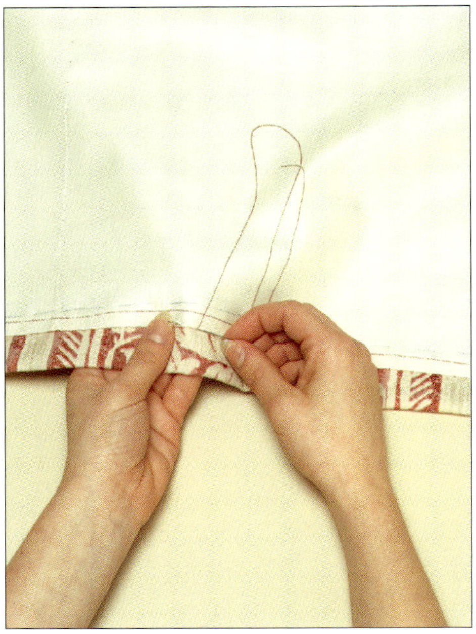

6 *Heften Sie das Futter gegen die seitlichen und den unteren Saumeinschlag und säumen Sie es von Hand an. Folgen Sie schließlich den Anleitungen von S. 106–109, um einen oberen Abschluss zu gestalten. Dabei handhaben Sie Vorhang- und Futterstoff wie ein Teil, wenn Sie den oberen Saum einschlagen. Falls Sie Sorgen haben, dass die Stoffe (unterschiedlich) einlaufen, waschen Sie sie vorher, um dem vorzubeugen oder um gegebenenfalls einen anderen Stoff auszuwählen.*

Nach der „Schlauchmethode" füttern

1 Schneiden Sie den Vorhang- und den Futterstoff zu. Dieser soll ca. 20 cm schmaler, aber fast genauso lang wie der Vorhangstoff sein. Steppen Sie an beiden Seiten Vorhang- und Futterstoff rechts auf rechts aneinander, unten jedoch bleiben 15 cm frei.

2 Schieben Sie den flachen Stoffschlauch so, dass das Futter genau in der Mitte liegt. Markieren Sie die Breite des seitlichen Vorhangstoffes; hier diente der Musterstreifen zur Orientierung. Wenden und bügeln Sie den Schlauch.

3 Ermitteln Sie die Vorhanglänge und stecken Sie den unteren Saumeinschlag um. Wiederholen Sie das mit dem Futter. Säumen Sie es maschinell. Legen Sie die Ecken des Vorhangs zu Briefecken und säumen Sie sie sowie die Unterkante von Hand.

4 Nähen Sie die noch offene Seitennaht unten mit Staffierstichen zu und versäubern Sie dabei gleichzeitig die Futterecke. Widmen Sie sich dann dem oberen Abschluss (siehe S. 106–109), wobei Sie sehr sorgfältig messen, um die gewünschte Gesamtlänge des fertigen Vorhangs zu erreichen. Handhaben Sie ihn dabei zusammen mit dem Futter wie ein Teil.

Separates Futter

1 Schneiden Sie das Futter in derselben Größe wie den Vorhangstoff zu, doch ziehen Sie die Zugaben für die seitlichen Säume ab. Steppen Sie schmale Säume an die seitlichen Futterkanten.

2 Fassen Sie die Oberkante mit Schienenband ein, das außen etwas übersteht. Ziehen Sie die Schnurenden etwas heraus, verknoten Sie sie und schlagen Sie die Bandenden um. Heften und stecken Sie das Band fest.

3 Mit Häkchen befestigen Sie das Futter am fertigen Vorhang und bringen es durch Säumen auf die richtige Länge. Ziehen Sie die Schnüre des Futters ebenso wie die des Vorhangs. Solch ein Futter kann leicht abgenommen werden, beispielsweise für die Wäsche oder in warmen Sommermonaten.

Schabracken & Co.

Feste Schabracken, aber auch üppige Quer- oder Raffbehänge sind praktisch und zugleich dekorativ: Sie halten oben eindringendes Licht und Kälte ab und geben auch nebeneinander liegenden Fenstern einen stilvollen Abschluss. Zwar gibt es für Querbehänge Speziälleisten, doch reichen auch normale Gardinenleisten oder -stangen aus. Sperrholz oder Spanplatte ist ideal für flache und kastenförmige Schabracken. Kastenförmige sind oben und seitlich geschlossen; ein Schreiner baut sicher ein Modell nach Ihren Maßen. Querbehänge sind so breit wie das Fenster plus genügend Zugabe für die seitlich hinausragende Aufhängevorrichtung. Die Höhe richtet sich nach Stil, Länge und Fülle des Vorhangs.

Flache Schabracke

1 Schneiden Sie das Brett, die Wattierung und den Stoff zu. Stoff und Wattierung sollen groß genug sein, damit sie leicht um die vier Kanten gespannt werden können.

2 Klammern, kleben oder nageln Sie die Wattierung auf das Brett: Befestigen Sie zuerst die Längsseiten, schneiden Sie dann die Ecken etwas zurück, damit es an diesen Stellen nicht zu dick wird; sichern Sie die Schmalseiten.

3 Spannen Sie auf dieselbe Weise den Stoff darüber, den Sie ebenfalls festklammern, kleben oder nageln. Schneiden Sie auch hier die Enden schräg zurück, damit Sie den Stoff sauber um die Ecken spannen können.

4 Bringen Sie die fertige Schabracke an der Wand über dem Vorhangabschluss an, am besten möglichst unsichtbar mit stabilen Winkeleisen. Solche flachen Schabracken sind für Nischenfenster ideal oder wenn kein Platz für kastenförmige vorhanden ist.

Kastenförmige Schabracke

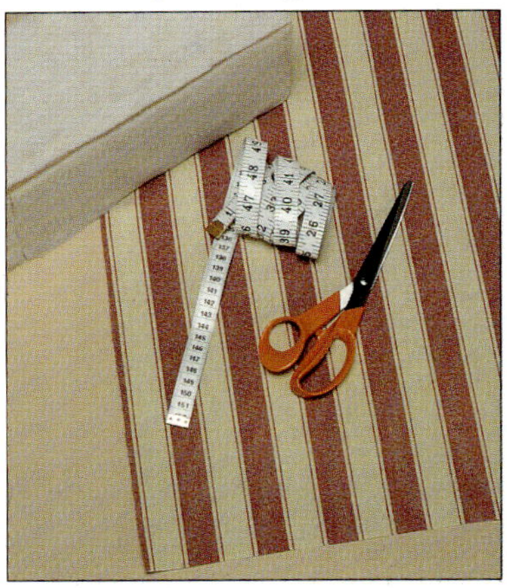

1 Bespannen Sie die drei Außenflächen des Kastens mit Wattierung (siehe oben), lassen Sie die Schmalseiten, die an die Wand stoßen, frei. Sie können auch passende Stücke zuschneiden und aufkleben.

2 Schneiden Sie den Stoff so groß zu, dass Sie den ganzen Kasten damit beziehen können. Klammern, kleben oder nageln Sie ihn fest, wieder zuerst die Längsseiten. Verarbeiten Sie die Ecken besonders sorgfältig.

3 Eine kastenförmige Schabracke passt zu Vorhängen und zu Rollos. Wichtig ist eine saubere Eckverarbeitung, denn hierauf fällt der Blick zuerst. Die Oberseite des Kastens bringen Sie mit Winkeleisen an der Wand über dem Fenster an.

Schabracke mit Kellerfalten

1 Schneiden Sie den Stoff für einen doppellagigen Kellerfalten-Volant zu (siehe S. 42), säumen Sie die Schmalseiten. Falten Sie ihn längs zusammen (links auf links). Bügeln Sie die Falten ein. Steppen Sie an der Oberkante entlang.

2 Schneiden Sie einen Stoffstreifen zur Einfassung der Oberkante zu (siehe S. 44). Steppen Sie ihn oben rechts auf rechts an. Falten Sie ihn nach links und steppen Sie die eingeschlagenen Schnittkanten an der Längsseite und an den Enden fest.

3 Befestigen Sie den Volant auf einer kastenförmigen Schabracke. Der Einfassungsstreifen lässt sich an der Oberkante gut umklappen und festklammern. Falten Sie ihn sauber an der Ecke, bevor Sie ihn an der Schmalseite anbringen.

Techniken	Seite
Einfassungen	*44*
Falten	*43*

Gekräuselter Querbehang

1 Schneiden Sie einen Stoffstreifen zu: doppelt so breit wie der Behang hoch werden soll, die Länge entspricht der Vorhangstoffbreite, alles zuzüglich Saumzugaben. Säumen Sie die Schmalseiten und steppen Sie den Stoff rechts auf rechts zu einem langen Schlauch.

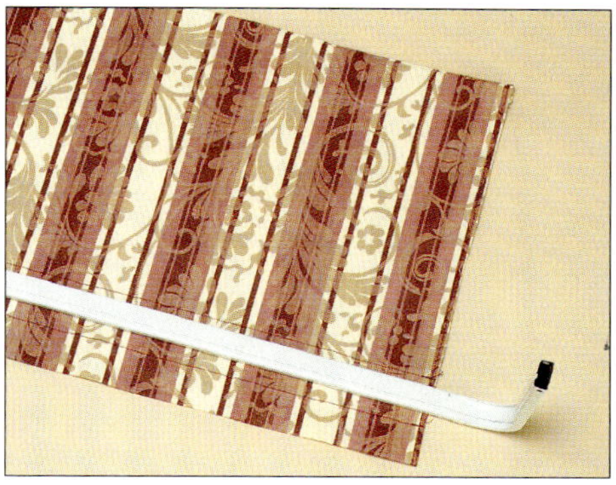

2 Wenden Sie den Schlauch auf rechts und bügeln Sie ihn flach, die Naht liegt auf der Rückseite. Zeichnen Sie den Tunnel für die Schiene ein, in doppelter Schienenbreite; er sollte nicht die Naht auf der Rückseite treffen. Steppen Sie entlang den eingezeichneten Linien.

3 Schieben Sie die Schiene in den schmalen Tunnel und kräuseln Sie den Stoff gleichmäßig über die gesamte Länge. Befestigen Sie die Schiene an der Wand über dem Fenster. Durch die doppellagige Verarbeitung sieht der Behang von beiden Seiten gleich aus.

Andere Kräuselvarianten

Einfach gekräuselte Behänge auf Schienen sind praktisch, um den Mechanismus eines Rollos zu verbergen, können aber auch einen einfachen Vorhang beleben. Man kann sie in beliebiger Größe anfertigen, wobei die Rüschen über oder unter der Stange verschieden breit sein können. Manchmal sind die benötigten Schienen auch breiter erhältlich. Querbehänge lassen sich aber auch wie Vorhänge mit Gardinenband versehen und an einer Gardinenschiene oder -stange aufhängen (siehe S. 106–109).

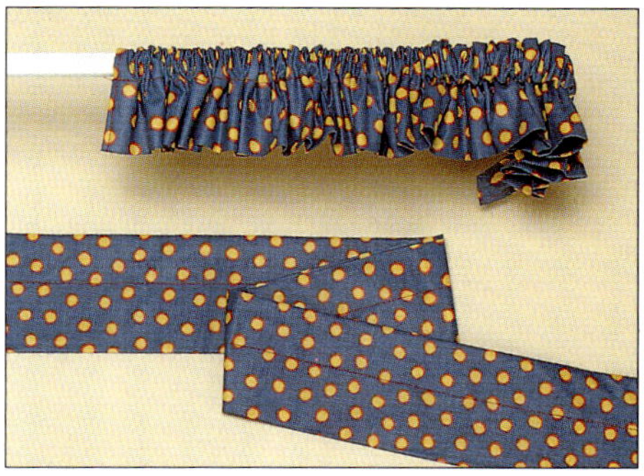

Oben: *Dieser schmale Querbehang ist wie das Modell darüber genäht, jedoch liegt der Tunnel ganz oben, so dass nur eine Naht dafür nötig war. Deshalb hat er oben keine Rüschen, sondern nur unten.*

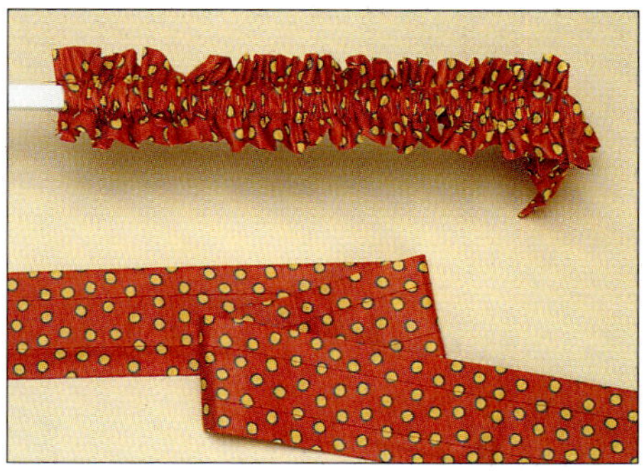

Oben: *Hier handelt es sich wieder um dieselbe Technik wie in der Anleitung darüber, diesmal sitzt jedoch der Tunnel genau in der Mitte des gedoppelten Stoffstreifens. Deshalb ergeben sich oben und unten gleich breite Rüschen.*

Drapieren und Raffen

Während man Vorhänge auf- und zuziehen möchte, dienen frei über Stangen oder Drapierhaken arrangierte Stoffe der reinen Dekoration, etwa an Fenstern, die mit Rollos geschlossen werden. Drapieren Sie den Stoff zuerst probeweise, bevor Sie ihn endgültig zuschneiden. Raffhalter dienen dazu, die Falten aufgezogener Vorhänge seitlich festzuhalten.

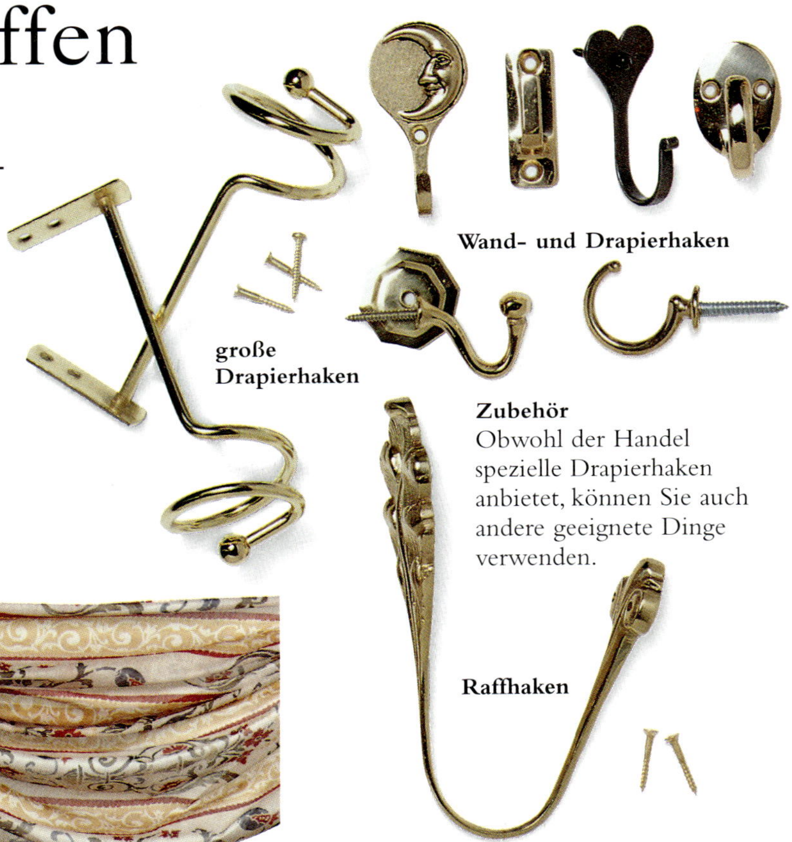

Zubehör
Obwohl der Handel spezielle Drapierhaken anbietet, können Sie auch andere geeignete Dinge verwenden.

Einfache Freihanddekoration

1 Schneiden Sie eine passende Stoffbahn zu. Entfernen Sie die Webkanten. Begradigen Sie alle Kanten (siehe Tipp) und säumen Sie sie; sichern Sie die Ecken mit Rückstichen.

2 Hier hängt ein dünner Baumwolldruckstoff mit schönem Fall über Drapierhaken, die man in Fachgeschäften oder Gardinenabteilungen der Kaufhäuser bekommt.

Nützlicher Tipp

Um eine Stoffbahn zu begradigen, legen und stecken Sie sie längs gefaltet mit bündigen Webkanten vor sich. Zeichnen Sie im rechten Winkel an beiden Seiten eine gerade Linie quer über die Bahn; den Rest schneiden Sie ab.

Drapieren mit Wendestoffbahn

1 Schneiden Sie zwei verschiedene Stoffe in gleicher Größe zu und begradigen Sie die Kanten. Steppen Sie sie rechts auf rechts zusammen, eine 15 cm große Lücke bleibt zum Wenden.

2 Kürzen Sie die Ecken an den Nahtzugaben und wenden Sie die Bahn auf rechts. Formen Sie die Ecken gut aus, bevor Sie alles bügeln und die Lücke mit Staffierstichen schließen.

3 Eine Stoffbahn zum Wenden, also mit unterschiedlichen Seiten, bietet mehr Drapierungsmöglichkeiten. Hier erscheint bei der Umwicklung der Stange das eine Muster, das andere wird dagegen an den herabhängenden Partien sichtbar.

Genähter Form-Raffhalter

1 *Ermitteln Sie die Länge des Raffhalters, indem Sie vom Wandhaken aus um die Gardine herum messen. Stellen Sie eine entsprechende Papierschablone her. Schneiden Sie gemäß dieser eine Bügeleinlage zu sowie zwei Teile aus Stoff, letztere jedoch mit Nahtzugaben.*

2 *Bügeln Sie die Einlage von links auf eines der Stoffteile. Steppen Sie beide Stoffteile rechts auf rechts rundherum zusammen, direkt neben der Einlage, wobei eine Lücke zum Wenden bleiben muss. Schneiden Sie die Nahtzugabe an den Ecken zurück.*

Techniken	Seite
Einfassungen	*44*
Quasten anfertigen	*117*
Säume	*64*

3 *Wenden Sie den Raffhalter auf rechts und bügeln Sie ihn. Mit Staffierstichen schließen Sie die Lücke. Steppen Sie einen Schrägstreifen auf der linken Seite an, klappen Sie ihn zur Vorderseite und steppen Sie ihn fest (siehe S. 45). An beiden Enden nähen Sie zwei Schlaufen an.*

Raffhalter

Schlichte Raffhalter können mit Spitze, Bordüre oder Ähnlichem verziert werden. Auch andere Formen sind schmuck, wie Quastenkordeln oder eine große verstärkte Schleife. Selbst ein einfacher Stoffstreifen oder ein Zopf aus drei Stoffen kann als Raffhalter um einen Vorhang schön aussehen.

Kordel-Raffhalter

1 *Schneiden Sie Garn in dreifacher Kordellänge zu. Verknoten Sie beide Enden.*

2 *Stecken Sie einen Stift durch ein Ende und befestigen Sie das andere an einer Türklinke, falls es Ihnen niemand festhält. Drehen Sie den Strang so oft, bis er kürzer wird und bis sich „Knötchen" bilden.*

3 *Halten Sie die Mitte fest und nehmen Sie beide Enden in eine Hand; die Schnur soll sich von der Mitte aus zusammendrehen. Sichern Sie das offene Ende.*

Rollos

Mit einem Rollo lässt sich ein Fenster leicht dekorieren. Für ein glattes Rollo ersetzen Sie entweder den Stoff eines vorhandenen Spring- oder Kettenzugrollos; oder Sie bauen sich mit entsprechendem Zubehör oder einem Bausatz ein neues. Heruntergelassene Falt- oder Raffrollos sind glatt und falten sich beim Hochziehen unten. Üppige Wolkenraffrollos sollten aus dünnem, leicht zu kräuselndem Stoff genäht werden. Informationen über Fenstermaße: Siehe S. 102.

Zugschnur

Es sind verschiedenste Knäufe für Zugschnüre erhältlich, diese sind auch leicht selbst herzustellen, wie die Quaste auf S. 117.

Schnuraufwickler

Für Falt- und Raffrollos braucht man Haken an der Wand, auf die man die Zugschnur wickelt (Klampenhaken).

Glattes Rollo mit Sprungmechanik

1 Schneiden Sie den Stoff nach der Anleitung des Rollobausatzes und den Fenstermaßen zu. Prüfen Sie, ob im Bausatz alle Teile vorhanden sind, also die Sprungmechanik, die untere Leiste und das Befestigungszubehör.

2 Steppen Sie schmale Säume mit doppeltem Einschlag an die Längskanten. Schlagen Sie die obere Kante einmal ein und nähen Sie diese mit Zickzackstich fest.

3 Nähen Sie unten einen Saum, der als ausreichend breiter Tunnel für die untere Leiste dient. Schieben Sie den Stab ein und nähen Sie die Öffnungen mit Staffierstichen zu.

4 Bringen Sie gemäß der Bausatzanleitung unten in der Mitte die Zugschnur an und befestigen Sie daran einen Knauf. Bei Bedarf können Sie dem Stoff mit Sprühstärke mehr Festigkeit verleihen.

5 Befestigen Sie die obere Stoffkante am Stab für die Sprungmechanik. Hier geschieht das mit einem doppelseitigen Klebeband. Sie können, wenn Sie wollen, den Stoff zusätzlich mit Klammern oder kleinen Nägeln sichern.

6 Bringen Sie die vorgesehenen Befestigungselemente am Fensterrahmen oder an der Wand an und hängen Sie das aufgewickelte Rollo oben ein. Es lässt sich auf verschiedene Höhen ziehen.

Dekorative Abschlüsse

Glatte Spring- oder Kettenzugrollos können mit fantasie- und stilvollen Abschlüssen geschmückt werden. Die hier gezeigten Ideen sind leicht nachzuarbeiten und können als Anregung für Variationen dienen. Quasten, deren Herstellung unten erklärt wird, können an die Zugschnur oder als Verzierung unten an den Stoff genäht werden.

Einfache Kanten
Das rechte Rollo erhielt eine breite Baumwollspitze, nachdem der Tunnel für den Stab genäht war. Das linke Rollo ziert eine blaue Schleife. Zusätzlich könnten hier die Seitenränder blau eingefasst sein.

Bogenabschluss
Die mit Besatz genähte Bogenkante wurde nochmals abgesteppt (siehe S. 105). Ein separat aufgesteppter Stoffstreifen bildet den Tunnel für den Stab.

Dreiecksabschluss
Zu dieser Idee inspirierte das Stoffmuster. Schneiden Sie die Spitzen groß genug zum Säumen zu oder belegen Sie sie (wie links) mit Besatz. Den Tunnel steppen Sie extra auf.

Faltenabschluss
Hier sorgt ein gedoppelter Streifen mit Kellerfalten (siehe S. 43 und 113) für einen besonderen Abschluss. Man steppt ihn nach dem Nähen des Tunnels ans untere Ende.

Quastenabschluss
Ein Fransenband mit Quasten, wie es bisweilen in Polster- oder Dekorationsgeschäften erhältlich ist, wurde nach dem Nähen des Tunnels ans untere Ende gesteppt.

Quasten anfertigen

1 *Schneiden Sie ein Pappstück zu: doppelt so hoch, wie die Quaste lang werden soll. Falten Sie es in der Mitte und umwickeln Sie es ausreichend dick mit Stickgarn oder Wolle.*

2 *Ziehen Sie mit einer Nadel einen Aufhängefaden an der Faltkante unter die Fäden und wickeln Sie ihn mehrmals um sie herum. Ziehen Sie ihn fest an und verknoten Sie ihn sicher.*

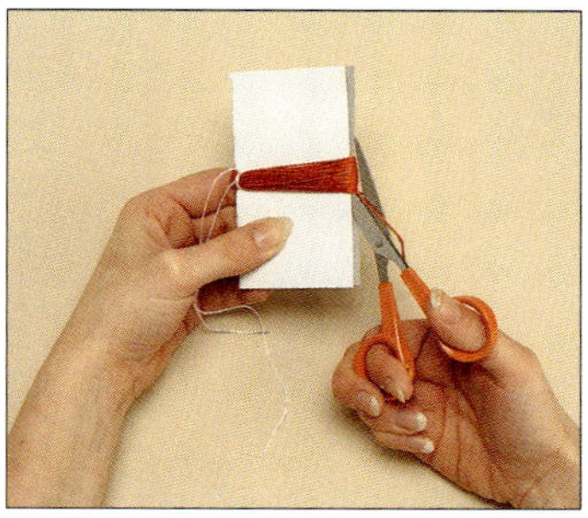

3 *Führen Sie eine Scherenklinge zwischen beide Papplagen, um die Wicklung am unteren Ende aufzuschneiden. Durchtrennen Sie aber die Fäden nicht am anderen Ende!*

4 *Wickeln Sie einen weiteren Aufhängefaden oben fest um das Büschel, es entsteht ein Hals. Ziehen Sie den verknoteten Faden durch den „Kopf“. Quastenende beschneiden.*

Falt- und Raffrollos

Heruntergelassen sehen sie fast wie ein Spring- oder Kettenzugrollo aus. Auf der Rückseite sind jedoch spezielle Bänder aufgesteppt, durch deren Ösen Zugschnüre laufen, damit sich das hochgezogene Rollo in Falten legt. Das Ende der seitlich zusammengeführten Schnüre wickelt man um einen Haken, um das Rollo auf der richtigen Höhe zu halten. Der Stoff sollte mindestens so groß sein wie das Fenster plus Zugaben für den unteren Tunnel, den oberen Abschluss sowie Säume und Nähte.

1 Schneiden Sie den Stoff für das Rollo und einen Einfassungsstreifen für die Oberkante zu. Ferner brauchen Sie: Raffrolloband (oder einfaches Nahtband und kleine Plastikringe), Gardinenschnur, eine Holzleiste zum Beschweren, ein Befestigungsbrett (siehe rechts).

2 Markieren Sie die Position der Raffrollobänder an mindestens drei Stellen (seitlich und in der Mitte), was von der Rollobreite abhängt. Stecken und steppen Sie sie entlang den Längskanten fest, ohne die Ösen zu treffen. (Haben Sie nur einfaches Nahtband, nähen Sie zuvor kleine Ringe in regelmäßigen Abständen daran.)

3 Versäubern Sie beide Längskanten mit einem schmalen Saum mit doppeltem Einschlag.

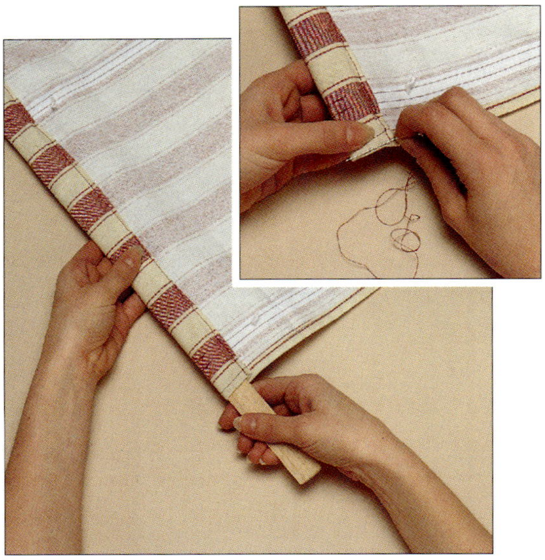

4 Steppen Sie einen Saum an die Unterkante; er muss so breit sein, dass Sie den Holzstab bequem einschieben können (siehe S. 116, Schritt 3). Schließen Sie dann die Öffnungen mit Staffierstichen.

5 Fassen Sie die Oberkante mit einem Streifen ein (siehe S. 45). Drehen Sie Ringschrauben in die Unterkante des Befestigungsbrettes, nehmen Sie dazu an den aufgenähten Bändern Maß.

6 Klammern oder nageln Sie die eingefasste Rollokante auf die Seite des Befestigungsbrettes, die zur Wand zeigen wird. Dabei führen Sie den Stoff oben um das Brett herum, damit er vorn glatt nach unten hängt.

7 Schneiden Sie ein Stück Schnur ab: etwas länger als Rollohöhe und -breite zusammen. Verknoten Sie ein Ende an der unteren Öse eines seitlich angenähten Raffrollobands.

8 Ziehen Sie das andere Schnurende der Reihe nach durch alle Ösen (oder Ringe) des Bands und oben durch die zugehörige Ringschraube. Befestigen Sie an jedem Band solch eine Schnur.

9 Führen Sie schließlich alle Schnüre an einer Seite zusammen, indem Sie diese durch alle Ringschrauben ziehen. Bei noch immer flach liegendem Rollo knoten Sie die Fäden nach der letzten Ringschraube zusammen, kürzen die Enden und binden eine Zugschnur in Rollolänge daran.

10 Legen Sie das Rollo mit angezogenen Schnüren in glatte Falten; die Bandösen liegen übereinander. Wickeln Sie Stoffstreifen um die Enden und lassen Sie das Rollo so liegen, damit sich die Falten „setzen" können. (Manchmal sind deren Vorderkanten mit dünnen Stäben in Stofftunneln verstärkt.)

11 Schrauben Sie das Befestigungsbrett direkt oder mit Winkeleisen an die Wand über dem Fenster. Für die herabhängende Zugschnur bringen Sie einen Aufwickelhaken neben dem Rollo an. Das Modell oben erhielt eine passende kastenförmige Schabracke als dekorativen Abschluss und um zusätzlich Licht oder Zugluft abzuhalten.

Ein Befestigungsbrett herstellen

Schon ein einfaches Holzbrett eignet sich dafür. Mit Stoffbezug sieht der Rolloabschluss ordentlicher aus und schützt das Rollo vor Beschädigungen. Übrigens kann man es auch mit Klettband am Brett anbringen.

Sägen Sie ein Holzbrett (2,5 cm stark, 5 cm breit) auf die gewünschte Länge. Messen Sie seinen Umfang und schneiden Sie (Futter-)Stoff in dieser Breite plus Nahtzugaben zu, er soll an den Schmalseiten 5 cm länger als das Brett sein (siehe rechts).
Steppen Sie den Stoff rechts auf rechts zu einem Schlauch längs zusammen. Wenden Sie ihn auf rechts und überziehen Sie damit das Brett. Falten Sie die Stoffenden sorgfältig nach innen (siehe S. 45) und sichern Sie sie mit Staffierstichen (siehe rechts unten).

Wolkenraffrollo

Solch ein üppiges Rollo mutet wie eine Kombination aus Vorhang und Rollo an. Oben ist meist ein normaler Vorhangabschluss angebracht, während auf der Rückseite Gardinenbänder zum Kräuseln verlaufen, bestückt mit kleinen Ringen und Zugschnüren, mit denen das Rollo hochgerafft werden kann.
Der Stoff sollte 2 bis 2,5 mal so breit sein wie das Fenster plus Saumzugaben (und Nahtzugaben, falls Teile für die gewünschte Breite aneinander genäht werden müssen). Für die Stofflänge sollte die Fensterhöhe ebenfalls mit diesem Faktor multipliziert werden. Je dünner der Stoff ist, umso großzügiger darf die Zugabe ausfallen.

1 *Schneiden Sie für das Rollo Oberstoff und Futter zu, dieses 5 cm schmaler; eventuell sind für die gewünschte Größe Teile zu verbinden. Weiter brauchen Sie zum Kräuseln Schienenband, kleine Ringe, ein Faltenband und Schnur.*

2 *Steppen Sie das Futter mit dem Oberstoff rechts auf rechts an den Rolloseiten zusammen.*

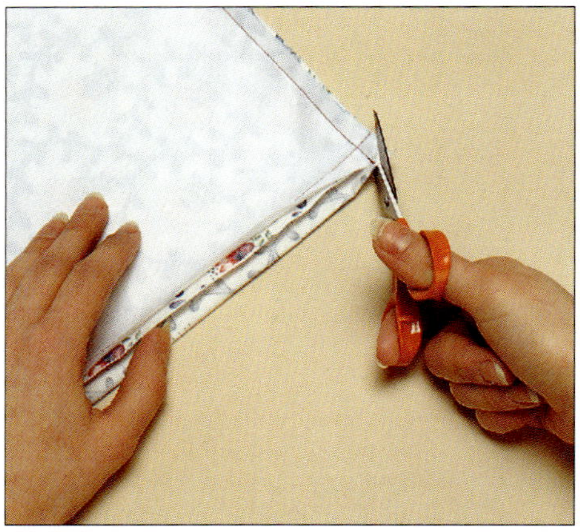

3 *Schieben Sie beides so, dass der Oberstoff seitlich gleich breit gefaltet ist, die Zugabe bügeln Sie nach außen. Stecken und steppen Sie die Unterkanten zusammen; schneiden Sie die Ecken zurück.*

4 *Wenden Sie das Rollo durch die obere Öffnung auf rechts. Bügeln Sie es sorgfältig, wobei die seitlichen Umschläge des Oberstoffes gleich breit liegen sollen.*

5 *Schlagen Sie die Unterkante einmal um, klappen Sie die Ecken ein (siehe S. 41) und säumen Sie die Kante mit Staffierstichen fest.*

6 *Für einen rundum sauberen Abschluss steppen Sie die beiden Seitenkanten und die Saumkante unten mit der Nähmaschine knappkantig ab.*

7 *Markieren Sie die Position der Kräuselbänder in regelmäßigen Abständen auf dem Futter. Stecken Sie die Bänder anschließend, mit eingeschlagenen Enden, auf diesen Linien fest.*

8 *Steppen Sie jedes Band knappkantig auf das Rollo. Nähen Sie kleine Ringe in regelmäßigen Abständen von oben bis unten auf die Bänder, auf jedem befinden sie sich in derselben Höhe.*

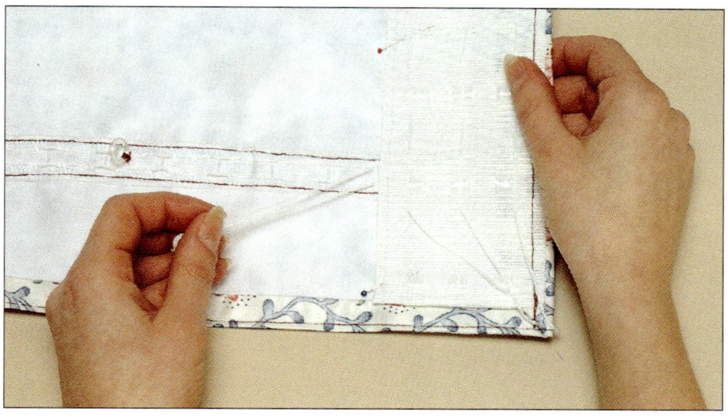

9 *Oben versehen Sie das Rollo mit einem 1,5 cm breiten Einschlag und stecken ihn fest. Steppen Sie über diese Schnittkanten die Oberkante eines Faltenbandes mit eingeschlagenen Enden (siehe S. 106). Ziehen Sie die Zugschnüre der senkrechten Schienenbänder unter dem Faltenband hervor.*

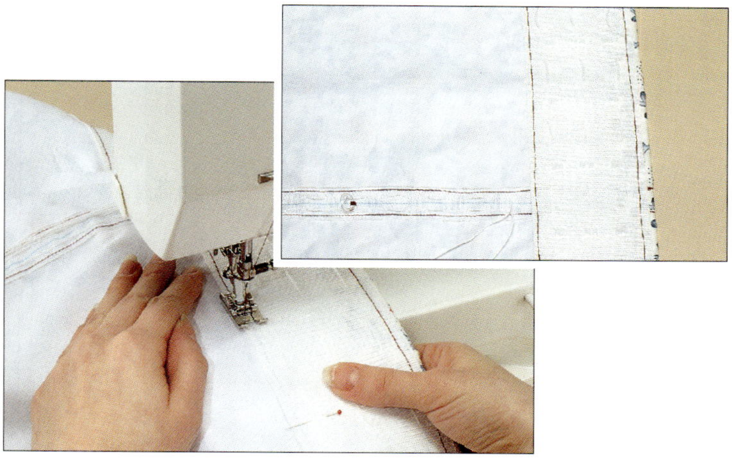

10 *Steppen Sie dann das Faltenband mit der Unterkante fest, ohne jedoch dabei die Schnüre der darunterliegenden Schienenbänder versehentlich festzunähen.*

11 *Schneiden Sie Zugschnüre für jedes Schienenband zu, deren Länge errechnet sich aus der Höhe plus der Breite des fertigen Rollos plus 15 cm. Knoten Sie je ein Ende fest an die unteren Ringe.*

12 *Kräuseln Sie das Rollo im unteren Bereich mit Hilfe der Schnüre in den Schienenbändern bis zur richtigen Länge. Nun fädeln Sie die in Schritt 11 befestigten Zugschnüre durch alle Ringe des zugehörigen Bandes nach oben. Dort führen Sie alle zu einer Seite und dabei durch die oberen Ringe, knoten sie seitlich zusammen und binden eine lange Schnur an (siehe S. 119, Schritt 8 und 9).*

13 *Oben ziehen Sie den Stoff mit Hilfe der Faltenbandschnüre in Falten; sichern Sie die Enden dieser Schnüre (siehe S. 107, Schritt 5). Verteilen sie alle Falten und Kräuselungen gleichmäßig.*

14 *Hängen Sie das Rollo mit passenden Häkchen (siehe S. 107) an eine Gardinenleiste. Die seitliche Zugschnur wickeln Sie um einen Wandhaken (Klampe). Soll beim Hochziehen die untere Kräuselpartie nicht zusammengeschoben werden, knoten Sie die Zugschnüre knapp darüber an den Ringen fest.*

Tischdecken

Tischwäsche kann teuer sein und ist oft schwer in der gewünschten Größe, Form oder Farbe erhältlich. Zum selber Nähen brauchen Sie hingegen nur einige Stunden Zeit und Platz, um den Stoff auszubreiten. Am leichtesten sind quadratische und rechteckige Tischdecken auszumessen, zuzuschneiden und zu säumen, wobei das richtige Maßnehmen sehr wichtig ist. Messen Sie zuerst Breite und Länge der Tischplatte, addieren Sie dann das Maß für den seitlichen Fall und den Saum. Beachten Sie, dass diese Werte zur Länge und Breite doppelt zugegeben werden müssen. Verfahren Sie bei der Fertigung von runden Tischdecken wie hier beschrieben.

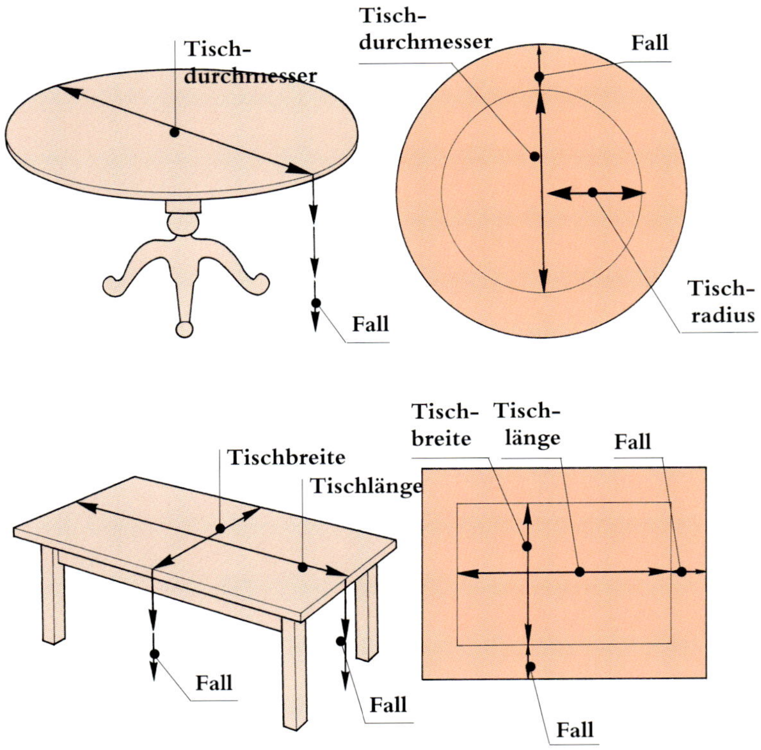

Runde Tischdecke

1 Schneiden Sie ein Stoffquadrat zu: die Seiten so lang wie der Tischdeckendurchmesser (inklusive Fall und Saumzugaben). Falten und stecken Sie den Stoff längs und quer zu einem Viertel. Stecken Sie einen Faden, so lang wie der entsprechende Deckenradius, an die doppelte gefaltete Ecke, um so einen Viertelkreis zu markieren.

2 Schneiden Sie mit einer scharfen Schere den Stoffkreis sorgfältig entlang der Markierungslinie durch alle vier Stofflagen hindurch aus.

3 Schlagen Sie die Kante rundherum zweifach schmal ein und stecken Sie sie sorgfältig fest. Steppen Sie diesen Saum mit der Maschine (siehe S. 66 oben).

4 Solch eine einfache Tischdecke ist in jeder beliebigen Größe schnell selbst genäht. Der Schlüssel für die vollkommen runde Form ist das richtige Ausmessen und das akkurate Markieren des Viertelkreises.

Große runde Tischdecke

1 *Schneiden Sie von einer Stoffbahn zwei gleiche Teile ab: beide in der Länge des Deckendurchmessers inklusive Fall und Saum. Ein Teil falten und stecken Sie längs zusammen, die Webkanten aufeinander, und schneiden es am Bruch entlang in zwei schmale Hälften.*

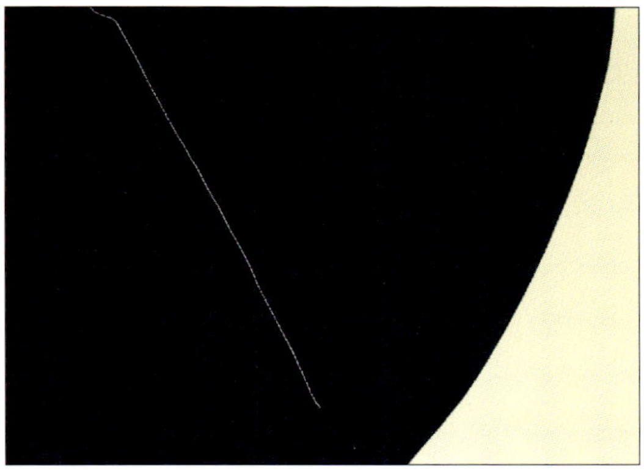

2 *Steppen Sie je einen solchen Streifen rechts auf rechts an die Längskanten des breiten Teiles. Prüfen Sie, ob die Stoffbreite ausreicht, um daraus das benötigte Quadrat zu schneiden (siehe S. 122 unten), aus dem Sie den Kreis herstellen, wie links beschrieben.*

Techniken	Seite
Briefecken	*41*
Einfassungen	*44*
Markierungen übertragen	*27*
Nähte	*36*
Säume	*64*
Stiche	*32*

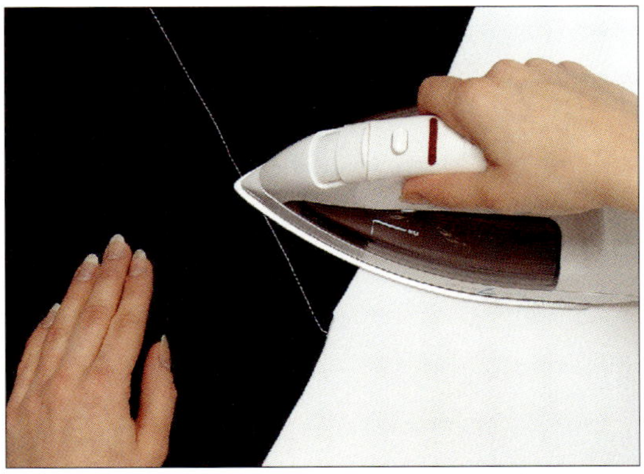

3 *Bügeln Sie die Nahtzugaben geschlossen in Richtung Deckenrand. Versäubern Sie ihn, wie rechts in Schritt 3 beschrieben, mit einem doppeltem Saum.*

4 *Mit dieser Methode, Stoffteile für eine Decke aneinander zu nähen, vermeiden Sie unschöne Nähte direkt in der Tischmitte. Achten Sie schon beim Zuschneiden des Quadrates darauf, dass die beiden Nähte symmetrisch liegen. Diese Technik lässt sich auch bei großen ovalen Tischdecken anwenden, die nicht aus einem Stück zugeschnitten werden können.*

Nützlicher Tipp

Wenn Sie Teile aus bedrucktem Stoff aneinander nähen, wollen Sie vermutlich, dass der Musteransatz an der Naht möglichst unsichtbar wird. Die rechts gezeigte Technik eignet sich natürlich nicht nur für große Tischdecken, sondern auch für andere Nähprojekte wie Gardinen, Kissen oder Kleidung.

1 *Legen Sie das erste Teil flach hin. Begradigen Sie eine Kante des zweiten Teils, bügeln Sie sie 1,5 cm nach links um und legen Sie es über das erste. Schieben Sie das Teil so lange, bis die Bruchkante den genau passenden Musteransatz trifft und stecken Sie es fest.*

2 *Von links steppen Sie die Stoffe zusammen, indem Sie beim Arbeiten vorsichtig die Nadeln nach und nach herausziehen, den etwas zurückgeschnittenen Stoff umklappen und genau in der Bruchkante als Führungslinie nähen. Von vorn ist die Naht beinahe unsichtbar.*

TISCHTUCHKANTEN *Eine Hohlsaumborte einsetzen*

Einfach gesäumte Tischdecken wirken gepflegt und elegant, doch Tischdecken mit dekorativ verzierten Kanten sind ein besonderer Tischschmuck für besondere Tage wie Festtage und eignen sich gar als Geschenk. Man kann sie mit Fransen oder Bändern verzieren, mit Stickereien an den Rändern und in der Mitte oder auch nur an den Ecken. Die Vielfalt der Varianten scheint endlos zu sein, lassen Sie deshalb Ihrer Fantasie freien Lauf, wenn Sie selbst genähte oder gekaufte Decken apart verzieren möchten.

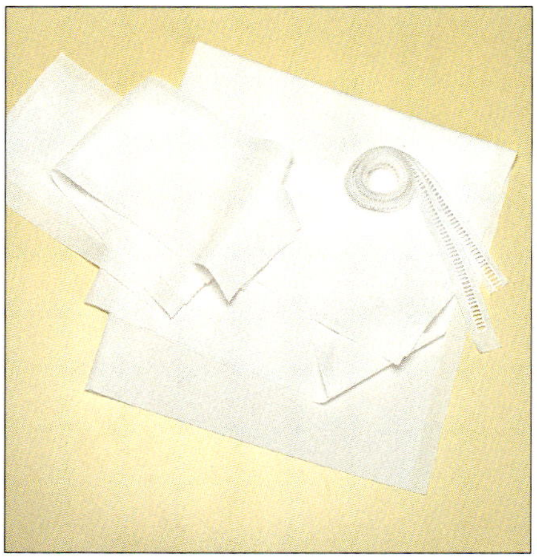

1 *Schneiden Sie ein passendes Stoffrechteck zu (siehe S. 122) sowie Streifen für die Umrandung (eventuell aus kleineren Teilen zusammengefügt). Zudem benötigen Sie Hohlsaumborte.*

2 *Stecken und steppen Sie die Borte rechts auf rechts an eine Deckenkante, das Ende schneiden Sie nicht zu knapp ab. Nähen Sie genauso die gegenüberliegenden, dann erst die benachbarten Seiten.*

3 *Bügeln Sie die Borte nach außen, die Zugaben nach innen. Steppen Sie sie ab. Dabei nähen Sie an den Ecken das kürzere Bortenende an die Zugabe des längeren (im Foto: linke Stoffseite).*

4 *Stecken und steppen Sie die Randstreifen in derselben Abfolge rechts auf rechts an die Borten: zuerst an gegenüberliegenden, dann an den benachbarten Kanten. An den Ecken ragen die zweiten Streifen über die ersten.*

5 *Falten Sie in derselben Reihenfolge die ersten zwei Streifen auf die Hälfte zusammen; stecken Sie sie als Saum mit schmalem Einschlag knapp über die Nahtlinie. Die Enden der zuletzt angenähten Streifen falten Sie in passender Länge um.*

6 *Stecken Sie dann auch diese zuletzt angenähten Streifen als Saum mit schmalem Einschlag rundherum knapp über die Nahtlinie.*

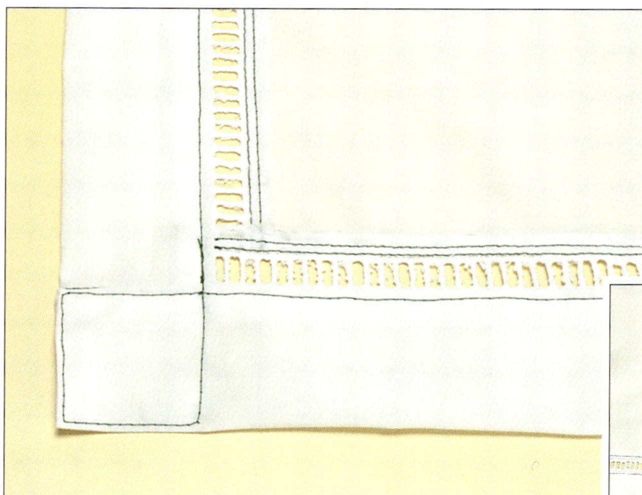

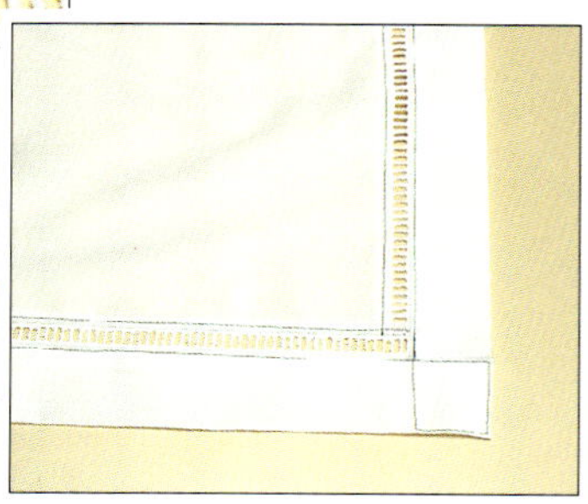

7 *Säumen Sie die Streifen rundherum neben der Borte ab. Die Ecken sichern Sie, indem Sie dort in Quadratform steppen. Die linke Seite (links) ist nun fast so schmuck wie die rechte (unten).*

Geschwungene Kanten mit Zickzackstich

1 Schneiden Sie den Stoff in gewünschter Größe zu und begradigen Sie die Kanten. Mit Hilfe einer selbst gemachten Pappschablone zeichnen Sie eine geschwungene Kantenform auf den Stoff. Sie können sie aber auch ohne Vorgabe zeichnen. Nähen Sie diese Linie mit engem, breit gestelltem Zickzackstich nach.

2 Trennen Sie mit einer scharfen Schere knapp neben dieser Naht den restlichen Stoff ab, ohne jedoch in den Nähfaden zu schneiden.

3 Geschwungene Kanten sind ein dekorativer Blickfang und ein schöner Kontrast zu einem einfachen oder geradlinig gemusterten Stoff darunter. Einfache Schablonen sind in jeder erdenklichen Form, von tiefen Kurven bis hin zu spitzen Dreiecken, schnell selbst gemacht. Wichtig ist es, das Muster an den Ecken geschickt fortzusetzen oder zu spiegeln. Dekorative Schablonen werden auch in Hobbyfachgeschäften angeboten, einige eignen sich durchaus für Tischdeckenränder.

Andere dekorative Kanten

Eingefasste Kante
Alle Tischdecken lassen sich ganz einfach mit Schrägstreifen einfassen: entweder in derselben Farbe oder in einem schönen Kontrast dazu. Schneiden Sie die Decke in der gewünschten Form und Größe zu und nähen Sie dann den selbst hergestellten oder fertigen Schrägstreifen an (siehe S. 45).

Spitzenbordüre
Für einen zarten Spitzenrand schneiden Sie die Decke mit ganz geraden Kanten passend zu, die Sie dann einmal nach links einschlagen und bügeln. Stecken Sie die Spitze auf der rechten Seite über die Kante und nähen Sie sie mit Zickzackstsich fest, so dass gleichzeitig der Einschlag gesichert ist. Hier wurde die Ecke im 45°-Winkel mit einer Kappnaht versehen (siehe S. 41).

Servietten und Läufer

Kleine Bestandteile der Tischwäsche sind leichter zu fertigen als Tischdecken und können genauso schmuck verziert werden. Auf die Tischdecke abgestimmte Servietten wirken äußerst dekorativ. Für die untere mit Hohlsaumstickerei wurde feinster Leinenstoff gewählt, für die einfache Serviette rechts hingegen preiswerter Betttuchstoff, obwohl Leinen auch hier passt.
Läufer können in der Größe variieren: Man kennt sie als kleine Tablettdecken, als lange schmale Tischläufer für festliche Tafeln, für Anrichten oder als wattierte Decken zum Schutz empfindlicher Tischplatten.

Einfache Serviette

Schneiden Sie genügend große Stoffquadrate mit Saumzugabe zu. Säumen Sie die doppelt eingeschlagenen Kanten maschinell; lassen Sie an den Ecken die Nadel im Stoff stecken, heben Sie den Nähmaschinenfuß und wenden um Sie es 90° (s. S. 36).

Serviette mit Briefecken

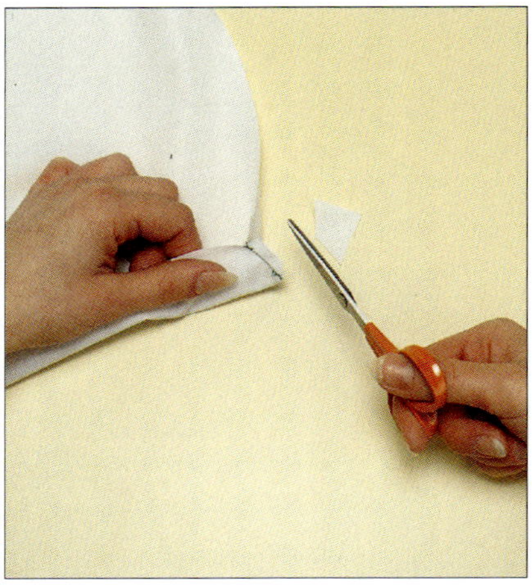

1 Schneiden Sie Stoffquadrate zu, diesmal mit breiteren Saumzugaben. Für die Briefecken steppen Sie die Zugaben an den Ecken rechts auf rechts schräg zusammen (siehe S. 41). Die Eckzugaben kürzen Sie etwas.

2 Wenden Sie die Ecken auf rechts und bügeln Sie diese. Die Saumzugaben schlagen Sie rundherum schmal ein und stecken sie auf der linken Serviettenseite fest. Steppen Sie sie knappkantig auf.

Einfache Servietten und solche mit Briefecken
Beide Serviettenvarianten sehen gepflegt aus. In der Mitte des Fotos sind die Ecken von der rechten Stoffseite aus zu sehen, unten rechts erkennt man die linke Seite.

Serviette mit Hohlsaumstickerei

1 Nähen Sie eine Serviette mit Briefecken. Messen Sie die Stellen für die Stickerei aus und markieren Sie sie mit Heftstichen. Sie können auch die Gewebefäden abzählen, um die Lage des Musters festzulegen.

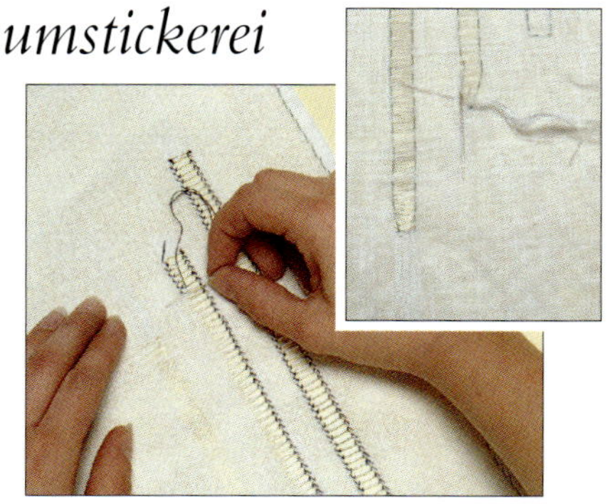

2 Schneiden Sie die Längsfäden in den Musterstreifen in der Mitte durch und ziehen Sie sie mit einer stumpfen Nadel bis zur Markierung heraus. Die kurz abgeschnittenen Enden weben Sie zurück ins Gewebe.

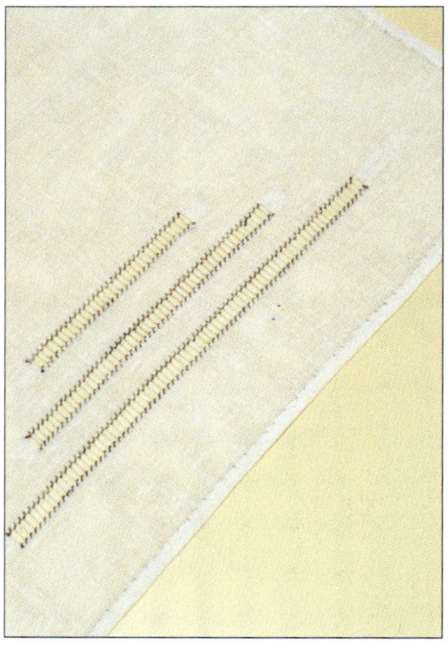

3 Vernähen Sie das Stickgarn links neben einer Musterreihe. Nun stechen Sie um die ersten vier freien Fäden von rechts nach links herum, danach rechts neben dieser Gruppe von hinten nach vorn durch den Stoff: zwei Fäden unter dem Muster. Ziehen Sie das Garn an, um die vier Fäden zu bündeln. Fahren Sie so um alle Streifen fort.

Einfacher Tischläufer

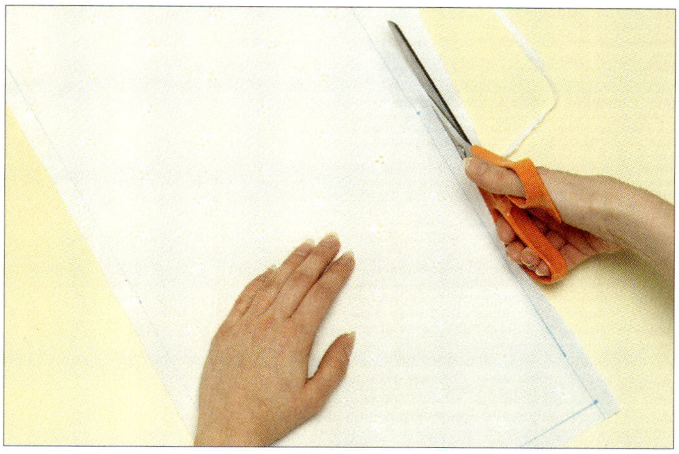

1 Markieren Sie die gewünschte Größe des Läufers auf dem Stoff, also die Saumlinie. Schneiden Sie ihn mit einer Saumzugabe von 1,5 cm aus. Bügeln Sie die Zugaben zur linken Stoffseite.

Techniken	Seite
Briefecken	*41*
Einfassungen	*44*
Säume	*64*

2 Schlagen Sie die gebügelten Saumzugaben nochmals schmal ein und stecken Sie sie fest. Steppen Sie den Saum mit der Nähmaschine.

3 Zur Verdeutlichung ist der fertige Tischläufer in kontrastreichem Schwarz gesteppt worden. Man kann den Rand zusätzlich verzieren, wie es links bei dem Deckchen für ein Tablett aus demselben Stoff geschehen ist. Die Ecke ist etwas gerundet, als Verzierung dient ein weißes Spitzenband.

Wattierter Tischläufer zum Wenden

1 Schneiden Sie drei gleich große Teile zu: jeweils eines aus einfarbigem Stoff, aus Musterstoff sowie aus Volumenvlies, das man als Meterware kaufen kann. Sie sollen die gewünschte Größe des Läufers plus Nahtzugaben haben.

2 Legen Sie die Stoffe rechts auf rechts zusammen, darunter das Vlies. Stecken und steppen Sie die drei Lagen rundherum zusammen, bis auf eine mindestens 10 cm große Öffnung zum Wenden in der Naht.

3 Schneiden Sie die Nahtzugaben an den Ecken zurück und knipsen Sie sie bei Bedarf kurvig ein. Wenden Sie den Läufer auf rechts. Schieben Sie alle Ecken heraus, bügeln Sie den Läufer und schließen Sie die Öffnung mit Staffierstichen.

4 Ganz nach Belieben können Sie solch ein wattiertes Deckchen weiter verzieren: Das einfache Absteppen (oben) oder das Ansetzen einer Borte (unten) sind nur zwei mögliche Ideen.

Tischsets

Tischsets, meist aus zwei Stoffteilen mit einer Wattierung dazwischen genäht, können schlicht oder schmuck verziert sein, ganz nach individuellem Geschmack. Zusammen mit passenden selbst genähten Servietten sind sie ein ideales Geschenk zur Hochzeit oder zum Einzug in ein neues Heim.

Tischset zum Wenden

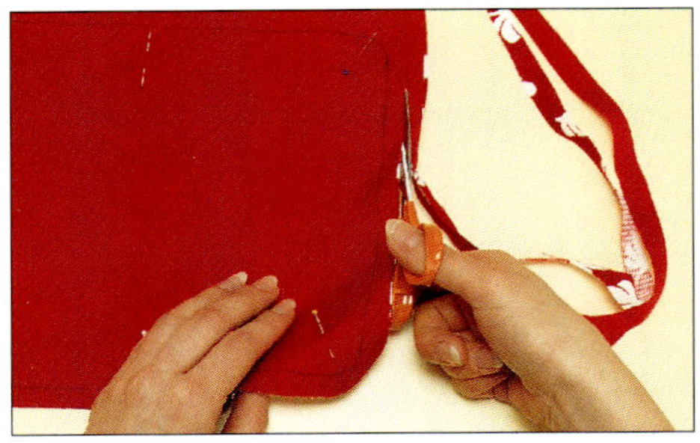

1 Stecken Sie zwei verschiedene Stoffe rechts auf rechts zusammen, markieren Sie auf dem oberen die gewünschte Setform und schneiden Sie die Teile mit einer Zugabe von 1,5 cm aus.

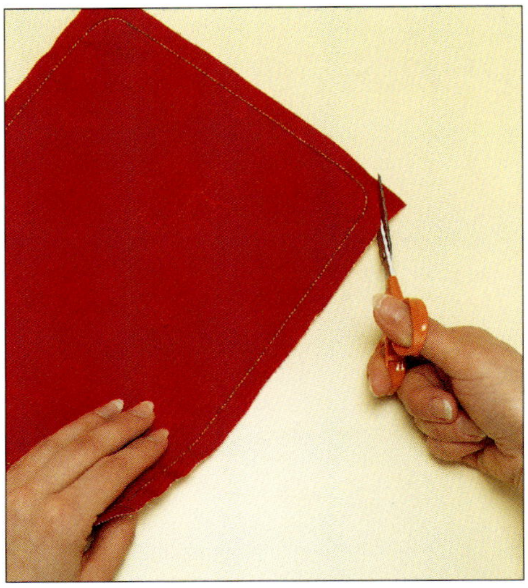

2 Steppen Sie die Teile entlang der Markierung zusammen, bis auf eine 10 cm große Öffnung zum Wenden. Schneiden Sie die Ecken zurück, knipsen Sie an Rundungen die Zugabe ein.

3 Wenden Sie das Set durch die Öffnung auf rechts. Formen Sie die Ecken und Kanten gut aus, bevor Sie sie sorgfältig bügeln. Mit Staffierstichen schließen Sie die Öffnung in der Naht.

4 Stellen Sie auf diese Weise so viele Sets wie benötigt her. Benutzbar sind sie von beiden Seiten – Sie können sie sogar wechselweise auf den Tisch legen.

Quilt-Tischset

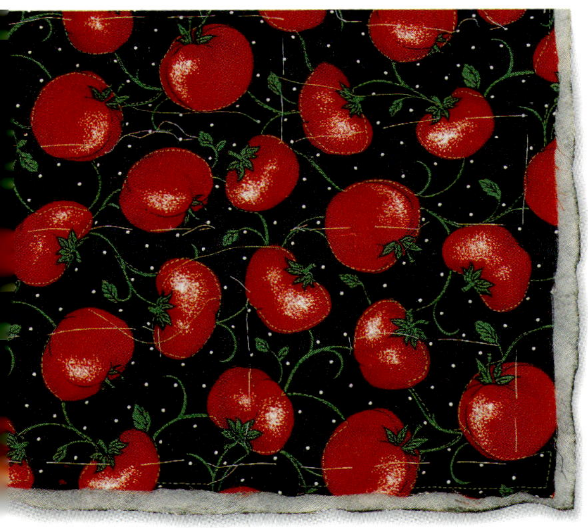

1 Schneiden Sie zwei Stoffteile und Volumenvlies in der Setgröße plus Nahtzugaben zu. Stecken und heften Sie diese links auf links zusammen, das Vlies in der Mitte (siehe S. 100), bevor Sie sie quilten (steppen). Statt dessen können Sie auch fertigen Steppstoff verarbeiten.

2 Fassen Sie danach die drei Lagen gemeinsam mit Schrägstreifen ein (siehe S. 45), den Sie zum Schluss von rechts sorgfältig absteppen. Entfernen Sie alle Heftfäden.

3 Die fertigen Sets sind leicht wattiert und farblich passend eingefasst. Mit dieser Methode lassen sich auch Topflappen herstellen, jedoch mit mehreren Lagen Vlies als Hitzeschutz.

Tischset mit Applikation

1 Schneiden Sie zwei Stoffteile und Volumenvlies in der gewünschten Setgröße plus rundherum 1,5 cm Nahtzugaben zu.

Techniken	Seite
Einfassungen	*44*
Markierungen übertragen	*27*
Quilten	*100*

2 Stellen Sie Pappschablonen für das Applikationsmotiv her. Bügeln Sie die doppelseitig haftende Einlage (Haftvlies), etwas größer als die Schablonen, auf die vorgesehenen Stoffe. Übertragen Sie die Motivteile auf das Schutzpapier und schneiden Sie diese aus.

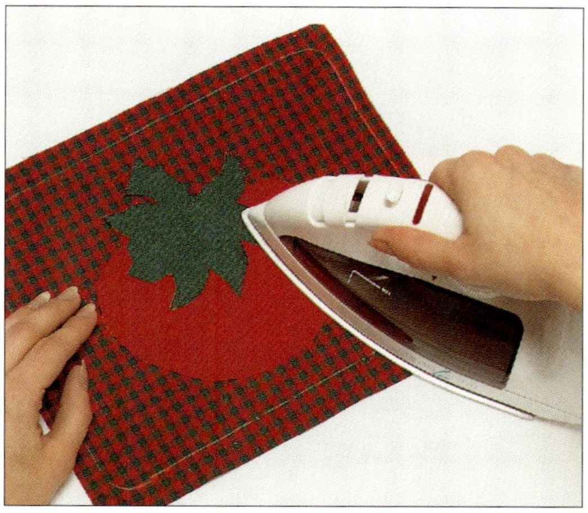

3 Arrangieren Sie die Motivteile auf der rechten Seite des Oberstoffes. Liegen sie richtig, entfernen Sie das Schutzpapier und bügeln die Teile der Reihe nach auf, wobei Sie die Angaben des Einlageherstellers beachten.

4 Sind die Teile aufgebügelt, steppen Sie deren Schnittkanten mit passendem Garn mit breitem, eng eingestelltem Zickzackstich ab, um sie gegen Ausfransen zu sichern.

5 Folgen Sie den Schritten 2 und 3 des Tischsets zum Wenden, wobei Sie die beiden Stoffe rechts auf rechts mit dem Vlies darunter zusammennähen. Bei Bedarf steppen Sie das Set zum Schluss ab.

Tischset mit angeschnittener Blende

1 Schneiden Sie Oberstoff und Wattierung in gewünschter Setgröße zu, den Unterstoff rundherum 5 cm größer. Heften Sie Oberstoff und Volumenvlies zusammen, bei Bedarf quilten Sie diese (siehe S. 100 und 128). Legen Sie die wattierte Oberseite mittig links auf links auf den Unterstoff. Stecken Sie den Rand doppelt eingeschlagen fest, an den Enden bilden Sie Briefecken (siehe S. 41).

2 Der Unterstoff ist nun zu einer Blende geworden, die wie eine Einfassung aussieht. Steppen Sie sie knappkantig auf, dabei ziehen Sie nach und nach die Stecknadeln heraus.

Kissen

Kissen und Nackenrollen gehören zu den am leichtesten zu nähenden Heimtextilien und können in einem dekorativen Raumambiente besondere Akzente setzen. Kissenfüllungen sind zu erschwinglichen Preisen erhältlich, lassen sich aber auch leicht und zudem in verschiedenen Formen selbst anfertigen (siehe S. 132). Sitzkissen für Stühle und Truhen werden in diesem Kapitel ebenfalls vorgestellt.

Rundes Kissen mit Überlapp-Verschluss

1 Fertigen Sie eine Schablone in der gewünschten Kissengröße an und schneiden Sie damit drei Stoffkreise zu. Schneiden Sie von zweien mit gerader Linie je ein Drittel ab, die gekürzten Teile werden zur Kissenrückseite mit Überlapp-Verschluss.

2 Schlagen Sie an einem dieser Teile die gerade Kante zu einem breiten einfachen Saum um, den Sie mit Hexenstichen fixieren. Beim anderen Teil sichern Sie die gerade Kante mit einem schmalen doppelten Maschinensaum.

3 Heften Sie eine Schnurpaspel von rechts als Keder an die Kante des Vorderteils (siehe S. 46), alle Schnittkanten liegen aufeinander, die Schnur knapp neben der Nahtzugabe auf dem Stoff. Verbinden Sie die Enden (s. Tipp).

4 Stecken und heften Sie die Teile aufeinander, die Außenkanten bündig: unten das Vorderteil (rechte Stoffseite oben), darüber das Teil mit dem breiten Hexenstichsaum, dann das schmal gesäumte (beide mit linker Stoffseite oben).

5 Steppen Sie mit dem Reißverschlussfuß rundherum die Teile zusammen, möglichst dicht neben der Schnur, ohne sie festzunähen. Versäubern Sie die Nahtzugaben mit Zickzackstich.

6 Wenden Sie die Kissenhülle durch den Überlapp-Verschluss auf rechts und schieben Sie dort ein Kissen ein. Der Keder sorgt für eine attraktive Umrandung. Dieser Verschluss erlaubt es, die Hülle rasch abzunehmen.

Füllungen
Die beliebtesten Kissenfüllungen sind (im Uhrzeigersinn): Federn, meistens Ente oder Gans; Kapok, eine weiche Pflanzenfaser; Polyester-Füllwatte; Styroporkügelchen oder -pellets, die man aus Sitzsäcken kennt.

Nützlicher Tipp

Um die Enden einer Schnurpaspel zu verbinden, sollen sie sich 2,5 cm überlappen. Falten Sie den Schrägstreifen hoch und winden Sie die Schnurenden umeinander. Nähen Sie die eingeschlagenen Enden des Bandes mit Staffierstichen an die Schnur.

Eckiges Kissen mit Reißverschluss

1 *Schneiden Sie zwei gleich große Hüllenteile plus Nahtzugaben zu. Zeichnen Sie auf einem die Nahtlinien ein: 1,5 cm neben der Kante. Der benötigte Reißverschluss soll 5 cm kürzer sein als eine Seite des fertigen Kissens.*

2 *Stecken, heften und steppen Sie dort den Reißverschluss an die eingeschlagene Stoffkante, die genau in der Mitte über den Zähnchen liegt. Die Nahtenden sichern Sie mit Rückstichen (siehe S. 76).*

Techniken	Seite
Einfassungen	*44*
Kräuseln	*42*
Markierungen übertragen	*27*
Nähte	*36*
Reißverschlüsse	*76*
Säume	*64*
Stiche	*32*

3 *Wenn gewünscht, heften Sie eine Schnurpaspel rund um das andere Hüllenteil (siehe S. 46). Stecken, heften und steppen Sie die zweite Reißverschlusskante an eine Kante dieses zweiten Teils, der Keder liegt dicht an den Zähnchen.*

4 *Stecken und steppen Sie die Hüllenteile rechts auf rechs zusammen, mit geöffnetem Reißverschluss (mit dem Reißverschlussfuß, wenn Sie einen Keder mitfassen). Stoppen Sie vor dem Reißverschluss. Die Zugaben versäubern Sie mit Zickzackstich. An den Reißverschlussenden klappen Sie sie auseinander und sichern die Naht zur Verstärkung mit Rückstichen.*

5 *Schneiden Sie die Zugaben gegebenenfalls bis zur Zickzacknaht zurück, ohne sie zu beschädigen. Wenden Sie die Hülle durch den Reißverschluss auf rechts und stopfen Sie sie mit einem Kissen aus.*

Quadratisches und rundes Kissen
Die fertigen Kissen mit zwei unterschiedlichen Verschlüssen. Reißverschluss und Überlapp-Verschluss sind austauschbar, beide passen zu den meisten Kissenformen.

Nützlicher Tipp

Runden Sie die Ecken quadratischer Kissenhüllen leicht ab, wenn Sie den Stoff zuschneiden. Dadurch wirken Kissen attraktiver, besonders solche mit einer zusätzlichen Dekorkante wie Keder (Schnurpaspeln) oder Rüschen.

FORMKISSEN

Kissenhüllen für geometrisch geformte Kissen (Kreis, Quadrat, Dreieck) sind problemlos zu fertigen. Für etwas kompliziertere Formen benötigen Sie eine Schablone aus Zeitungs- oder Packpapier: sowohl für das selbstgemachte Kissen als auch für die Hülle. Das Muster für die Hülle muss rundherum etwa 5 mm größer sein als das für das Kissen.

Papierschablonen
Schneiden Sie die aufgezeichnete Form mit Nahtzugabe aus Papier zu. Ist die Form symmetrisch, falten Sie sie in der Mitte, damit beide Seiten identisch sind.

Kissen in Herzform

1 Stellen Sie eine Schablone aus Papier für das Kissen her, es soll die Nahtzugaben bereits enthalten. Schneiden Sie mit Hilfe der Schablone zwei gleiche Teile aus dichtem Leinen- oder Baumwollstoff aus. Auf einem Teil zeichnen Sie die Nahtlinie ein.

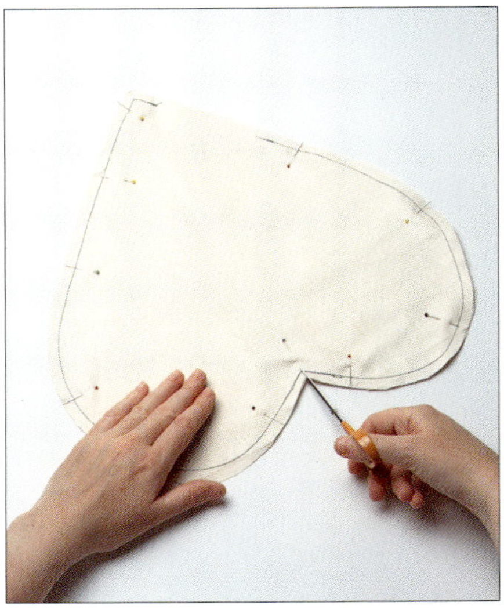

2 Stecken und steppen Sie beide Teile rechts auf rechts zusammen; dabei lassen Sie eine 10 cm große Lücke zum Wenden und Ausstopfen des Kissens in der Naht. Knipsen Sie bei Bedarf die Ecken und Rundungen der Nahtzugaben ein.

3 Wenden Sie das Kissen auf rechts und bügeln Sie es. Stopfen Sie die Füllung bis zur gewünschten Kissendicke durch die Öffnung (siehe S. 130). Für Federn muss der Stoff geeignet sein. Ansonsten nähen Sie die Hülle doppellagig, damit die Federn nicht durchs Gewebe dringen. Schließen Sie die Öffnung mit Staffierstichen.

4 Jetzt kann das fertige Kissen in eine passende herzförmige Kissenhülle gesteckt werden. Die unterschiedlichsten Kissenformen lassen sich mit dieser Technik gestalten.

Kissenhülle in Herzform mit Schleife

1 Falten Sie die Schablone für die Kissenhülle (siehe links) in der Mitte und einmal parallel dazu für eine großzügige Überlappung. Schneiden Sie den Stoff für die Vorderseite in voller Größe zu und zwei Teile für die Rückseite in der verkleinerten Form. Kennzeichnen Sie dort jeweils die Mittellinie.

2 Schneiden Sie zwei passende Stoffstreifen für Bindebänder zu, hier sind sie 6 mal 35 cm groß. Zeichnen Sie die Nahtlinien auf den Stoff und vergessen Sie nicht die Nahtzugaben.

3 Stecken Sie die Bänder längs auf die Hälfte zusammen. Steppen Sie eine kurze und dann die lange Seite entlang der eingezeichneten Nahtlinie. Wenden Sie die Bänder auf rechts und bügeln Sie sie.

4 Kennzeichnen Sie die Stellen für die Bänder an den Rückseitenteilen etwas neben den eingezeichneten Mittellinien: das eine Band kommt unter die Faltkante der Überlappung, das andere auf die Gegenseite.

5 Säumen Sie die geraden Kanten der Rückseitenteile: Am oberen, überlappenden Teil falten Sie den Stoff an der Mittelmarkierung und nähen diesen breiten Saum mit Hexenstichen fest. Die gerade Kante des anderen Teils säumen Sie schmal mit der Maschine. Steppen Sie die Bänder mit den eingeschlagenen offenen Enden wie vorgesehen fest.

6 Die Rückseitenteile stecken Sie (rechte Stoffseite unten) auf die rechte Seite des Kissenvorderteils: das maschinengesäumte liegt oben. Steppen Sie die Teile rundherum zusammen, ohne die Bindebänder zu treffen.

7 Wenden Sie die Kissenhülle auf rechts, stopfen Sie das Kissen hinein und binden Sie eine schöne Schleife aus den Verschlussbändern.

DEKORATIVE AKZENTE

Nutzen Sie Ihre Fantasie, um einfach geformten Kissen mit zusätzlichen Akzenten eine aparte Note zu verleihen. Hier wird gezeigt, wie man die Kanten oder die Kissenfläche auf unterschiedlichste Art dekoriert – lassen Sie sich von diesen Beispielen dazu anregen, eigene Ideen in die Tat umzusetzen.

Kissen mit Kordelkante

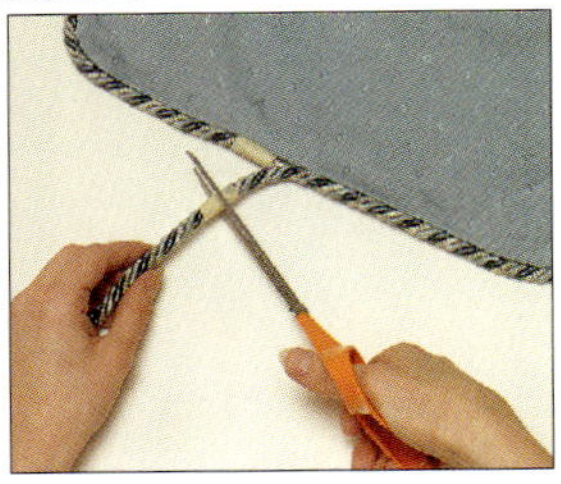

1 Um ein Kissen mit einer Zierkordel zu besetzen, sichern Sie den Anfang mit Klebeband. Nähen Sie die Kordel an die Kissenhülle (je ein Stich in die Kordel, einer in den Stoff; ein Fingerhut ist hilfreich). Die Enden sollen sich überlappen; umwickeln Sie auch das zweite Ende mit Klebeband, schneiden Sie den Rest ab.

2 Trennen Sie dort etwa 2,5 cm der Kissenhüllennaht auf. Lösen Sie das Klebeband und schieben Sie die Kordelenden mit Überlappung in das Loch. Schließen Sie die Naht mit Staffierstichen, die Kordel bleibt innen.

Fransenkissen

1 Stecken, heften und steppen Sie einen Fransenbesatz von rechts an die Kanten einer Kissenhülle. Weil hier der Abschluss so breit ist, wurde er an seiner Außenkante und zusätzlich nah an den Fransen festgenäht.

2 Von rechts ist die Naht wegen des gemusterten Abschlussrandes kaum sichtbar.

3 Der Charakter solch einer Verzierung ändert sich, wenn Sie stets zwei oder mehr Fransen miteinander verknoten. Verfahren Sie rundherum so und schieben Sie die Knoten fest bis oben hin.

Kissen mit Knopf

1 Stellen Sie ein Kissen aus zwei gleichen Teilen her (siehe S. 132), eventuell mit einem Keder. Füllen Sie es nicht zu fest und schließen Sie die Öffnung mit Staffierstichen. Fädeln Sie einen stabilen Doppelfaden in eine Polsternadel ein.

2 Nähen Sie einen Knopf mitten auf dem Kissen fest. Stechen Sie die Nadel durchs Kissen und einen zweiten Knopf. Ziehen Sie am Faden, um das Kissen zu formen. Stechen Sie wieder in den ersten Knopf. Wiederholen Sie das mehrmals.

3 Nach dem Vernähen sieht das Kissen schick aus – eine Methode, die sich auch für andere Kissenformen eignet.

Kissen mit Stickerei-Einsatz

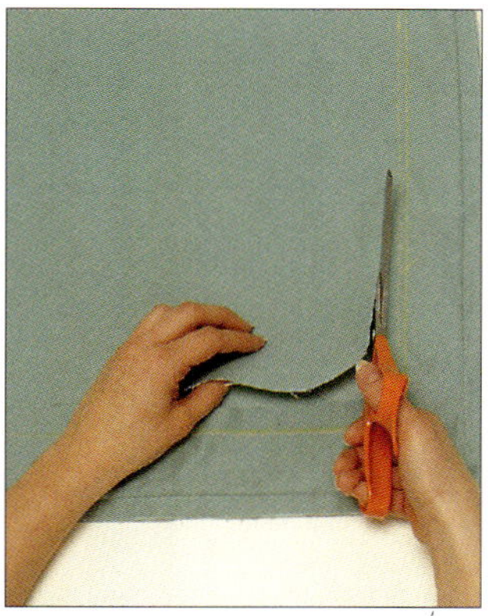

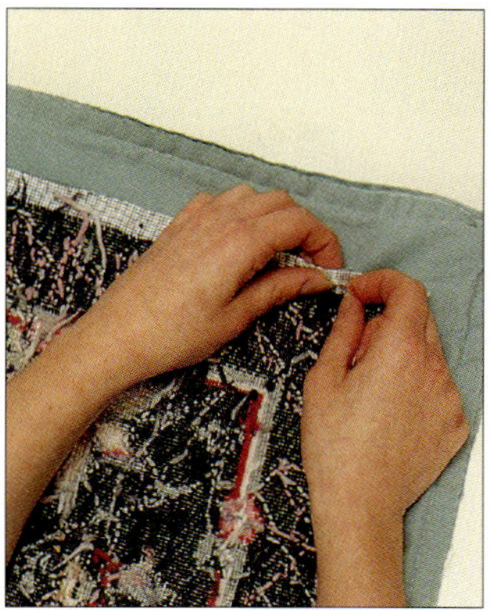

1 Schneiden Sie aus der Vorderseite eines geöffneten Reißverschlusskissens von links ein „Fenster“ aus, das der Größe der fertigen Stickerei entspricht, abzüglich einer Nahtzugabe. Die Ecken knipsen sie ein.

2 Bügeln Sie die Nahtzugabe des Fensters zur linken Stoffseite. Bügeln Sie die Stickerei und schneiden Sie den unbestickten Rand auf 2,5 cm oder weniger zurück. Stecken Sie ihn auf die Nahtzugabe.

3 Achten Sie darauf, dass der Rand der Stickerei wirklich auf der Zugabe liegt. Steppen Sie sie von links (genau am Stickereirand) fest oder von rechts knappkantig neben dem Ausschnitt.

4 Mit dieser Technik lassen sich alle Handarbeiten in Blockform einsetzen, wie hier die zwei Stickereien. Kleinere textile Kostbarkeiten (Stickerei, Patchwork, Quilt, Applikation) können auch von Hand eingenäht werden.

Besticktes Karokissen

Ein schlichtes Kissen lässt sich durch Stickerei geschickt aufwerten. Die grünen Kreuzchen in den weißen Feldern bilden hier eine Bordüre mit Eckmotiven.

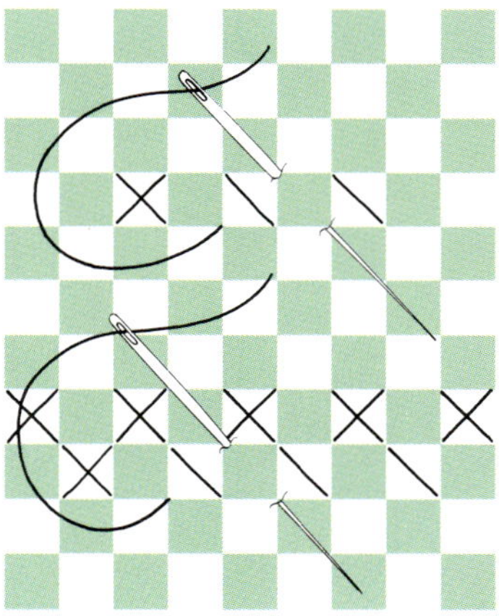

Kreuzstiche
Sticken Sie (in Kästchen von derselben Farbe) eine Reihe diagonaler Stiche von Ecke zu Ecke. Wenden Sie am Ende der Reihe und übersticken Sie diese Stiche in umgekehrter Richtung.

Rüschenkissen

Durch die weiße Dekoration wirkt das Kissen frisch. Vor dem Zusammensetzen wurde die weiße Spitze auf die Vorderseite genäht. Die gefältelte Rüschenspitze fasst man beim Zusammensteppen mit (siehe S. 47).

Kissen mit Schleife

Die Schleifen dieser beiden Kissen halten den Überlapp-Verschluss zusammen (siehe S. 130) und dienen gleichzeitig als Verzierung. Die Möglichkeiten, Bänder in unterschiedlichsten Mustern und Farben anzunähen, sind unerschöpflich. Schleifen, ob einzeln oder in Gruppen, können ein ganz besonderer Blickfang sein und müssen nicht auf der Kissenrückseite versteckt werden.

Stuhlkissen mit Rüschen

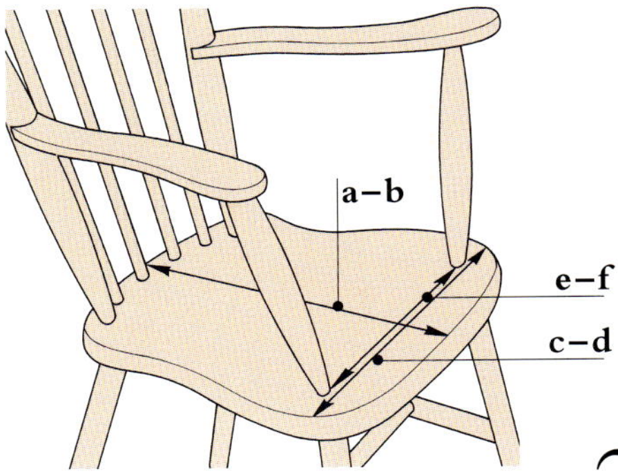

1 *Messen Sie die Sitzfläche aus: die Mittellänge von vorn bis hinten (a–b), die größte Breite (c–d) und den Armlehnenabstand vorn (e–f). Schneiden Sie danach eine Papierschablone zurecht, bis sie der Sitzfläche entspricht.*

2 *Schneiden Sie zwei Kissenhüllenteile plus Nahtzugaben zu sowie einen Rüschenstreifen in gewünschter Breite: Er soll 2 bis 2,5 mal so lang sein wie die Seiten und Vorderseite des Kissens zusammen plus Saumzugaben. Schneiden Sie Stoff für vier Bindebänder zu. Darauf und auf einem Kissenteil zeichnen Sie die Nahtlinien ein.*

3 *Nähen Sie die Bindebänder wie beim Herzkissen auf S. 133, Schritt 2 und 3. Wenden Sie sie auf rechts, zum Beispiel mit einer Stricknadel, und bügeln Sie sie.*

4 *Steppen Sie einen schmalen doppelten Saum an die Schmalseiten des Rüschenstreifens und an eine Längsseite. Gegenüber steppen Sie zwei lange Kräuselnähte (siehe S. 42) neben die Schnittkante.*

5 *An der Rückseite der Hülle, an den Stellen für die Bindebänder, schneiden Sie die Nahtzugabe der beiden Teile ein und schlagen sie dazwischen zu einem schmalen Doppelsaum ein; heften Sie ihn fest. Stecken Sie zusätzlich einige Klettbandstücke an.*

6 *Steppen Sie an beiden Teilen die passgenau angebrachten Klettbandstücke fest, steppen Sie dann die gehefteten Säume, wobei Sie die Nahtzugaben an den Enden durch Einschlagen sichern.*

7 *Kräuseln Sie die Rüsche auf die gewünschte Länge. Stecken und heften Sie sie rechts auf rechts aufs Oberteil der Hülle: an den drei Kanten vorn und seitlich. Heften Sie an den hinteren Ecken je zwei sich überlappende Bindebänder an.*

8 *Stecken Sie beide Hüllenteile rechts auf rechts zusammen; Rüsche und Bänder weisen nach innen und dürfen nicht aus Versehen mit erfasst werden.*

9 *Heften und steppen Sie die Teile vorn und an den Seiten zusammen. Wenden Sie die Hülle durch die hintere Öffnung auf rechts. Schieben Sie ein Formkissen hinein (siehe S. 132).*

10 *Binden Sie die Bänder an die Rückenlehne – fertig ist ein hübsch gerüschtes Sitzkissen.*

Stuhlkissen mit farbiger Einfassung

1 Schneiden Sie nach einer Schablone zwei Hüllenteile plus Nahtzugaben zu (siehe S. 136). Aus Schrägstreifen benötigen Sie: zwei Bindebänder, zwei Streifen für die hintere Öffnung und einen langen für die anderen Seiten plus 60 cm.

2 Stecken und steppen Sie an die hinteren Schnittkanten des Ober- und Unterteils (zwischen die Stellen für die Bindebänder) je einen Streifen rechts auf rechts an.

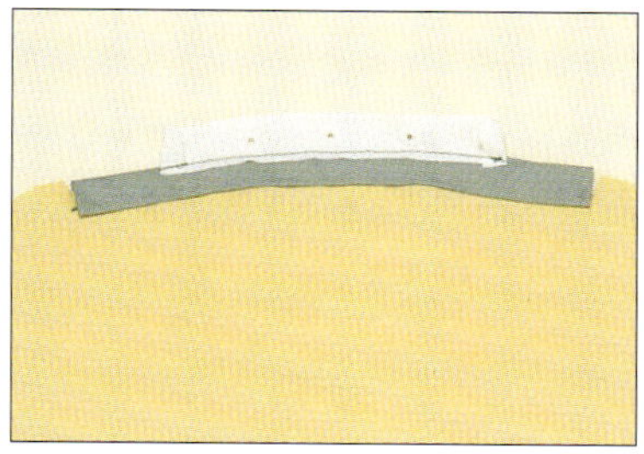

3 Klappen Sie die Schrägstreifen jeweils auf die rechte Seite und heften Sie sie mit einem Einschlag an. Steppen Sie eventuell die rechte Kante eines Druckknopf-Verschlussbandes auf die linke Seite der Einfassung.

4 Das Verschlussband klappen Sie nach innen. Stecken und steppen Sie es zusammen mit der Einfassung fest. Ansonsten steppen Sie zuerst die Einfassung fest und nähen danach Klettband von links an.

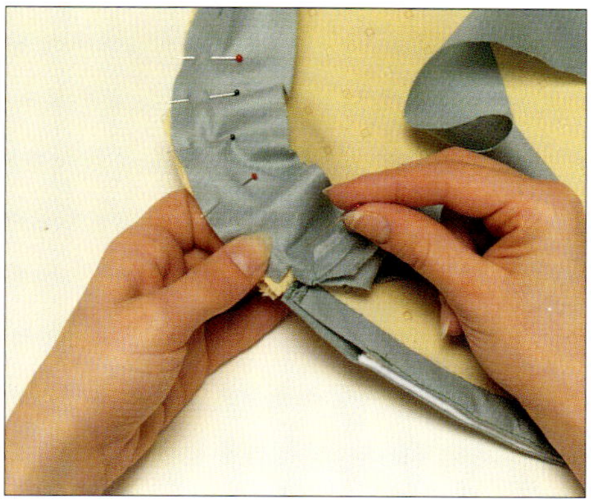

5 Legen Sie beide Hüllenteile links auf links zusammen. Stecken Sie den langen Streifen so rundherum fest, dass neben der hinteren Öffnung je 30 cm lose bleiben. Knipsen Sie dort die Nahtzugabe ein. Steppen Sie das Schrägband auf den Stoff.

6 Bügeln Sie die Einfassung zur anderen Seite. An den Enden klappen Sie die schmalen und insgesamt alle langen Schnittkanten ein und stecken sie fest, so dass dort, wo die Bindebänder als Einfassung weiterlaufen, die Schnittkanten eingeschlossen sind. Steppen Sie diesen Streifen (Bindeband und Einfassung) von Anfang bis Ende ab.

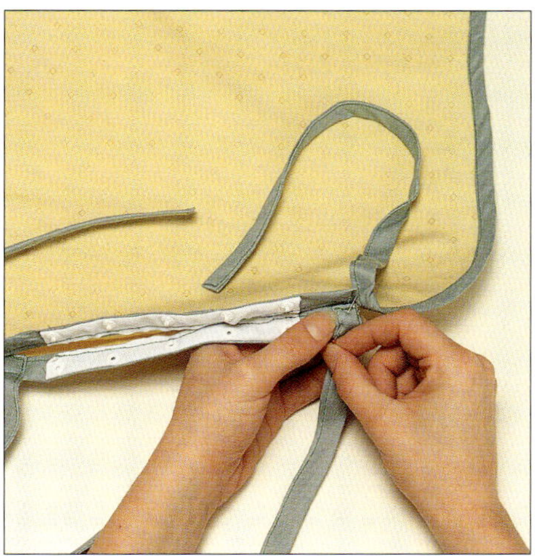

7 Stellen Sie die zwei zusätzlichen Bindebänder her, siehe dazu Schritt 2 und 3 auf S. 133; sie sollen so lang sein wie die beiden angeschnittenen. Nähen sie die beiden fertigen Bänder von Hand neben die beiden anderen.

8 Schieben Sie ein passendes Kissen in die Hülle und binden Sie es mit den Bändern hinten an die Rückenlehne.

POLSTERKISSEN

Diese Sitzkissen unterscheiden sich von anderen durch die zusätzlichen Seitenstreifen, sie entsprechen der Höhe des jeweiligen Polsters. Meistens wird zum Füllen ein Schaumstoffblock verwendet.

Wichtig ist richtiges Maßnehmen. Für eckige Polster müssen Ober- und Unterseite so breit und lang sein wie das fertige Modell zuzüglich Nahtzugaben. Für die Höhe werden drei Streifen benötigt: Ein Streifen ist so breit wie das Polster hoch ist und so lang wie drei Seiten zusammen, auch plus Zugaben. Für die Rückseite mit dem Verschluss sind zwei Streifen erforderlich: jeweils für die halbe Höhe und so lang wie diese betreffende Seite, alles plus Zugaben. Für runde Polster fertigen Sie die Ober- und Unterseite in dem gewünschten Durchmesser plus Nahtzugaben an. Auch hier sind drei Streifen für die Seiten erfoderlich: Für die Öffnung brauchen Sie zwei Streifen, halb so hoch wie das Polster, für den übrigen Rand entspricht die Streifenbreite der ganzen Polsterhöhe plus Nahtzugaben. Die Streifenlänge kann variieren, je nach gewünschter Öffnung; doch insgesamt muss die Länge dem Polsterumfang entsprechen.

Eckiges Polster mit Reißverschluss

1 Schneiden Sie die Ober- und Unterseite, einen langen Seitenstreifen und zwei schmale kurze für die Verschlussseite zu (siehe Hinweise links). Markieren Sie auf der linken Stoffseite alle Nahtlinien und Ecken. Der Reißverschluss ist etwa 5 cm kürzer als die betreffende Seite.

2 Nähen Sie die schmalen Streifen bis zur Reißverschlussmarkierung rechts auf rechts zusammen, bügeln und heften Sie auch die Mitte. Setzen Sie den Reißverschluss ein (s. S. 76); Heftnaht öffnen.

3 Steppen Sie eine Schmalseite dieses Verschlussstreifens rechts auf rechts an eine Schmalseite des langen Seitenstreifens; bügeln Sie die Naht aus. Steppen Sie eine Schnurpaspel (Keder) an eine Längsseite.

4 Nähen Sie auch an der anderen Längsseite einen Keder an. Knipsen Sie die Nahtzugaben an den Eckmarkierungen ein. Steppen Sie dann die noch offenen Schmalseiten aneinander und bügeln Sie die Naht.

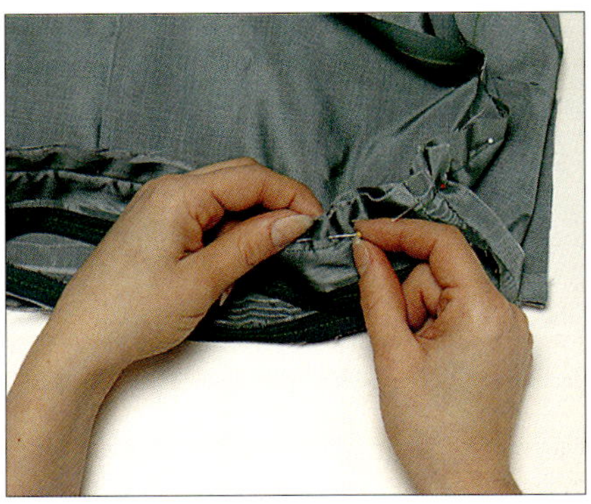

5 Beginnen Sie an einer Ecke, den Seitenstreifen sorgfältig rechts auf rechts an das Oberteil zu stecken. Steppen Sie entlang der Nahtlinie; nähen Sie die Ecken besonders exakt. Öffnen Sie den Reißverschluss. Bringen Sie das Unterteil genauso an.

6 Versäubern Sie die Nahtzugaben mit Zickzackstich. Wenden Sie den Bezug auf rechts und schieben Sie das Polster hinein.

7 Das fertige Polster sieht professionell aus. Diese Technik eignet sich nicht nur für Stühle, sondern vor allem auch für Sofas und Sessel.

Bankpolster

1 Schneiden Sie die Ober- und Unterseite, zu, einen langen Seitenstreifen und zwei schmale kurze für die Verschlussseite (siehe Anleitung auf S. 138). Versehen Sie die zwei schmalen Stoffstreifen mit Klettband oder mit Druckknopf-Verschlussbändern (wie in 2 und 3 beschrieben).

2 Schlagen Sie eine Längskante des einen schmalen Seitenstreifens auf die rechte Seite um und stecken Sie ein Verschlussband darüber, dessen Enden Sie einschlagen. Steppen Sie es an beiden Längskanten schmalkantig fest; es liegt auf der rechten Stoffseite.

3 Das Gegenstück des Verschlussbandes steppen Sie rechts auf rechts an eine Längskante des anderen schmalen Seitenstreifens. Falten Sie den Streifen dann mit dem Verschluss zur linken Seite. Steppen Sie ihn mit der zweiten Längskante auf; er liegt auf der linken Stoffseite.

4 Knöpfen Sie den Verschluss zu und handhaben Sie diesen Seitenstreifen jetzt wie ein Teil. Befolgen Sie die Schritte 3 bis 6 von S. 138, um das Polster fertig zu stellen. Achten Sie darauf, den Verschluss auf die Polsterrückseite zu legen.

5 Das fertige Polster macht eine Sitzbank gleich viel gemütlicher. Die Verschlüsse können Sie nach Belieben wählen: vom Reißverschluss über Klettband, Knöpfe oder Ähnliches.

Einfaches eckiges Polster

1 Schneiden Sie Ober- und Unterteil für den Bezug zu, wobei Sie rundherum die halbe Polsterhöhe und Nahtzugaben addieren. Markieren Sie von links auf beiden Teilen genau die Polstermaße. Steppen Sie eine Seitennaht rechts auf rechts: mit eingesetztem Reißverschluss (siehe S. 76).

2 Entfernen Sie den Heftfaden, öffnen Sie den Reißverschluss und steppen Sie die drei anderen Seiten rechts auf rechts zusammen. Bügeln Sie die Nahtzugaben auseinander. Steppen Sie die Ecken ab: so hoch wie das Polster, die Naht liegt in der Mitte der Dreiecke, die Sie etwas zurückschneiden.

3 Wenden Sie den Bezug auf rechts und schieben Sie das Polster hinein.

Rundes Sitzpolster mit Keder

1 Schneiden Sie Ober- und Unterteil zu, einen Seitenstreifen in Polsterhöhe und zwei schmale für den Verschluss (siehe S. 138). Zeichnen Sie von links die Nahtlinien ein. Stecken und steppen Sie Schnurpaspeln (Keder) an die runden Teile.

2 Setzen Sie den Reißverschluss ein und nähen Sie den Seitenstreifen zusammen (Schritt 4 und 5, S. 138). Steppen Sie eine Stütznaht knapp neben die langen Nahtlinien. Knipsen Sie die Zugaben alle 2,5 cm bis kurz vor die Naht ein.

3 Stecken und steppen Sie das Oberteil rechts auf rechts an den Seitenstreifen, so dass die Paspelschnur innen knapp neben der Naht liegt.

4 Öffnen Sie den Reißverschluss und wiederholen Sie Schritt 3, um das Unterteil des Bezuges auf dieselbe Weise mit dem Seitenstreifen zu verbinden. Schneiden Sie die Nahtzugaben bei Bedarf etwas zurück und sichern Sie diese mit Zickzackstich. Wenden Sie den Bezug auf rechts und schieben Sie das Polster hinein.

5 Solch ein Polster ist ideal für alle Stühle mit runder Sitzfläche, sowohl für Küchen- und Esszimmerstühle als auch für Hocker.

Rundes Polster aus geraden Streifen

1 Messen Sie das Polster aus. Schneiden Sie drei Stoffstreifen zu, alle so lang wie der Umfang des Kissens plus Nahtzugaben: Einer ist so breit wie das Polster hoch ist, die anderen beiden entsprechen in der Breite dem Radius des Polsters zuzüglich Nahtzugaben. Außerdem benötigen Sie zwei Knöpfe oder Quasten.

2 Steppen Sie einen der breiten Streifen an den Schmalseiten rechts auf rechts zu einem Schlauch zusammen; wiederholen sie das mit dem anderen breiten. Bügeln Sie die Nähte aus. Versehen Sie je eine lange Kante mit zwei Kräuselnähten (siehe S. 42).

3 Versehen Sie den schmalen Seitenstreifen mit zwei Paspeln (Kedern; siehe S. 46), nähen Sie ihn zu einem Schlauch. Steppen Sie ihn rechts auf rechts an die breiten Schläuche, jeweils mit der Kante ohne Kräuselnähte. Die Quernähte treffen sich.

4 Schneiden Sie die Nahtzugaben eventuell etwas zurück und versäubern Sie sie mit Zickzackstich. Bügeln Sie die Zugaben jeweils gemeinsam nach außen.

5 Kräuseln Sie eine Seite mit Hilfe der Kräuselnähte. Verknoten sie die Fäden gut, um das Geraffte zu sichern.

6 Setzen Sie das Polster ein und schieben Sie den Seitenstreifen des Bezuges passgenau auf den Rand. Kräuseln Sie auch die zweite Seite und verknoten Sie die Hilfsfäden. Bei Bedarf nähen Sie die Öffnungen zusätzlich zu. Nähen Sie Knöpfe, Quasten oder anderes auf beide Seiten, um die gerafften Stoffkanten dekorativ zu verbergen.

7 Das fertige Polster verleiht einem Raum, je nach gewähltem Stoff, ein besonderes Flair. Wollen Sie solch einen Bezug waschen, entfernen Sie einfach einen Knopf und lösen die Kräusel, um das Polster herauszunehmen.

NACKENROLLE

Nackenrollen sind zylinderförmige Polster, die auch mit rechteckigen Flächen entworfen werden können, um ein Bett oder eine Liege tagsüber in ein Sofa zu verwandeln. Polster können Sie selbst herstellen (siehe S. 132) oder fertig kaufen. Ob Sie eine Nackenrolle eher elegant oder pfiffig gestalten wollen, ob kissengleich mit Kedern, Kordeln oder Fransen verziert, bleibt Ihrem persönlichen Geschmack überlassen. Interessant sehen auch Quasten oder Knöpfe an den flachen Enden aus.

Nackenrolle mit Rüschen

1 *Schneiden Sie den Stoff zu, so breit wie der Polsterumfang plus Nahtzugaben. Die Länge entspricht der Polsterlänge plus Zugaben für Säume, Rüschen und den Besatz mit dem Tunnel. Steppen Sie schmale Doppelsäume an die Schmalseiten.*

2 *Entlang den langen Schnittkanten steppen Sie den Stoff rechts auf rechts zu einem Schlauch zusammen. Bügeln Sie die Zugaben auseinander.*

3 *Falten und stecken Sie ein Ende als breiten Besatz nach links. Steppen Sie den Saum fest. Beginnen Sie an der Naht und lassen Sie eine Lücke.*

4 *Steppen Sie etwa 1,5 cm daneben eine parallele Naht, diesmal ohne Lücke, so entsteht ein Tunnel. Wiederholen Sie Schritt 3 und 4 am anderen Ende des Bezuges.*

5 *Verknoten Sie ein Ende einer Schnur und ziehen Sie dieses mit einer Sicherheitsnadel oder einer stumpfen dicken Nadel in einen Tunnel ein. Verknoten Sie auch das andere Ende und kräuseln Sie den Stoff zusammen.*

6 *Ziehen Sie eine zweite Schnur durch den anderen Tunnel. Schieben Sie das Polster in den Bezug. Kräuseln Sie auch das zweite Ende und bilden Sie einen Knoten, der sich später wieder lösen lässt.*

7 *Die Rüschen können so schmal wie hier oder breiter sein. Näht man innen einen anderen Besatz an, kann man einen Farbkontrast erzeugen.*

Nackenrolle mit Reißverschluss und Keder

1 *Schneiden Sie drei Stoffteile zu: ein Rechteck so lang wie das Polster und so breit wie sein Umfang plus Nahtzugaben; zwei Kreise entsprechen dem Durchmesser des Polsters plus Nahtzugaben. Markieren Sie alle Nahtlinien.*

2 *Steppen Sie die Längsseiten rechts auf rechts bis zu den Reißverschlussmarkierungen zusammen, heften Sie auch die Mitte dieser Naht und setzen Sie dort den Reißverschluss von links ein (siehe S. 76). Entfernen Sie den Heftfaden.*

3 *Nähen Sie Keder oder andere Verzierungen an die Kanten der runden Endstücke (siehe S. 46 und 130). Knipsen Sie die Nahtzugaben ein, damit sie sich besser dehnen können.*

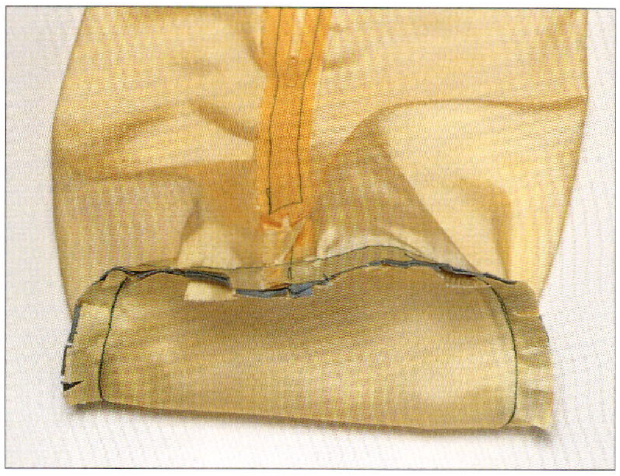

4 *Öffnen Sie den Reißverschluss des Bezuges und steppen Sie die Endstücke rechts auf rechts seitlich an das Hauptteil. Knipsen Sie auch dort die Nahtzugaben ein.*

5 *Wenden Sie den Bezug durch den Reißverschluss auf rechts und schieben Sie das Polster hinein.*

Nützlicher Tipp

Um ein Medaillon für die Enden einer Nackenrolle herzustellen, nähen Sie mit passendem Garn eine Kordel in die Mitte eines Kreises aus festem Einlagestoff. Daraus formen Sie nach und nach eine Spirale. In der Mitte können Sie eine Quaste befestigen.

Dekorative Ideen

Rüschen mit Kontrast
Als Besatz wurde ein andersfarbiger Stoffstreifen innen angenäht. Ein durch Draht biegsames Schleifenband bildet den Abschluss.

Faltenrüschen
An die Enden des Stoffschlauches wird ein gefälteltes Band und ein gerades Endstück angenäht, dieses wird in der Mitte zusammengerafft. Ein Knopf verdeckt die Schnittkanten.

Quastenabschluss
Die geraden Endstücke werden mit Heftnähten versehen und in der Mitte zusammengerafft. Die Schnittkanten verdeckt ein Medaillon (siehe Tipp) mit einer schmückenden Quaste.

Polsterbezüge

Das Anfertigungsprinzip für abnehmbare Bezüge ist für Sofas, Sessel und Stühle gleich. Am besten verwenden Sie die aufgetrennten alten Bezüge als Schnittmuster für das neue Modell. Oder Sie fertigen zuerst alles aus preiswertem Stoff an und prüfen die Passgenauigkeit. Ihr Bezugsstoff sollte strapazierfähig und fest gewebt sein. Groß gemusterte Stoffe, deren Motive sorgfältig platziert sein müssen, bemessen Sie beim Kauf großzügig.

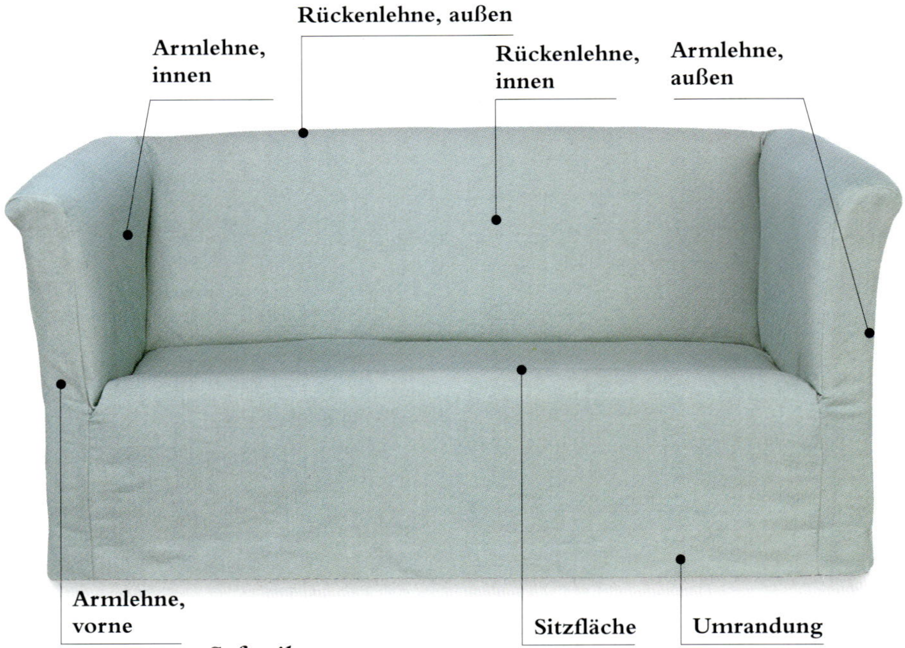

Sofateile
Jedes Teil solch eines Sofas erfordert ein eigenes Schnittteil und muss sorgfältig ausgemessen werden.

Ein Sofa ausmessen

Zur Berechnung der Stoffmenge messen Sie jedes Teil an der längsten und breitesten Stelle. Geben Sie 10 cm für Nahtzugaben und Säume zu und 20 cm für Umschlagkanten. Damit der Bezug leicht abgezogen werden kann, arbeiten Sie hinten in der Mitte einen Überlappverschluss ein oder an den Armlehnen Knopfverschlüsse, Bänder oder Ähnliches. Für einen Überlappverschluss geben Sie 10 cm zu, für die anderen 15 cm. Reißverschlüsse müssen strapazierfähig sein und zum Stoff passen. Bemessen Sie gemusterte Stoffteile reichlich, damit Motivverschiebungen möglich sind. Kalkulieren Sie auch Polsterkissen (siehe S. 138–141) oder Schonbezüge für die Armlehnen mit ein (siehe S. 149).

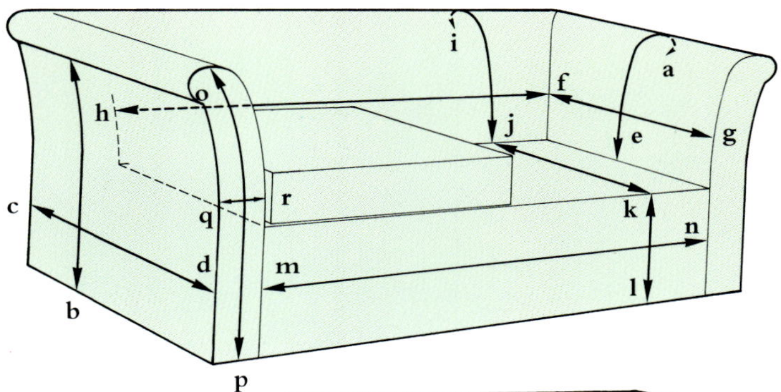

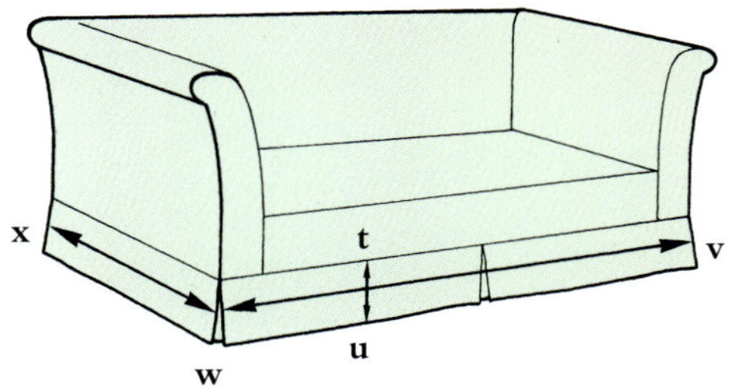

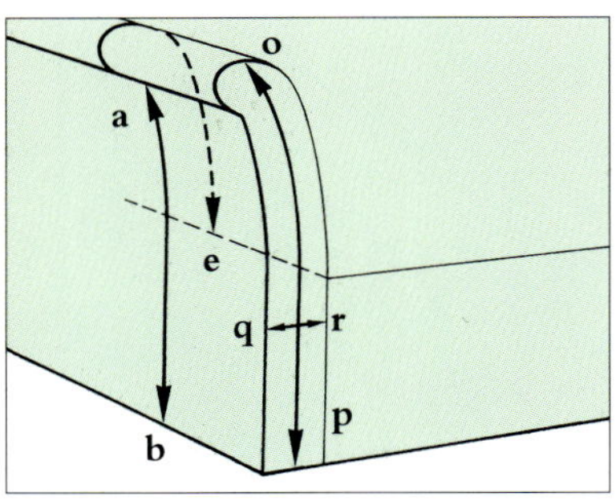

Links: Armlehne
Die Armlehne außen misst man von der oberen Verbindungsnaht bis nach unten (a–b). Die innere Armlehnfläche (a–e) wölbt sich oben über die Lehne. Das vordere Armlehnteil ist ein Verbindungsstück zwischen dem inneren und äußeren Teil. Bei kastenförmigen Sofas kann es auch oben über die Armlehne reichen und ist dann mit den anderen beiden Armlehnteilen verbunden.

Oben: Umrandung
Die Umrandung reicht von der vorderen Sitzkante bis unten (k–l), aber es kann auch ein extra angesetzter Streifen integriert sein (t–u), der von der Unterkante des Sitzpolsters herabhängt. Er kann sowohl die Vorderfront des Sofas bedecken (v–w) als auch zusätzlich seitlich (w–x) oder eventuell sogar auf der Rückseite angebracht sein. Manche Umrandungen sind mit Falten versehen, was entsprechend mehr Stoff erfordert.

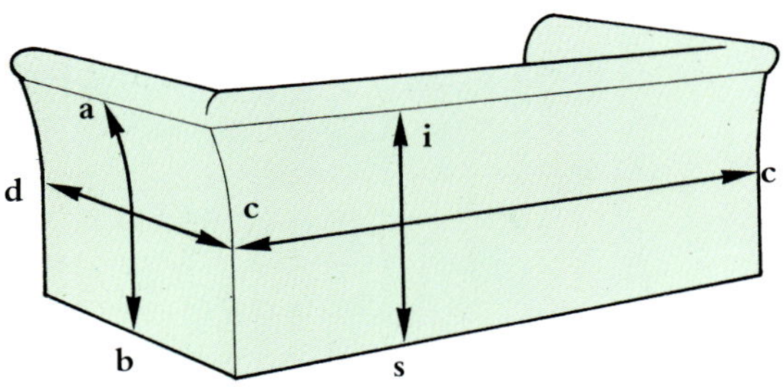

Rechts: Rückseite
Die hintere Sofalänge (c–c) wird an der breitesten Stelle ermittelt. Die Höhe des Rückenteils (i–s) messen Sie von der oberen Verbindungsnaht bis unten.

Einen Stuhl ausmessen

Abnehmbare Polsterbezüge können für alle Stühle und Hocker angefertigt werden, vom üppig gepolsterten Lehnstuhl bis zum simplen Holzstuhl. Bezüge für Armlehnstühle werden wie für Sofas vermessen und genäht; oder man spart die Armlehnen aus (siehe S. 150–151). Einen durchgehenden Bezug nennt man auch Husse. Es ist eine leichte Polsterung sowohl der Sitzfläche als auch der Rückenlehne denkbar. Die wichtigsten Bezugsteile sind die Sitzfläche, eine Umrandung und die Rückenlehne vorn und hinten mit eingefügtem oder angeschnittenem Zwischenstreifen.

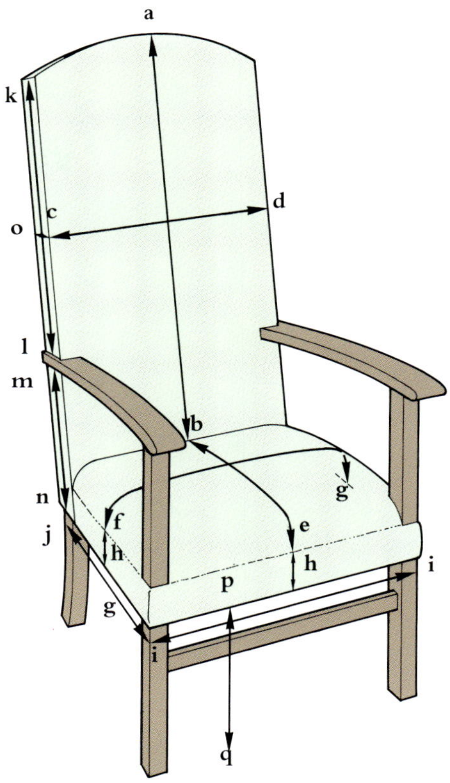

Techniken	Seite

Stuhlvorderseite
Halten Sie die wichtigsten Maße Ihres Stuhles auf einer Skizze fest: Höhe (a–b) und Breite (c–d) der Rückenlehne; Tiefe der Sitzfläche (b–e), ihre Breite (f–g) und Höhe (e–h und f–h); die vordere und hintere (i–i) sowie die seitliche Stuhlbreite (j–g) inkl. Stuhlbeine; die Höhe der Rückenlehne über (k–l) und unter der Armlehne (m–n); die Tiefe der Rückenlehne (o–c). Für eine bodenlange Umrandung: von der Sitzfläche bis zum Boden (p–q).

Sofa

- **a–b** äußere Höhe der Armlehne
- **c–d** äußere Breite der Armlehne
- **a–e** innere Höhe der Armlehne
- **f–g** innere Breite der Armlehne
- **h–f** innere Länge der Rückenlehne
- **i–j** innere Höhe der Rückenlehne
- **j–k** Tiefe der Sitzfläche
- **k–l** Höhe der Umrandung
- **m–n** Länge der Sitzfläche und Umrandung
- **o–p** vordere Höhe der Armlehne
- **q–r** vordere Breite der Armlehne
- **c–c** hintere Länge der Rückenlehne
- **i–s** hintere Höhe der Rückenlehne
- **t–u** Höhe der angesetzten Umrandung
- **v–w** Länge der vorn angesetzten Umrandung
- **w–x** Länge der seitlich angesetzten Umrandung

Stuhl

- **a–b** vordere Höhe der Rückenlehne
- **c–d** vordere Breite der Rückenlehne
- **b–e** Tiefe der Sitzfläche
- **f–g** Breite der Sitzfläche
- **e–h** vordere Höhe der Sitzfläche
- **f–h** seitliche Höhe der Sitzfläche
- **i–i** vordere Stuhlbreite inkl. Beine
- **i–j** seitliche Stuhltiefe inkl. Beine
- **k–l** seitliche Höhe der Rückenlehne über der Armlehne
- **m–n** seitliche Höhe der Rückenlehne zwischen Sitzfläche und Armlehne
- **o–c** Tiefe der Rückenlehne
- **p–q** Höhe der Umrandung
- **r–s** hintere Höhe der Rückenlehne
- **t–u** hintere Höhe der Rückenlehne mit Umrandung
- **v–w** hintere Breite der Rückenlehne

Stuhlrückseite
Messen Sie an der Rückseite von der höchsten Stelle der Rückenlehne bis zur Unterkante (r–s) oder bis zum Boden (t–u), wenn Sie eine bodenlange Umrandung wünschen. Die Breite ermitteln Sie an der breitesten Stelle der Rückenlehne.

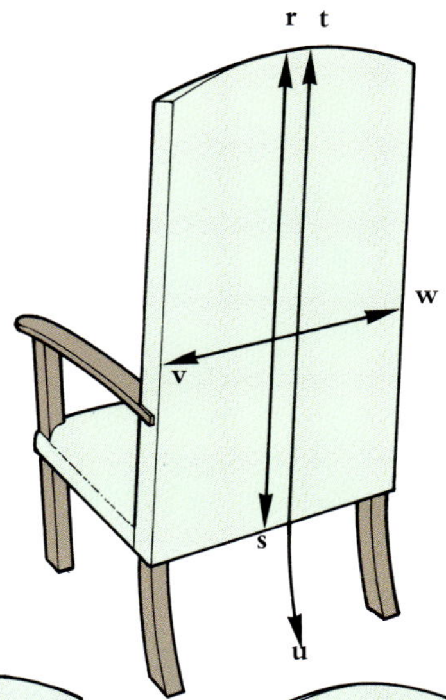

Höhe der Umrandung
Zu manchen Stühlen passt gut eine bodenlange Husse. Wenn Sie die herabhängende Umrandung kräuseln oder mit Falten versehen, wirkt sie romantisch; ein Bezug mit kurzer Umrandung sieht maßgeschneiderter aus. Prüfen Sie die vorgesehene Länge kritisch, damit der Stuhl nicht unproportioniert aussieht. Eine Anleitung für einen maßangefertigen Stuhlbezug finden Sie auf S. 150–151.

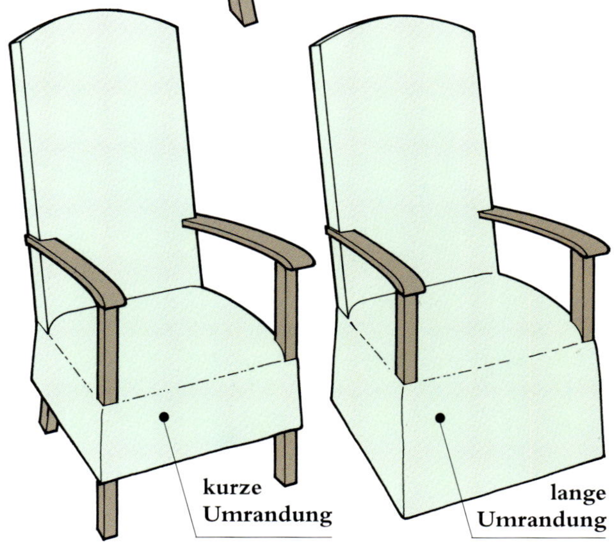

SOFABEZÜGE

Das Nähen eines abnehmbaren Sofabezuges mag zuerst als abschreckende Aufgabe erscheinen. Doch wenn Sie einige Nähkenntnisse und einen ausreichend großen Arbeitsplatz besitzen und sich an den folgenden Arbeitsschritten orientieren, ist das Herstellen eines individuellen Bezuges nicht nur unkompliziert, sondern spart auch noch Geld. Das Geheimnis liegt in einem Unterbezug aus preiswertem Baumwollstoff: Er wird zugeschnitten, markiert, genäht, man prüft die Passform – danach dienen diese Schnittteile als Muster für den eigentlichen Stoffzuschnitt.

Ein Schnittmuster aus Stoff herstellen

1 Vermessen Sie Ihr Sofa für einen Bezug mit Überlapp-Verschluss auf der Rückseite (siehe S. 144). Schneiden Sie aus preiswertem Baumwollstoff ein Außenteil für die Armlehne großzügig zu.

2 Stecken Sie dieses Teil mit extralangen Stecknadeln außen an die Armlehne des alten Bezuges.

3 Zeichnen Sie die Nahtlinie ein (hier mit wasserlöslichem Markierstift). Die Linie kann noch grob, sollte aber deutlich sein. Schneiden Sie für die Gegenseite ein identisches Stoffstück zu, stecken Sie es fest und markieren Sie es genauso.

4 Schneiden Sie zwei Rückseitenteile für die Rückenlehne großzügig zu, mit genügend Zugabe für den Verschluss. Stecken Sie beide Teile an den alten Sofabezug und schlagen Sie in der Mitte die Stoffkanten um, sie sollen sich überlappen.

5 Markieren Sie sorgfältig die seitlichen Nahtlinien und ebenso die Faltkanten an der Überlappung hinten in der Mitte.

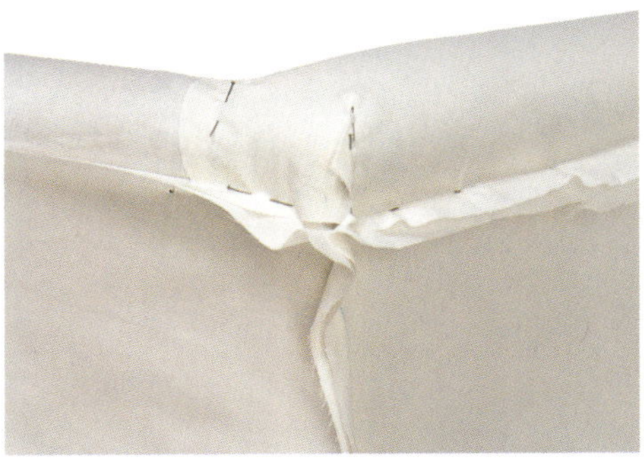

6 Schneiden Sie ein Innenteil für die Armlehne großzügig zu, damit Sie es leicht um die Lehne herumlegen und mit Fältchen an die Form anpassen können. Stecken Sie es gut fest, falten Sie einen Abnäher ein und dehnen Sie den Stoff etwas, bis die Ecke „sitzt“. Korrigieren Sie alles, bis Sie zufrieden sind.

7 Bringen Sie an der anderen Sofaseite ein entsprechendes Teil für die Armlehne an. Glätten Sie den Stoff an den Innenseiten und falten Sie ihn in die Ritze. Zeichnen Sie die Nahtlinien ein.

8 Knipsen Sie die Nahtzugaben oben an den Ecken bei Bedarf ein, um die Spannung herauszunehmen. Markieren Sie dann die Nahtlinien an den Ecken.

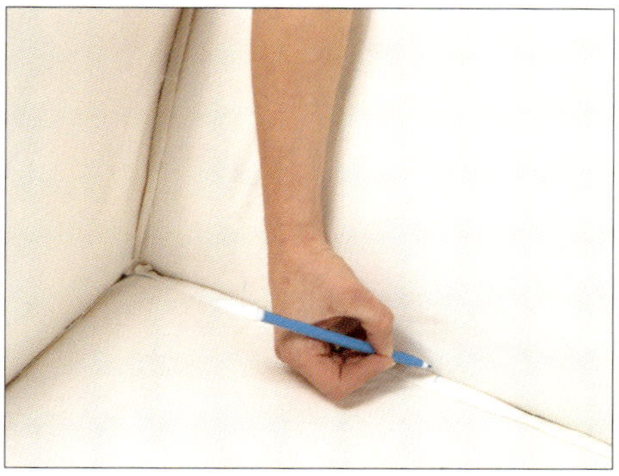

9 Schneiden Sie das Innenteil der Rückenlehne aus Baumwollstoff zu. Stecken Sie es am Sofa fest. Streichen Sie den Stoff glatt und schieben Sie ihn an der Sitzfläche in die Ritze. Zeichnen Sie dort die Nahtlinie ein, wobei Sie den Stift weit genug hineindrücken.

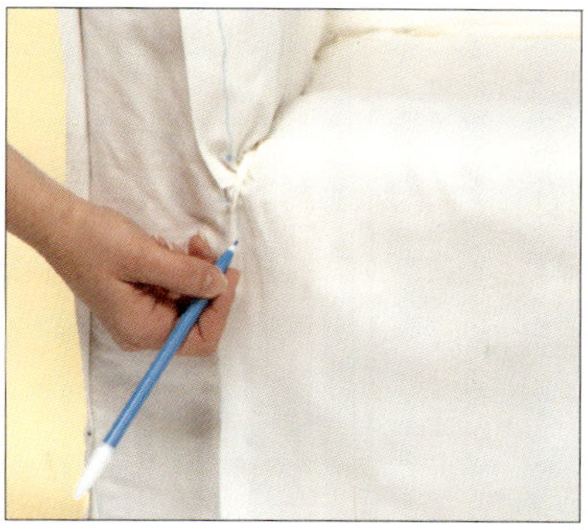

10 Schneiden Sie den Baumwollstoff für die Sitzfläche und die vordere Umrandung als ein Teil zu. Streichen Sie es glatt und, hinten an der Lehne beginnend, sorgfältig an allen drei Seiten in die Ritze.

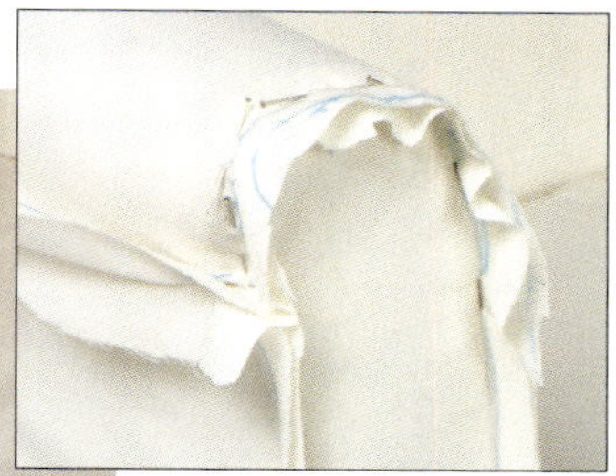

11 Schneiden Sie ein vorderes Teil für eine Armlehne großzügig aus Baumwollstoff zu. Am Sofa stecken Sie es von oben nach unten an die beiden benachbarten Armlehnenteile und an die vordere Umrandung. Markieren Sie die Nahtlinien. Verfahren Sie genauso mit der zweiten Armlehne.

12 Kennzeichnen Sie alle Teile mit Buchstaben oder Ziffern, um sie später nicht zu verwechseln: zum Beispiel eine 1 für die äußeren, eine 2 für die inneren Armlehnenteile und so weiter. Pfeile zeigen an, wo an jedem Teil oben ist.

13 Ziehen Sie alle Stecknadeln heraus, um die Teile wieder zu trennen. Legen Sie sie flach hin und ziehen Sie die Nahtlinien mit Hilfe eines Lineals sorgfältig mit wasserlöslichem Markierstift nach.

Die Passform prüfen

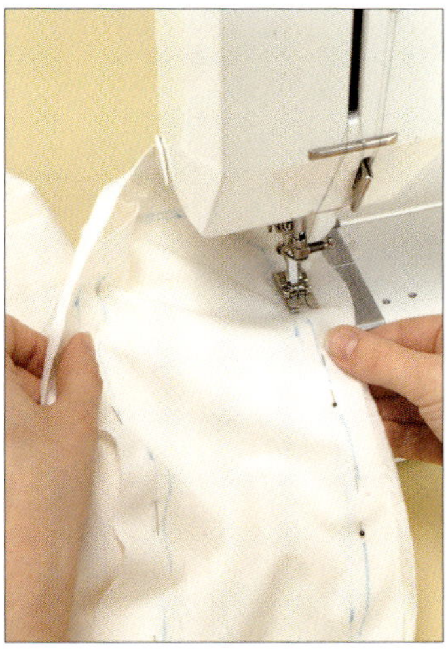

1 Nachdem alle Teile gesteckt sind (Schritt 1 bis 11), heften Sie sie entlang den Nahtlinien mit weiten Nähmaschinenstichen zusammen, damit Sie sie nach der „Anprobe" wieder auftrennen können.

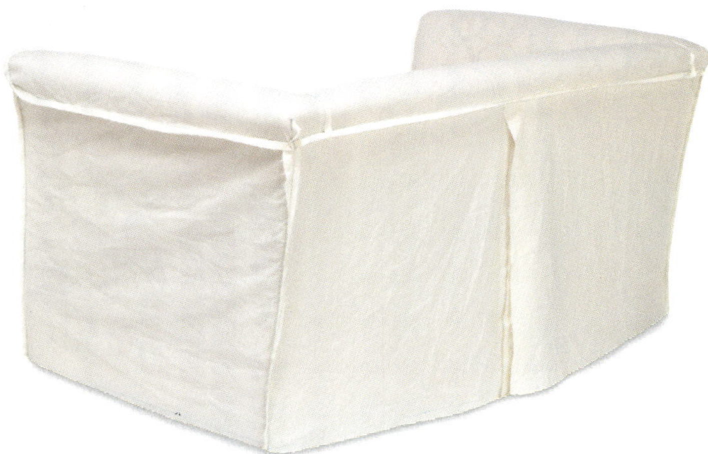

2 Beziehen Sie das Sofa probeweise mit dem zusammengehefteten Baumwollbezug, die linke Seite nach außen: Beginnen Sie an den Armlehnen vorn und streichen Sie den Bezug nach hinten glatt, bis er das gesamte Sofa umhüllt.

3 Ist die Passform noch nicht perfekt, korrigieren Sie die Markierungen, indem Sie die alten durchstreichen. Stecken und markieren Sie deutlich die neuen Nahtlinien. Heften Sie die korrigierten Nähte und trennen Sie die falschen auf.

4 *Wiederholen Sie Schritt 2, um die Passform wieder zu prüfen, bei Bedarf korrigieren Sie die Nahtlinien erneut. Sind Sie zufrieden, zeichnen Sie rundherum den unteren Saum ein.*

5 *Stellen Sie sicher, dass alle Markierungen sichtbar sind. Dann trennen Sie die Heftnähte auf und bügeln alle Teile, aber nicht mit Dampf, damit sich die Markierungslinien nicht auflösen.*

6 *Schneiden Sie die Teile genau entlang der Nahtlinien aus. Der eigentliche Bezugsstoff wird später wieder eine ausreichende Nahtzugabe erhalten. Wollen Sie jedoch aus dem Baumwollstoff einen Unterbezug nähen, müssen die Nahtzugaben natürlich erhalten bleiben (siehe „Nützlicher Tipp“ links unten).*

Nützlicher Tipp

Wollen Sie einen schützenden Unterbezug aus den Baumwollstoffteilen nähen, schneiden Sie sie bis zur Nahtzugabe zurück. Bei der Verwendung als Schnittmuster für den eigentlichen Bezugsstoff schlagen Sie die Zugaben einfach ein.

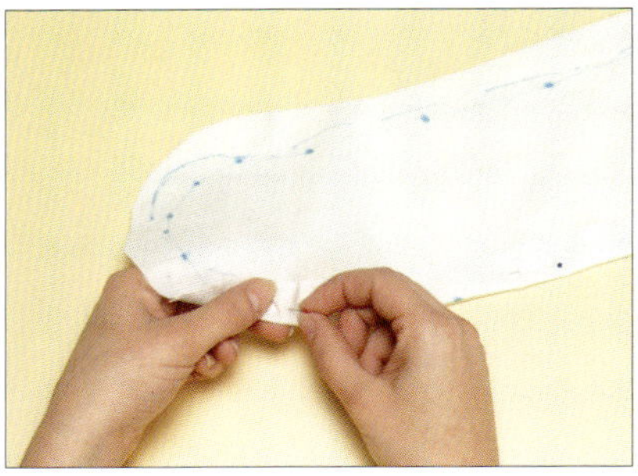

1 *Schlagen Sie die Nahtzugaben der Baumwollteile ein und stecken Sie sie fest. Stecken Sie die Teile auf die linke Stoffseite des eigentlichen Bezugsstoffes (siehe rechts) und zeichnen Sie die Umrisse genau nach.*

2 *Zeichnen Sie mit etwas Abstand den Umriss der Nahtzugaben ein und schneiden Sie den Bezugsstoff entlang diesen äußeren Linien zu. Wenn Sie die Baumwollteile entfernt haben, sind die Nahtlinien deutlich sichtbar.*

Den Bezug fertigstellen

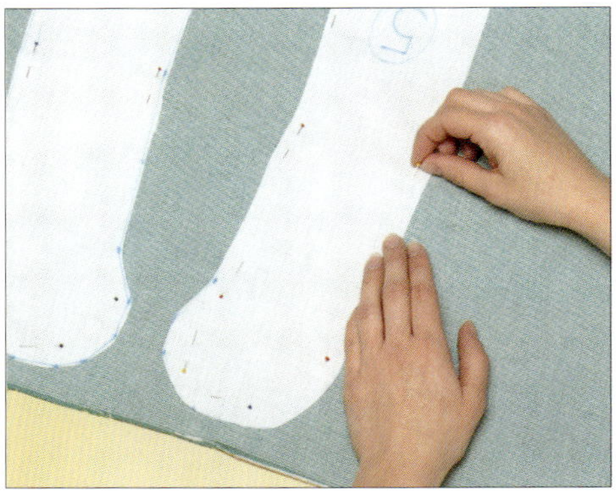

1 *Legen Sie die Schnittteile mit der rechten Seite nach oben auf die linke Seite des Bezugsstoffes, so dass außen genügend Platz für Nahtzugaben bleibt. Prüfen Sie, ob alle Teile für die rechte und linke Sofaseite in der richtigen Lage vorhanden sind. Bei gemusterten Stoffen sollen sie genau gleich platziert sein.*

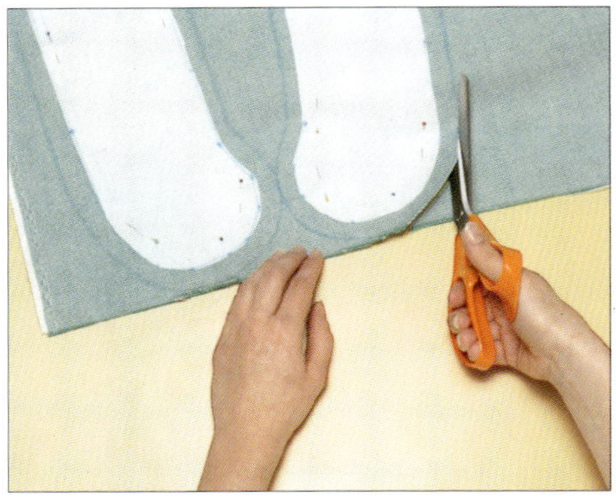

2 *Zeichnen Sie die Umrisse nach und markieren Sie zusätzlich eine 1,5 cm breite Nahtzugabe. Übertragen Sie auch alle Kennzeichnungen. Schneiden Sie die Teile aus, entfernen Sie die Baumwollteile und steppen Sie den Bezug rechts auf rechts zusammen: in der Reihenfolge der Schritte 1 bis 11 auf S. 146–147.*

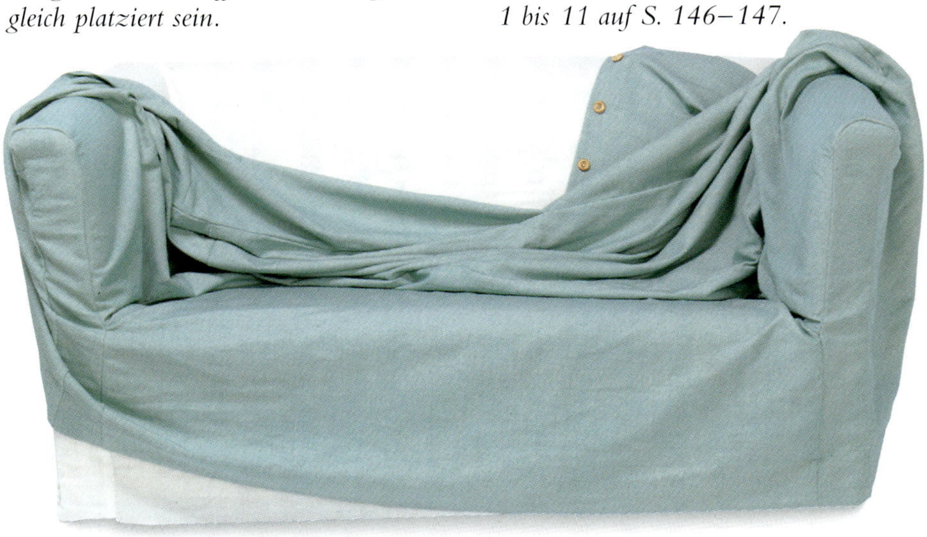

3 *Überziehen Sie das Sofa von vorn nach hinten mit dem Bezug und prüfen Sie nochmals die Passform. Markieren und nähen Sie von Hand den unteren Saum.*

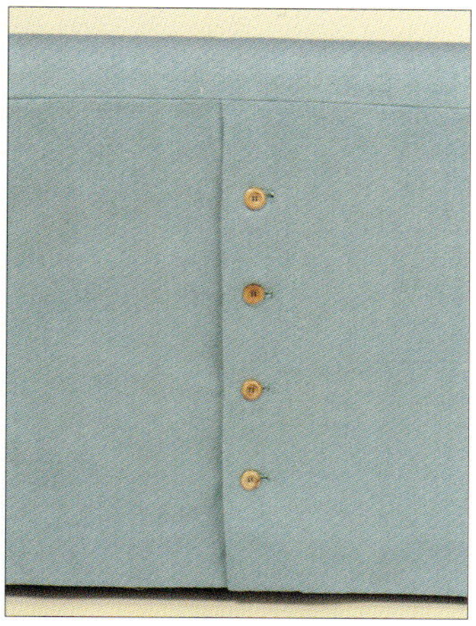

4 Am Verschluss auf der Rückseite markieren Sie Knopflöcher auf der Überlappung (siehe S. 78–79). Nach dem Nähen setzen Sie passende Knöpfe auf das zweite Teil. Sie können aber auch Bindebänder oder eine andere Verschlussart wählen.

5 Das fertige Sofa hat Stil und sieht einladend aus. Zu den Armlehnenschonern (siehe unten) kommen noch lose Sitzkissen (siehe S. 138–139) und frei drapierte Sofakissen (siehe S. 130–135).

Schoner für die Armlehnen

Separate Schoner sind eine einfache Möglichkeit, die exponierten Armlehnen von Sofas, Sesseln oder Lehnstühlen gegen die tägliche Abnutzung zu schützen. Man kann sie zum Reinigen einfach abnehmen.

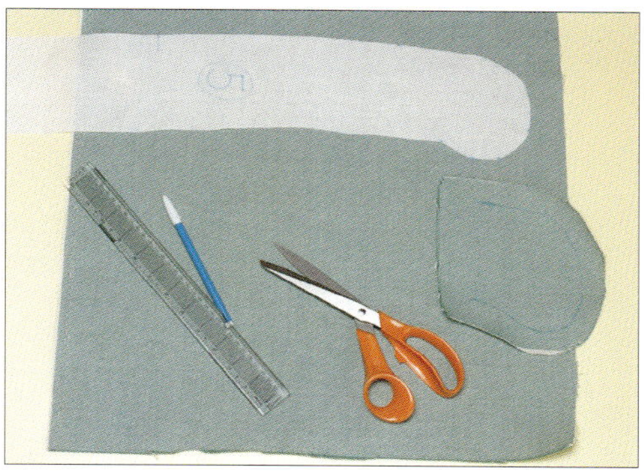

1 Schneiden Sie aus dem Bezugsstoff zwei Rechtecke zu, so groß wie das Innenmaß der Armlehnen (a–e mal f–g). Die zwei Vorderteile fertigen Sie nach dem vorhandenen Schnittteil an, jedoch nicht länger als von oben bis zur Sitzfläche (o–e, siehe S. 144).

2 Versäubern Sie die Vorderteile rundherum mit Zickzackstich. Stecken und heften Sie eines an ein Rechteck, an einer Ecke, wie abgebildet, beginnend. Bereiten Sie den zweiten Schoner entsprechend spiegelverkehrt vor.

3 Versäubern Sie alle Schnittkanten des Rechtecks. Stecken Sie an beiden Schonern alle Außenkanten zu einem schmalen Saum. Dabei klappen Sie die Zugaben der Verbindungsnaht wie abgebildet einmal auseinander und einmal zu einer Seite.

4 Steppen Sie den bereits gesteckten Saum rundherum mit der Nähmaschine fest. Verarbeiten Sie den zweiten Schoner genauso.

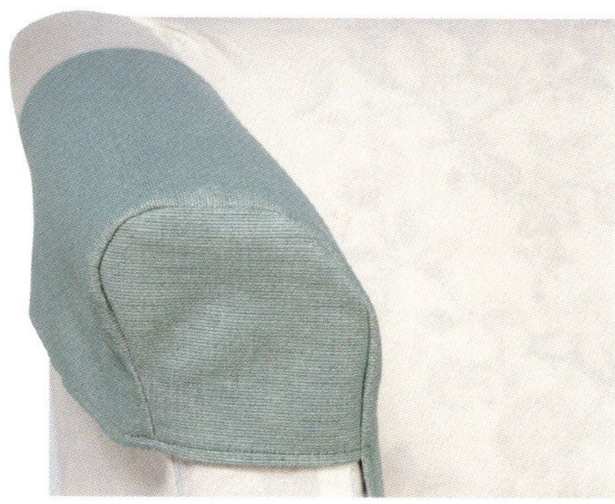

5 Die fertigen Schoner umschließen die Armlehne ordentlich und schützen sie vor übermäßiger Abnutzung. Zum Reinigen lassen sie sich leicht abnehmen.

STUHLBEZUG

Es wäre schade, solch einen viktorianischen Lehnstuhl mit den schönen hölzernen Armstützen mit einem Bezug zu versehen, der wie bei einem Sofa die Armlehnen umhüllt (siehe S. 146–149). Deshalb wurde hier der alte Bezug aufgetrennt und als Schnittmuster für den neuen genutzt, so dass sich ein vorher angefertigter Baumwollbezug erübrigt. Der Originalbezug bestand aus: Sitzfläche (b–e mal f–g plus Zugaben für die Sitzhöhe und je 8 cm für den unteren und seitlichen Einschlag); Vorderseite der Lehne (a–b mal c–d plus o–c oben und seitlich); Rückseite der Lehne (r–s mal v–w plus je 8 cm Zugabe für den unteren Einschlag). Aufgenähte Druckknopf-Verschlussbänder halten den Bezug zusammen, außerdem eine durch Stoffschlingen gezogene Schnur unter der Sitzfläche.

1 *Trennen Sie alle Nähte des abgezogenen alten Bezuges vorsichtig auf, ohne die Ränder auszufransen. Bügeln Sie die Teile und stecken Sie sie als Schnittmuster für die neuen auf den Bezugsstoff. Übertragen Sie alle Abnäher, Laschen und sonstige Dinge auf den Stoff. Zeichnen Sie auch Nahtlinien ein, orientieren Sie sich am Originalbezug.*

2 *Übertragen Sie alle Umrisse ganz genau. Hier sind zu sehen: der Ausschnitt für die Armlehne in der Lehnenvorderseite (oben), der untere Teil der Lehnenrückseite (Mitte) und eine vordere Ecke der Sitzfläche (unten).*

3 *Schneiden Sie zum Verstürzen der vorderen Laschen aus mittelschwerem Kleiderstoff in ähnlicher Farbe zwei passende Stoffstücke großzügig aus (siehe Kasten rechts). Hier hat es eine L-Form.*

4 *Stecken Sie den Besatz jeweils rechts auf rechts auf den Bezugsstoff und steppen Sie ihn an der Nahtlinie fest. Schneiden Sie alles bis zur Nahtzugabe zurück; knipsen Sie sie an den Ecken ein. Falten Sie den Besatz nach links, steppen Sie ihn mit Einschlag fest (siehe rechts). Prüfen Sie die Passform.*

5 *Nähen Sie an den vorderen Ecken Verschlussband an die Laschenvorder- und -rückseiten. Steppen Sie drei Schlaufenbänder an die Vorderkante und an beide Seiten des Sitzflächenteils (siehe S. 151).*

6 *Der untere Bereich der Lehnenrückseite wird nicht an die Vorderseite genäht, sondern mit Verschlussband befestigt. Zuvor verstürzen Sie ihn mit Stoff, den Sie als Besatz rechts auf rechts aufsteppen (siehe rechts). Schneiden Sie ein Dreieck unter dem Armlehnenausschnitt aus der Nahtzugabenecke, um den Besatz nach links zu klappen.*

Mit Besatz verstürzen

Besatz versäubert und verstärkt vor allem die Verschlusskanten.

1 *Zeichnen Sie die Nahtlinien auf. Stecken Sie passenden Kleiderstoff, etwas größer als der zu verstärkende Bereich, von rechts auf den Bezug. Entfernen Sie Überschüssiges; knipsen Sie die Ecken der Nahtzugaben ein.*

2 *Klappen Sie den Besatz nach links um die Kanten; stecken und steppen Sie ihn mit Einschlag fest: Links sieht man den Besatz, rechts die Steppnaht.*

7 Schneiden Sie überschüssigen Besatzstoff bis zur Nahtzugabe zurück, knipsen Sie die Ecken ein und klappen Sie ihn nach links, wo Sie ihn mit Einschlag feststeppen (siehe S. 150).

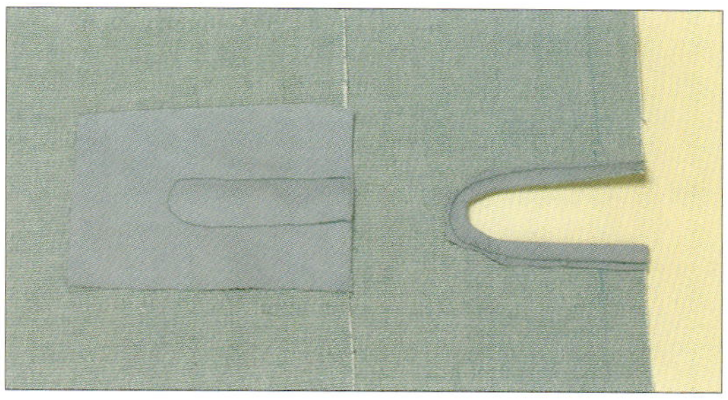

8 Verstürzen Sie die beiden Ausschnitte für die Armlehnen an der Lehnenvorderseite ebenfalls mit Besatzstoff, den Sie, wie oben gezeigt, zuvor als Rechtecke aufsteppen. Nach dem Verstürzen säumen Sie die Kanten unterhalb der Ausschnitte.

9 Versehen Sie die oberen Ecken der Lehnenvorderseite für eine gute Passform mit Abnähern (siehe oben). Versäubern Sie die zurückgeschnittenen Nahtzugaben mit Zickzackstich. Steppen Sie die Vorder- und Rückseite der Lehnenteile rechts auf rechts zusammen: oben und jeweils seitlich bis zu den Armlehnen.

10 Prüfen Sie am Stuhl die Passform der beiden Bezugsteile, vor allem das richtige Zusammentreffen an der hinteren Sitzfläche. Knipsen Sie die Nahtzugaben bei Bedarf ein. Nehmen Sie die Teile ab und versäubern Sie alle Schnittkanten mit Zickzackstich. Vor dem Zusammennähen können Sie nochmals eine „Anprobe" und Korrekturen vornehmen.

11 Stecken und steppen Sie jetzt die Verbindungsnaht zwischen Sitzfläche und Lehne. Prüfen Sie die Passform. Sind Sie zufrieden, ziehen Sie den Bezug wieder ab und versehen die verarbeiteten Kanten hinten unter der Armlehne mit Verschlussband.

12 Mit dem Bezug auf dem Stuhl prüfen und korrigieren Sie bei Bedarf die Stofflänge der Lehnenrückseite, bevor Sie ihn wieder abnehmen und das Schlaufenband in der richtigen Position annähen (siehe rechts). Streifen Sie den Bezug ein letztes Mal über den Stuhl.

13 Legen Sie den Stuhl hin. Schlingen Sie eine Schnur durch die Schlaufen; fest anziehen.

14 Der fertige Bezug passt genau und sieht ordentlich aus. Wenn Sie mit dieser Technik einen Stuhl ohne Armlehnen beziehen, fallen die Laschen mit den Verschlussbändern weg.

Schlaufenbänder

Bänder mit angenähten Schlaufen setzt man an solche Kanten, die mit einer Schnur straff um ein Polster herumgezogen werden.

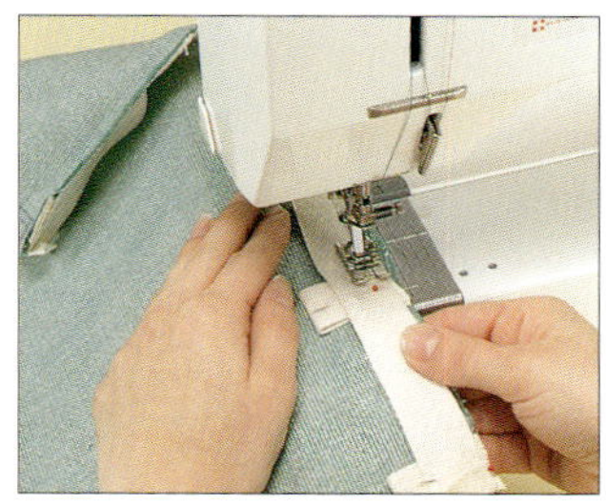

1 Schneiden Sie Nahtband in gewünschter Länge plus 3 cm zu, für jede Schlaufe ein 5-cm-Stück. Stecken und steppen Sie die Schlaufen auf die rechte Stoffseite, darüber das lange Band mit eingeschlagenen Enden.

2 Klappen und stecken Sie das Band auf die linke Seite, so dass die Schlaufen direkt am Rand liegen. Steppen Sie das Band entlang der noch freien Kante fest, so wird der Rand stabil.

Pflegen und Ausbessern

In der Regel behandeln wir Textilien äußerst pfleglich, vor allem, wenn wir viel Zeit und Aufmerksamkeit investiert haben, um sie selbst zu fertigen. Bei richtiger Pflege kann die Lebensdauer so mancher Lieblingsstücke um ein Vielfaches verlängert werden. In diesem Kapitel werden das Ausbessern sowie die Fleckentfernung vorgestellt und nützliche Informationen zum Waschen und Reinigen gegeben.

Pflegen und Ausbessern

Richtig gepflegte Textilien sehen nicht nur gut aus, sondern halten länger, vor allem, wenn kleine Reparaturen frühzeitig und möglichst unsichtbar vorgenommen werden. Hier lernen Sie, wie man Löcher stopft sowie beschädigte Nähte repariert, und darüber hinaus erfahren Sie Wissenswertes über Fleckentfernung, Wäsche und Reinigung.

Ein Loch im Gewebe stopfen

1 Um ein Loch zu stopfen, schneiden Sie zuerst seine Ränder glatt. Steppen Sie den Rand zum Sichern ab, am besten mit dem Zickzackstich der Nähmaschine.

2 Nähen Sie dann lange parallele Stiche senkrecht und nicht zu straff über das Loch. Wählen Sie einen Faden, der in Farbe und Stärke den Gewebefäden entspricht. Hier wurden zur Verdeutlichung ein dickerer Faden und eine lange Nadel genommen.

3 Zum Stopfen weben Sie den Faden nun rechtwinkelig durch die senkrechten Fäden: in dichten waagerechten Reihen, das Auf und Ab von Reihe zu Reihe versetzt. Es entsteht ein kleines Gewebe. Stechen Sie an den Enden auch stets durch den Stoff.

4 Das gestopfte Loch ist später unsichtbar, wenn man sorgfältig und (anders als hier) mit passendem Garn gearbeitet hat. Übrigens können Sie zum Stopfen auch einige Gewebefäden aus einer Naht- oder Saumzugabe des betreffenden Teils ziehen.

Ein Loch in kariertem Stoff flicken

1 Schneiden Sie den Riss oder das Loch heraus, damit ein eckiger, dem Karo angepasster Ausschnitt entsteht. Fertigen Sie einen größeren, im Muster passenden Flicken aus demselben Stoff an.

2 Stecken und steppen Sie ihn mustergemäß unter den Ausschnitt, die rechten Seiten oben: mit farblich passendem Garn (fürs Foto wurde viel helleres gewählt). Knipsen Sie die Ecken zur Hälfte ein.

3 Schlagen Sie auf der rechten Stoffseite die Nahtzugaben nach innen ein und stecken Sie sie fest. Mit farblich passendem Garn steppen Sie sie knappkantig fest.

4 Der fertige Flicken passt sich genau dem Muster an. Wird er tatsächlich mit passendem Garn genäht (und nicht wie hier zur Verdeutlichung in einem Kontrastton), ist er später kaum sichtbar.

Fertigflicken

Flicken sollen Löcher oder verschlissene Stellen bedecken, um die Lebensdauer des Kleidungsstücks zu verlängern. Weil Fertigflicken nur von rechts aufgesetzt werden können, sollte man sie einfach als dekorative Reparatur ansehen.

Vorgefertigter Lederbesatz
Lederbesätze (manche haben vorgestanzte Löcher) näht man von Hand oder mit der Maschine an, meist um abgewetzte Ellbogen an Pullovern und Jacken zu verstärken. Dünnes Leder können Sie vor dem Aufnähen auch in andere Formen schneiden.

Aufbügelbare Applikationen
Solche Besatzmotive sind in vielen Farben und Formen erhältlich. Sie eignen sich nicht nur zum Flicken und Verbergen von Flecken, sondern können auch als dekorative Verzierung gemäß Herstellerangaben aufgebügelt werden.

Webetiketten
Etiketten mit Beschriftungen gibt es zum Aufbügeln und Aufnähen für Kleidung und Heimtextilien. Häufig sind die aufbügelbaren haltbarer als die oft locker gewebten Etiketten.

Eine beschädigte Naht reparieren

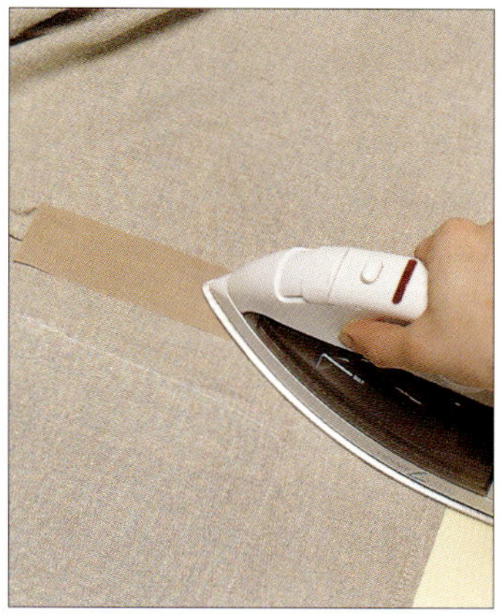

1 *Löst sich eine stark strapazierte Naht auf, bügeln Sie zur Verstärkung über die linke Seite einen Streifen Aufbügelflicken, er muss rundherum etwas größer als die beschädigte Stelle sein.*

2 *Von der rechten Stoffseite aus steppen Sie rechts und links neben der beschädigten Naht entlang, um den Flickenstreifen festzunähen. Hier ist die verstärkte Naht von der linken Stoffseite zu sehen.*

Achselnähte reparieren

1 *Trennen Sie die beschädigten Nähte unter der Achsel von links in vier Richtungen weiter auf. Schneiden Sie in schrägem Fadenlauf aus demselben Stoff ein Viereck zu, größer als der aufgetrennte Bereich. Stecken und heften Sie es rechts auf rechts in die Öffnung, die Ecken liegen an den Nahtenden.*

2 *Steppen Sie das Viereck von der linken Seite des Kleidungsstücks aus vorsichtig fest, wobei Sie die schrägen Schnittkanten nicht dehnen dürfen.*

3 *Von rechts steppen Sie zur Verstärkung diese Naht knappkantig auf dem Kleidungsstück ab. Schneiden Sie überstehenden Stoff von links bis auf eine Nahtzugabe zurück; hier ist der Zwickel in Rhombenform deutlich zu sehen.*

Ein beschädigtes Knopfloch ausbessern

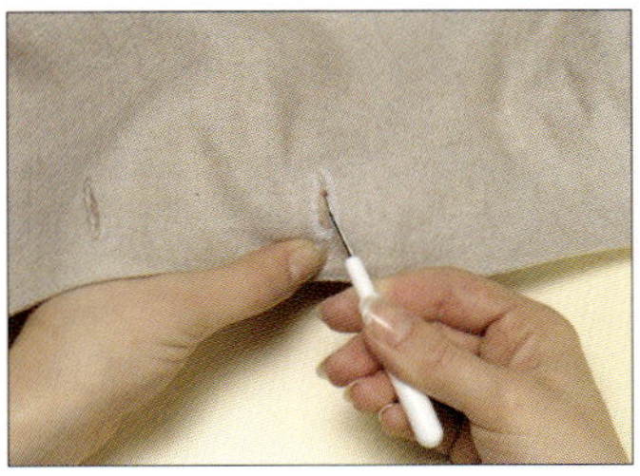

1 *Schneiden Sie ein genügend großes Stück Aufbügelflicken aus und bügeln Sie es von links über das beschädigte Knopfloch. Von rechts nähen Sie mit Zickzackstich um die Knopflochkanten.*

2 *Von rechts schneiden Sie mit einem Pfeiltrenner den untergebügelten Flickenstoff zwischen der Zickzacknaht auf, ohne dabei die Naht zu beschädigen.*

Eine Knopfleiste verstärken

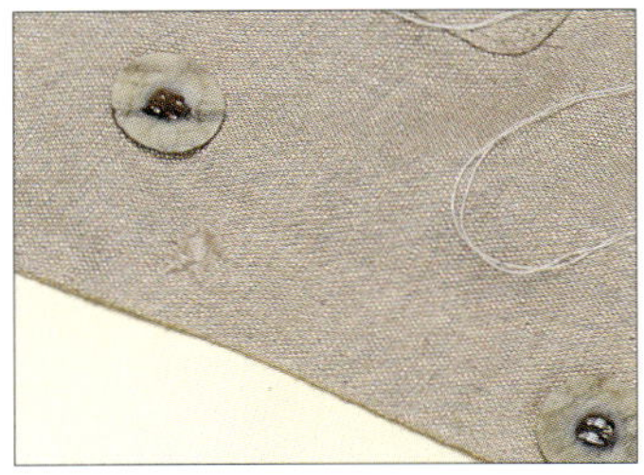

1 *Bügeln Sie ein ausreichend großes Stück Aufbügelflicken von links dort auf die Knopfleiste, wo der Knopf saß. Nähen Sie zusätzlich von Hand eine Stütznaht um die Schwachstelle herum.*

2 *Nähen Sie den Knopf wieder an, wobei Sie auch durch den aufgebügelten Flicken stechen. Der Knopf verdeckt die Schadstelle, die nun vom Flicken so gefestigt ist, dass sie den Knopf hält.*

Nähte auftrennen

Die meisten Hobby-Schneiderinnen kommen nicht darum herum, manchmal Nähte aufzutrennen, auch für Ausbesserungsarbeiten. Zwei Methoden werden hier gezeigt.

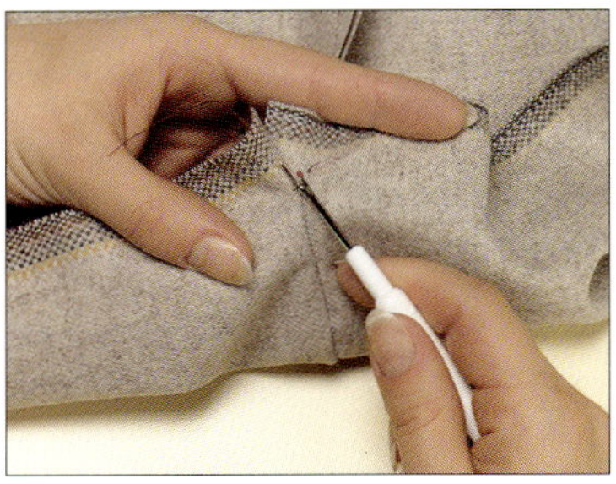

Mit dem Pfeiltrenner
Ziehen Sie den Nahtanfang etwas auseinander. Führen Sie den Pfeiltrenner zwischen den Stofflagen unter den ersten Stich, den Sie mit einem Ruck durchtrennen. Fahren Sie mit den nächsten Stichen fort; meist kann man einige überspringen, sie lösen sich mit auf.

Mit der Schere
Legen Sie die genähten Stoffteile übereinander vor sich, die Nahtseite zeigt nach oben. Mit einer kleinen spitzen, scharfen Schere schneiden Sie jeden dritten oder vierten Stich durch. Wenn Sie dann am Faden auf der Unterseite ziehen, lösen sich alle Stiche leicht auf.

Textilien waschen und reinigen

Wenn Sie sich an die Pflegehinweise der Textilhersteller halten, werden Ihre Kleidungsstücke und Heimtextilien lange in guter Form bleiben und ihre Beschaffenheit sowie Farbe behalten.
Es gibt dafür international gebräuchliche Symbole, nur in den USA werden die Hinweise oft in Worten auf die Etiketten gedruckt. Die Textilkennzeichnung (mit Faserart und Pflegehinweisen) finden Sie bei käuflichen Textilien auf einem Etikett in einer Naht. Aber auch zu den als Meterware erhältlichen Stoffen können Sie in Geschäften Pflegehinweise erhalten.

Waschen

Normalwaschgang bei 60°

Normalwaschgang bei 40°

Normalwaschgang bei 30°

schonende Handwäsche

Nicht waschbar

Bügeln

heiß bügeln

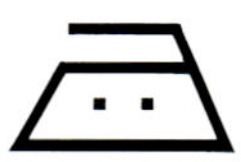
mäßig heiß bügeln

nicht heiß bügeln

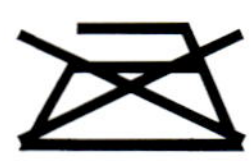
nicht bügeln

Chloren

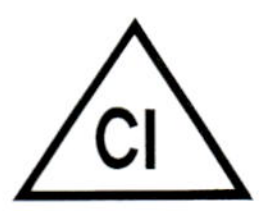

Chlorbleiche möglich

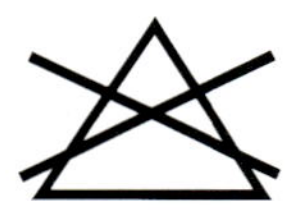
Chlorbleiche nicht möglich

Chemische Reinigung

Chemische Reinigung mit Vorbehalt möglich

Chemische Reinigung nicht möglich

Tumbler-Trocknung

Tumbler-Trocknung mit normaler Wärme

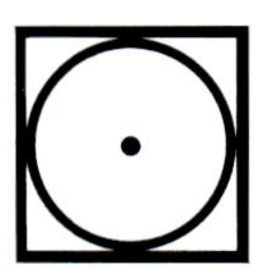
Tumbler-Trocknung mit reduzierter Wärme

Trocknen im Tumbler nicht möglich

Flecken entfernen

Zur effektivsten Textilpflege gehört sicher die rasche Fleckentfernung. Die Tabelle nennt einige Methoden, die helfen, manches alltägliche Missgeschick zu beheben. Behandeln Sie Flecken sofort, denn Eingetrocknetes ist viel hartnäckiger. Wischen Sie vorher jede Flüssigkeit weg; behandeln Sie Flecken möglichst von links. Käufliche Fleckentferner sind auf bestimmte Substanzen abgestimmt. Beachten Sie genau die Herstellerhinweise und erproben Sie alle Mittel zuerst an einer verdeckten Stelle. Geben Sie Fleckentferner nur auf den Fleck selbst, sonst breitet er sich womöglich noch weiter aus. Bearbeiten Sie große Flecken immer vom Rand aus nach innen.

Wie Sie die Tabelle benutzen

Die unten aufgeführten Methoden eignen sich nur für waschbare Textilien, alle anderen geben Sie besser in die Reinigung. In der linken Spalte finden Sie die Art der Flecken. Die Ziffern rechts zeigen die Behandlungsreihenfolge. Bei gleichen Ziffern wählen Sie die bequemste Methode. Bei Bedarf wiederholen Sie alles. Temperatur und Waschgang stimmen Sie auf das jeweilige Textil ab.

k = kaltes Wasser
w = warmes Wasser
h = heißes Wasser

Ist kein Temperaturbereich angegeben, folgen Sie den Pflegehinweisen des jeweiligen Kleidungsstückes.

	einweichen	ausspülen	waschen	aufsaugen	zum Verhärten mit einem Eiswürfel einreiben	abschaben	vor dem Waschen mit geeignetem Fleckentferner behandeln	bleichen (nur weiße Textilien)	Zitrone	Salz	ausbügeln
Alkohol			1 h								
Blut	1 k						2				
Brandfleck			1 w						2	2	
Ei							1				
Farbe (Ölbasis)			3	1			2				
Farbe (Wasserbasis)		1 w	2								
Fett und Öl			2 h				1				
Gras							1	2			
Kaugummi			4		1	2	3				
Klebstoff und Leim	4 w		4		1	2	3				
Kosmetik							1				
Milch			1								
Rost			3 w						1	2	
Schokolade		1 w					2				
Schuhcreme						1	2				
Schweiß	1 w		2								
Stockflecken (Schimmel)			2 h					1	1	1	
Tee und Kaffee	1 k						2				
Tinte			2 h				1				
Wachs			3		1						2
Wein und Fruchtsaft	1		4	2			3			1	

Hinweise

- Bei hartnäckigen Flecken: 1 Teil Weinessig auf 3 Teile Wasser
- Mit enzymhaltigem (biologischem) Waschmittel waschen
- Im Prinzip wie Fett behandeln
- Geben Sie ein Zitronensaft-Salz-Gemisch auf den Fleck und halten Sie ihn über Wasserdampf
- Weichen Sie den betroffenen Bereich in Wasser mit einem Löffel Borax ein
- Geben Sie ein Zitronensaft-Salz-Gemisch auf den Fleck und lassen Sie ihn in der Sonne trocknen
- Waschen kann den Fleck festigen

Register

Danksagung

Dieses Buch wäre ohne die Unterstützung und das Verständnis einiger Menschen nicht entstanden, denen ich hier danken möchte: bei uns Zuhause zum einen David, der mich immer ermutigte, obwohl er meine Leidenschaft für das Nähen nicht versteht, und zum anderen Daniel und Joshua, die ohne Murren viele Fertiggerichte verzehrten, während ich Fotos prüfte oder mit dem Schreiben beschäftigt war.

Doreen James, die (fast) alle Nähobjekte fertigte, Lisa Dyer, die den Text redigierte und einpasste, Liz Brown, die für die passenden Fotos an den richtigen Stellen sorgte, Matthew Ward, der die superben Fotos schoss, Sarah Hoggett, die mich überzeugte, das Projekt in Angriff zu nehmen und Corinne Asghar, die dafür sorgte, dass ich es dann auch tat.